WESTEND

Ulrich Thielemann

# SYSTEM ERROR

## Warum der freie Markt
## zur Unfreiheit führt

**WESTEND**

*Mehr über unsere Autoren und Bücher:*
*www.westendverlag.de*

Die Deutsche Bibliothek verzeichnet diese Publikation in der Deutschen Nationalbibliografie. Detaillierte bibliografische Daten sind im Internet über http://dnb.ddb.de abrufbar.

**Mix**
Produktgruppe aus vorbildlich bewirtschafteten
Wäldern und anderen kontrollierten Herkünften
www.fsc.org Zert.-Nr. GFA-COC-001223
© 1996 Forest Stewardship Council

ISBN 978-3-938060-41-4
2. Auflage 2009
© Westend Verlag Frankfurt/Main
in der Piper Verlag GmbH, München 2009
Satz: Fotosatz Amann, Aichstetten
Druck und Bindung: Pustet, Regensburg
Printed in Germany

# Inhalt

# 1 Die neue Radikalität im Management – die nach dem Ende der Marktgläubigkeit ganz schön alt aussieht

Das BMW-Management hatte sich »ehrgeizige Ziele« gesetzt. »Number One« hatte der Konzern in unverhohlener Vermessenheit seine Strategie genannt. »Nummer eins«, das kann nur einer sein. Und dies sollte nach Ansicht des BMW-Vorstands natürlich das eigene Unternehmen sein. Acht bis zehn Prozent müsse die Umsatzrendite schon betragen. Wer also einen BMW kauft, solle zukünftig nicht wie bislang 6,3 Prozent, sondern zehn Prozent des Kaufpreises ans Kapital abführen. »Ehrgeizig« waren auch die Ziele für die Eigenkapitalrendite (*Return on Capital Employed*). Man strebe eine Steigerung von – an sich bereits beachtlichen – 21 Prozent auf 26 Prozent an. Die BMW-Aktionäre dürfte es freuen. Erlaubt ihnen diese Neuausrichtung des Unternehmens »konsequent auf Profitabilität und langfristige Wertsteigerung« doch eine Verdoppelung ihres Kapitals in ziemlich genau drei Jahren. Übrigens: Wenn die Finanzgemeinde von »Wert« spricht, meint sie einfach finanzielle Werte: Geld beziehungsweise Kapital. Alles andere ist ja auch ziemlich wertlos, nicht wahr? So leicht lassen sich Begriffe okkupieren.

Die Freude der Aktionäre beziehungsweise deren Vertreter und Zuarbeiter, etwa Analysten, die der BMW-Vorstandsvorsitzende Norbert Reithofer mit einem »Guten Morgen und herzlich willkommen in der BMW-Welt« begrüßte, war allerdings von ziemlich einseitiger Natur. 8100 Beschäftigte des eigenen Unternehmens hätte Reithofer nämlich wohl besser mit »Guten Morgen und auf Wiedersehen« begrüßen müssen. Denn dies ist die Zahl der Stellen, die aus der BMW-Welt verabschiedet werden sollten. Aber er sprach ja nicht zu ihnen, sondern über sie, auch wenn er ständig in der Wir-Form redete.

»Ehrgeizig« waren vor allem die Ziele für die »Verbesserungen«, die »auf der Kostenseite« angestrebt wurden. »Besser« wird es dadurch allerdings nicht für alle, vor allem nicht für diejenigen, die von diesen »Kosten« leben – da es ihre Einkommen sind. »Besser« war dies alles vor allem nicht für die besagten Inhaber der 8100 Stellen, die im Zuge der »strategischen Neuausrichtung« abgebaut werden sollten. Das Management formulierte dies auf der »Roadshow« gegenüber der Finanzgemeinde so:

> »Ein weiterer Schritt auf dem Weg zu den angestrebten Renditezielen ist die Reduzierung des Personalaufwands. Die umfangreichen Effizienzsteigerungen insbesondere im Produktionsbereich erlauben eine Reduzierung der Personalkapazitäten in der Größenordnung von mehreren tausend Mitarbeitern.«

»Erlauben«? Bislang war es üblich, den Abbau von Stellen als einen zwar bedauerlichen, aber um des Erhalts des Gesamtunternehmens willen notwendigen Schritt darzustellen. Nun aber wird die »Senkung des Personalaufwands« zu einem »weiteren Baustein der Strategie«. »Die Effizienzsteigerungen«, so BMW-Personalvorstand Ernst Baumann, haben dazu geführt, »dass wir Stellen einsparen konnten« – und also wollten. Ganz ohne Not. Einfach so. Einfach weil man sich »ehrgeizige Ziele« gesetzt hat.

Der Wille zum Personalabbau, so er profitabel möglich ist, ist eine logische Konsequenz der »konsequenten« Ausrichtung des

Unternehmens auf »Profitabilität und langfristige Wertsteigerung« und sonst gar nichts. Mitarbeiter – das sind aus dieser Sicht nicht »wir«, sondern andere. Leute, die Kosten verursachen. »Erfolgsfaktoren« nennt BMW sie. »Faktoren«, die für den »Erfolg«, sprich für den Gewinn oder den Shareholder-Value, »relevant« sind, negativ oder positiv relevant. Selbstverständlich steigt der Gewinn, wenn die Kosten gesenkt werden können. Ansonsten würde man ja »Wert vernichten«. Ansonsten würde man »Misserfolgsfaktoren« Geld hinterherwerfen. Ein Unternehmen ist ja schließlich keine Wohltätigkeitsveranstaltung, wird an dieser Stelle gerne betont.

Die öffentliche Empörung über solche oder ähnliche Fälle ist regelmäßig groß. »Trotz Rekordgewinnen streichen deutsche Unternehmen ihre Belegschaft zusammen«, so formulierte *Der Spiegel* (27.02.2008) den Unmut. Die überwiegende Mehrheit der Bürger dürfte dies auch so sehen: Es gilt als unanständig, Druck auf die eigenen Leute auszuüben, wenn es einem selbst doch eigentlich gut oder sogar sehr gut geht. Aus der Sicht des ökonomisch radikalisierten Managements ist diese Sicht der Dinge allerdings bestenfalls naiv oder »romantisch« – und ansonsten kontraproduktiv. Selbstverständlich besteht zwischen der Steigerung der Gewinne und den Entlassungen kein Gegensatz. Die Entlassungen werden aus dieser Sicht nicht etwa »trotz«, sondern gerade *wegen* der Gewinne ausgesprochen – auf dass diese weitere Rekordhöhen erklimmen. Das Motto lautet nicht: »Entlassungen trotz Rekordgewinnen«, sondern »Rekordgewinne [unter anderem] durch Entlassungen«.

Allerdings fiel das Ergebnis immer noch nicht rekordverdächtig genug aus. So sahen es jedenfalls die Analysten. Von den Ausführungen des BMW-Managements auf der »Roadshow« vom 6. Februar 2008 zeigten diese sich »enttäuscht« (Dow Jones Newswires). Verwundert reibt sich der Außenstehende die Augen. Ist dies alles noch nicht radikal genug? Genau dies. Schließlich wurden diese Renditeziele und der Abbau von mehreren tausend Arbeitsplätzen bereits im September des vorangegangenen Jahres verkündet. Habt ihr nichts Neues zu bieten? Die Vertreter des Kapitalmarktes wären offenbar nur dann nicht »enttäuscht« gewesen, wenn der Abbau weiterer Stellen und damit noch höhere Rentabilitätsziele verkündet worden wären. Sofort sank der Kurs der BMW-Aktie um 4,4 Prozent. Der Kapitalmarkt kennt keine Rendite, die zu hoch wäre.

Von einem schlechten Gewissen scheinen die Akteure dabei nicht geplagt zu werden. Und wenn, dann helfen die Boni dabei, sie zu zerstreuen. In »Anreizplänen«, die das Management genau dazu »anreizen« sollen, alles zu tun, um den Shareholder-Value in ungeahnte Höhen zu schrauben. »Erfolgsabhängig« nennt man diese Art der Vergütung. Der Begriff wird häufig in rechtfertigender Absicht gebraucht, als sei mehr »Erfolg« irgendwie gut für alle. Dabei wird übersehen, dass »Erfolg« einfach Gewinn beziehungsweise Shareholder-Value meint. Einem Management, welchem es gelingt, mittels »Verschlankung« des Personalbestands die Kosten zu senken und damit den Gewinn zu steigern, kann sich über ein paar Millionen mehr auf dem eigenen Konto freuen.

Das schlechte Gewissen rührt sich aber vor allem darum nicht, weil die neue ökonomische Radikalität einfach damit ernst macht, was in jedem Lehrbuch der Betriebswirtschaftslehre steht – jedenfalls in praktisch keinem der kursierenden Lehrbücher zurückgewiesen wird: Bei der Unternehmensführung geht es um die Maximierung der Gewinne – womit bereits gesagt ist: Es geht um nichts anderes als um den Gewinn, und der kann niemals zu hoch sein. Dass dies ethisch ganz in Ordnung sei, wird dem Managementnachwuchs schon allein dadurch vermittelt, dass das Studium in nichts weiter besteht als in Instrumenten dafür, *wie* die Gewinne zu steigern sind. Was voraussetzt, *dass* sie gesteigert werden *sollen* und gesteigert werden *dürfen*. Langfristig, versteht sich, denn kurzfristige Gewinne wären ja insgesamt tiefer, was nicht gerade klug wäre.

Wer dann noch die eine oder andere Vorlesung in Volkswirtschaftslehre besucht hat – was in der Regel zum Pflichtprogramm gehört –, der wird dort mit der beruhigenden Botschaft versorgt, dass der Wettbewerb, vor allem: dass mehr Wettbewerb, stets »positive Wirkungen« (Merz, 2005) hat – »positiv« für alle, versteht sich. Und natürlich gibt es umso mehr Wettbewerb, je nachdrücklicher die Akteure danach streben, ihre Gewinne beziehungsweise ihren ökonomischen Vorteil zu maximieren. Dadurch steige »der Wohlstand«, womit gemeint ist: der »Wohlstand für alle« (Ludwig Erhard). Sollte es im Wettbewerbskampf doch einmal den einen oder anderen Verlierer geben, so ist dies vielleicht »kurzfristig« ein Problem (Arndt, 1996, S. 93). »Langfristig« aber profitieren alle. Und überdies hülfe es eh nichts, gegen die globalen Wettbewerbszwänge aufzubegehren. »Jeder Versuch«, schreibt Hans-Werner Sinn (2005c), Präsident des ifo Instituts für Wirtschaftsforschung, »die Löhne anders zu strukturieren, als es das Gesetz der Knappheit diktiert«, womit das »Gesetz« des globalen Wettbewerbs gemeint ist, »mündet zwangsläufig in Arbeitslosigkeit.« Und dies wäre ja nun auch nicht vorteilhaft für die Betroffenen, nicht wahr?

Die Manager und Unternehmer, die »trotz« gutem Geschäftsgang beziehungsweise um seiner willen Druck auf Beschäftigte (oder auch Zulieferer) ausüben, erfüllen also, ganz ungewollt, eine »dem Marktsystem inhärente List« (Schmidtchen, 1988, S. 123). Diese »List«, dieser Glaube an die »wohltätige« Wirkung der »unsichtbaren Hand«, die dem Markt unterstellt wird, geistert seit Adam Smith durch die Lehre von der Wirtschaft: »Tatsächlich fördert der Einzelne nicht bewusst das Allgemeinwohl«, schreibt Smith im *Wohlstand der Nationen* (1776, S. 371) – aber offenbar unbewusst.

*»Er strebt lediglich nach eigenem Gewinn. Und er wird in diesen wie auch in vielen anderen Fällen von einer unsichtbaren Hand geleitet, um einen Zweck zu fördern, den zu erfüllen er in keiner Weise beabsichtigt hat.«*

Nämlich den, »das Allgemeinwohl« und den »Wohlstand der Nationen« zu steigern.

Das Management von BMW, Nokia, Siemens, Henkel und vieler anderer Unternehmen, die ohne betriebliche Not Druck ausüben, ebenso wie die als »Heuschrecken« (Franz Müntefering) titulierten Private-Equity-Fonds und deren Management, ebenso wie Beratungsunternehmen wie McKinsey, die den Unternehmen »Wertsteigerung als Leitziel aller Managementanstrengungen« anempfehlen und zeigen, wie das geht – sie alle können sich beruhigt zurücklehnen. Sie sind Meister des Wohlstands, des Gemeinwohls. Ihnen gebühren eigentlich Orden. Und da die Gesellschaft ihnen diese gemeinhin verweigert, nehmen sie auch gerne Orden anderer Form entgegen – in der geldwerten Form Millionen messender Boni nämlich.

»Deutschland ist das einzige Land,« so der berühmte Ausspruch Josef Ackermanns während des Mannesmann-Prozesses (2004), »wo diejenigen, die erfolgreich sind und Werte schaffen, deswegen vor Gericht stehen.« Dabei sollte diesen Meistern des »Erfolgs«, diesen Kriegern des Kapitals und *damit* des allgemeinen Wohls, doch gehuldigt werden. Die Gewinnmaximierung, die sie betreiben und selbstverständlich für die Investoren »langfristig« vorantreiben, ist »nicht ein Privileg, für das sie sich ständig entschuldigen müssten, es ist vielmehr ihre moralische Pflicht, weil genau dieses Verhalten … den Interessen der Konsumenten, der Allgemeinheit, am besten dient« (Homann/Blome-Drees, 1992, S. 38f.). So formuliert der als Wirtschaftsethiker auftretende Ökonom und Philosoph Karl Homann, der bis vor

kurzem einen der wenigen Lehrstühle in Wirtschaftsethik inne-
hatte (an der LMU München), prägnant wie kaum ein anderer
den Kernsatz aller Marktgläubigen.

## Das Ende der Marktgläubigkeit

Szenenwechsel. Epochenwechsel. Diese Marktgläubigkeit wurde
mit der Finanzkrise, die im Frühjahr 2007 begann und ihren eigentlichen Ausbruch im September 2008 fand (mit der Pleite
von Lehman Brothers), sichtbar und praktisch erschüttert. Es ist
im Grunde ein unverhofftes Scheitern der ja bereits seit langem
grassierenden Marktideologie. Unverhofft jedenfalls für diejenigen, die nicht mit sogenannten Subprime-Titeln handelten oder
diesen Handel überwachen und kritisch hätten beobachten sollen. Denn hierbei ging es nicht, jedenfalls nicht im Kern, um das
Verhältnis der Gewinnmaximierungslogik zur Realwirtschaft.
Vielmehr spielte sich der Prozess innerhalb der Finanzmarkt-
gemeinde ab. Der eine Akteur hat den anderen Akteur über den
Tisch zu ziehen versucht. Dieses Nullsummenspiel der sich
wechselseitig Abzockenden, das für sich betrachtet in der Tat ein
Casino-Spiel ist, müsste diejenigen, die da nicht mitspielen wollten oder konnten, eigentlich gar nicht besonders kümmern.
Doch ist das Finanz- und Bankensystem nun einmal mit der
Realwirtschaft in vielfältiger Weise verbunden und vernetzt.
Darum betraf das Platzen der Blase uns alle. Und zwar ganz real:
Durch die Sicherheiten gigantischen Ausmaßes, die wir mit real
und hart erarbeiteten Steuergeldern geben mussten, durch das
weitere Anwachsen der Staatsverschuldung und durch die Weltwirtschaftskrise, von der bis zuletzt nicht abzusehen ist, wie gra-
vierend sie ausfallen wird.

Die Bekenntnisse zum »freien« Markt, dem möglichst freier
Lauf zu lassen ist oder der die Blaupause für »gute« Politik abge-

ben solle, sind seltener geworden. Wer heute noch »Mehr Kapitalismus wagen« möchte, löst vor allem Kopfschütteln aus. Unter diesem Titel veröffentlichte der ehemalige stellvertretende Vorsitzende der CDU/CSU-Bundestagsfraktion, Friedrich Merz, im Oktober 2008 sein »visionäres« Buch – am gleichen Tag, an dem die Bundesregierung ein hundert Milliarden Euro schweres Rettungspaket für die Banken verkündet hatte. Das Buch trägt den Untertitel: »Wege zu einer gerechten Gesellschaft«. Die *Berliner Zeitung* merkte an (04.10.2008), das Werk verdiene »schon allein für den Titel alle Gurkenauszeichnungen dieser Welt«.

Natürlich gibt es immer noch massenhaft Marktgläubige. Denn eine derart tiefsitzende Weltanschauung, die jahre- und jahrzehntelang führend war, verflüchtigt sich nicht von heute auf morgen. Wahrhafter Glauben lässt sich bekanntlich durch Erfahrung nicht erschüttern. Sie treffen sich in sektenhaft anmutenden Blogs, die sich etwa bissige-liberale.com, libertaere-plattform.de, liberty.li, oder mises.org nennen. Oder sie wählen Parteien, die sich als »liberal« oder »freiheitlich« bezeichnen. Diese erhalten einen regen Zulauf. Denn die Marktgläubigkeit der großen Volksparteien ist zweifelhaft geworden. Nicht mehr und nicht weniger, denn ausdrückliche Distanzierungen vom Marktglauben fehlen bislang weitgehend. Durch die Volksparteien scheint ein Riss zu gehen, der selten thematisiert wird. Eine der wenigen Ausnahmen bildet eine Äußerung der Vorsitzenden der CDU/CSU-Bundestagsfraktion, Volker Kauder (Spiegel, 10.03.2009):

> *»Teile der Union, vor allem der Wirtschaftsflügel, sind mit der Bewältigung dieser Finanzkrise überfordert. Die wollen nicht einsehen, dass die Marktgläubigkeit die Todsünde des Kapitalismus war. Man muss den Mut haben, den Kapitalismus, der nie die Philosophie der CDU war, als Ursache der Krise zu benennen.«*

Bemerkenswert ist allerdings, dass sich da ein breiter Stimmungswandel vollzogen hat, der die politische Landschaft verändert hat. Josef Stiglitz etwa, Nobelpreisträger der Ökonomie und ehemaliger Chefökonom der Weltbank, kann es sich »nicht vorstellen, dass in Zukunft noch jemand, ohne das Gesicht zu verziehen« – oder ohne das Gesicht zu verlieren? –, »behaupten kann, die uneingeschränkte Freiheit der Märkte sei das beste System« (*Stuttgarter Zeitung*, 26.03.2009). »Das vormals so laute Geschrei nach freien Märkten ist verstummt« (Prantl, 2008). Frank Schirrmacher verkündet den »Bankrott der Metaphysik des Marktes« (*FAZ*, 11.09.2008).

Nicht nur *Die Zeit* (25.09.2008) ist der Ansicht, mit dem »Debakel an der Wall Street« seien »mehr als nur Bankenimperien zusammengebrochen. Es ist ein ganzes Weltbild eingestürzt, dessen Haupt- und Kernthese lautete: Der Markt heilt sich selbst.« Auch der erste Vorstandsvorsitzende der Deutschen Bank, Josef Ackermann, kann nicht mehr so recht »an die Selbstheilungskräfte des Marktes glauben« – wobei man sich natürlich fragt, in Hinblick worauf hier eine »Heilung« erwünscht ist, etwa mit Blick auf die Erzielung weiterer Gewinne für die Bank(en)? Auch die britische Finanzmarktaufsichtsbehörde (FSA, 2009) verabschiedet sich von der Annahme »rationaler« (was immer dies heißt) und »selbst-regulierender« Märkte – »selbst-regulierend« offenbar mit Blick auf ihr *gutes* Funktionieren, wie immer dies im Einzelnen zu definieren wäre. Und selbst die *Neue Zürcher Zeitung*, bislang eine Art *Prawda* des Marktliberalismus, spricht vom »Versagen einer überbordenden Markt-Ideologie«, das nun »offenkundig« geworden sei (11.10.2008). Ebenso entlarvt die *FAZ* (18.09.2008) die bis vor kurzem von Wirtschaftsvertretern noch gebetsmühlenhaft angestimmten Verweise auf die »höhere Vernunft des Marktes« als »billige Rede«.

Auch bedeutende Exponenten der Politik haben sich von der Marktgläubigkeit verabschiedet. Im richtungweisenden »Blair-

Schröder-Papier« (1999) hatte die Sozialdemokratie noch verkündet, dass auch auf ihrer Seite die frohe Botschaft angekommen sei, dass die Märkte nicht »behindert« werden dürften, sondern durch die Politik allenfalls zu »ergänzen und zu verbessern« seien – offenbar nach Maßgabe der Markt- und Wettbewerbslogik selbst. Nicht die Politik habe dem Markt eine Rahmenordnung vorzugeben. Vielmehr sei die Politik »*in* einem neuen, auf den heutigen Stand gebrachten wirtschaftlichen Rahmen zu betreiben« – auf dass die Politik beziehungsweise die Gesellschaft im Ganzen im globalen Wettbewerb »wettbewerbsfähiger« werde. Auch auf die Korrektur »schädlichen Marktversagens« solle verzichtet werden – offenbar da »flexible Märkte« nicht »versagen« beziehungsweise nicht »schädlich« sein können, weshalb ihre Gewährleistung oder Herstellung ein »modernes sozialdemokratisches Ziel« sei. Garniert wurde diese Sicht mit dem Hinweis, man unterstütze zwar »eine Marktwirtschaft, nicht aber eine Marktgesellschaft!« Allerdings fanden sich keinerlei Hinweise darauf, was denn dagegen sprechen könnte, dass die Marktlogik die Gesellschaft im Ganzen bestimmen solle. Vermutlich wollten die Parteistrategen, die teilweise wie Marketingstrategen daherkamen, ihre Kunden (die Wählerinnen und Wähler) nicht vergraulen. Denn für diese dürfte das »Markenzeichen« Sozialdemokratie, dessen sich die ökonomisch euphorisierten Parteistrategen bedienten, zumindest intuitiv mit einer »Marktgesellschaft« unvereinbar sein.

Erstaunlicherweise kommt die kräftigste Abkehr vom Marktprinzip häufig von konservativer Seite. Horst Seehofer, Ministerpräsident des Freistaates Bayern und Vorsitzender der CSU, registriert mit »großer Genugtuung, dass dieses Gesellschafts- und Wirtschaftsbild der letzten Jahre zusammengebrochen ist« (*Der Spiegel*, 16.02.2009). Zur Charakterisierung dieser verfehlten und nun erschütterten Vorstellung von einer guten Wirtschaft und Gesellschaft wählt Seehofer den (zutreffenden)

Schlüsselbegriff der »Gewinnmaximierung – diese fast ausschließliche Orientierung an Haushaltszahlen, an Renditen, an Gewinnen, an Zuwächsen, losgelöst von jeder Wertbindung, losgelöst von menschlichen Schicksalen.«

Dem reinen Markt sind Schicksale in der Tat gleichgültig. In ihm zählen allein Kaufkraft und Wettbewerbsfähigkeit. Nur getrauten sich die Exponenten der öffentlichen Meinungsbildung, so sie nicht als links, sozusagen als politisch randständig, abgestempelt werden wollten, erst nach dem sichtbaren Scheitern einer radikalisierten Variante marktökonomischen Vorteilsstrebens – nämlich des Blasenkapitalismus – dies zumindest im Ansatz öffentlich auszusprechen. Galt bis vor kurzem noch das Mantra, dass die »Soziale Marktwirtschaft« von allein »sozial« sei oder je »sozialer« sei, je reiner und umfassender die Marktlogik zur Entfaltung gelangt – in dieser (angeblichen) Erkenntnis bestand das »Neue« an der »Sozialen Marktwirtschaft« –, so wird die »soziale Marktwirtschaft«, die Bundeskanzlerin Angela Merkel (2008) auch eine »menschliche Marktwirtschaft« nennt, nun (wieder) zu einer politischen Gestaltungsaufgabe. Und zwar, da derzeit eine Art *window of opportunity* bestehe, zu einer globalen Gestaltungsaufgabe welthistorischen Ausmaßes.

*»Wir wollen, dass die Welt in einer menschlichen Marktwirtschaft lebt. Damit das möglich wird, wollen wir mit den Völkern der Welt zusammenwirken. Ich sage: Wir haben die historische Pflicht, dieses Ziel zu befördern … Dabei geht es nicht nur um die Wünsche von Millionen. Hier geht es um die Wünsche von Milliarden. Sie warten darauf, dass die Weltwirtschaft einen Ordnungsrahmen bekommt, der ihnen – und zwar allen, denn die Würde eines jeden Menschen ist unteilbar – ein würdiges Leben ermöglicht, der sie vor Exzessen schützt und der ihre Lebensgrundlagen bewahrt. Deshalb braucht die Welt eine Weltwirtschaftsordnung.«*

»Le laissez-faire, c'est fini.« Mit diesen Worten hatte ein weiterer Konservativer, der französische Staatspräsident Nicolas Sarkozy, das Ende der Marktgläubigkeit verkündet.

*»Die Idee von der Allmacht des Marktes, der durch keinerlei Regulierung behindert werden dürfe, ist eine verrückte Idee. Die Idee, dass der Markt immer recht hat, ist eine verrückte Idee.«*

Dies aber war offenbar der Geist, der bis dahin geherrscht hatte, und dem sich Sarkozy auch vorher nicht entgegenstellte – oder sich nicht entgegenzustellen getraute? Nun aber ist alles ganz anders. Jedenfalls programmatisch, was durchaus nicht nichts, sondern eine ganze Menge ist. In seiner Rede am 25. September 2008 in Toulon, aus der die obigen Zitate stammen, plädierte Sarkozy jedenfalls für eine «Neufundierung des Kapitalismus auf der Basis einer Ethik der Leistung und Arbeit«.

Dies ist immerhin ein Anfang. Doch wie soll es weitergehen? Und was genau ist am Markt eigentlich problematisch? Jedenfalls sollte man sich keinen Illusionen hingeben. Denn die Marktgläubigkeit, das heißt die Annahme, dass die Marktlogik dem guten Leben und dem fairen Zusammenleben dienlich ist – je reiner sie etabliert ist, desto mehr –, ist viel zu tief in den ökonomischen Wissenschaften verwurzelt, als dass sie durch ein singuläres Ereignis, und sei es auch so explosiv und krisenhaft zu Tage getreten wie die Finanzmarktkrise, von heute auf morgen erschüttert werden könnte.

Durch die Schule der ökonomischen Wissenschaften, durch die Schule der VWL oder BWL, laufen praktisch alle, die sich professionell mit »der Wirtschaft«, und das heißt ja immer: mit der Marktwirtschaft, auseinandersetzen. Und diese prägen dann, als Akteure der Wirtschaft oder der Politik (etwa als Berater oder Journalisten), diese Wirtschaft und kommentieren sie – zumeist als eine erfreuliche oder als sachzwanghaft hinzunehmende Erscheinung. Nach dem Platzen der Blase wird nun jedoch hier und dort gefragt, ob an den Wirtschaftsfakultäten vielleicht die falschen Lehren verbreitet werden – und die Lehrbücher umzuschreiben seien. Vielen, aber nicht allen, ist klar, dass »ein neues Denken nötig« ist, und zwar, wie Edmund S. Phelps, Nobelpreisträger der Wirtschaftswissenschaften anfügt, »in jedem Fall« (*Der Spiegel*, 10.11.2008), womit zugleich gesagt ist, dass noch reichlich unklar ist, in welche Richtung dieses »neue Denken« über Markt und Wettbewerb gehen müsse.

In der Tat bildeten die Lehrbücher der »politischen Ökonomie« – die sich heute allerdings ganz und gar unpolitisch und wertfrei wähnt – die »Drehbücher der gegenwärtigen Krise«. Doch, fragt Christian Geyer (*FAZ*, 08.04.2009), »wo bleibt die fundierte Kritik an der Wissenschaft der politischen Ökonomie?« Das »naturgesetzliche Gebaren dieser Wissenschaft« gelte es »nachhaltig zu erschüttern«.

*»Aber wer macht den Erschütterer? Wer sagt: Die politische Ökonomie ist nackt, ihre Lehrbücher müssen umgeschrieben werden?«*

Die Lehrbücher der Ökonomik können in dem vorliegenden Bändchen selbstverständlich nicht umgeschrieben werden. Doch kann und soll die Notwendigkeit aufgezeigt werden, warum sie und in welche Richtung sie umgeschrieben werden müssten, warum die Standardauffassungen über die generell »positiven« Eigenschaften, die Markt und Wettbewerb zugeschrieben werden, falsch sind. Diese Theorien und Sichtweisen prägen unser aller Denken über die Marktwirtschaft. Wir mögen gegenüber bestimmten Sichtweisen, die irgendwie als »pro Markt« daherkommen (selbst dies festzustellen ist gar nicht so einfach), ein Unbehagen empfinden. Aber warum genau diese Sichtweisen falsch sind, das lässt sich nicht so leicht aus dem Ärmel schütteln. Hier ist professionelle Reflexionsarbeit angesagt. Dies ist denkerische Knochenarbeit.

Falsch ist das *Prinzip Markt* (Thielemann, 1996), das heißt die Überhöhung der Marktlogik zum Prinzip des guten Lebens und des fairen Zusammenlebens – nicht nur in der Wirtschaft, sondern generell, wobei das Wirtschaften ja sowieso einen (bedeutenden) Teil unseres Lebens bildet. Falsch ist also nicht »die Marktwirtschaft«. Denn es gibt beim besten Willen keine Alternative zur Marktwirtschaft. Sollte etwa das Kaufen und Verkaufen generell abgeschafft werden? Eine abwegige Vorstellung. Nicht »der Markt ist am Ende«, wie die *NZZ am Sonntag* (15.02.2009) angesichts der Reaktionen auf die Finanzmarktkrise besorgt mutmaßt, sondern die Marktgläubigkeit. In Frage steht nur – allerdings – die Frage, welchen relativen Status die Marktlogik in unserem Leben spielen soll. Dies ist eine Frage von menschheitsgeschichtlicher Bedeutung. Allerdings ist sie, so meine ich, bislang nicht überzeugend beantwortet, geschweige denn überhaupt klar gestellt worden.

Die Bedeutung dieser Frage ergibt sich daraus, dass sich die Marktlogik, so sie in ihrer Problematik unverstanden bleibt, ganz von allein zum alles beherrschenden Prinzip aufschwingt. Adam Smith, der als Begründer der Volkswirtschaftslehre gilt, hatte im *Wohlstand der Nationen* (1776, S. 582) den Marktprozess als das »einsichtige und einfache System der natürlichen Freiheit« bezeichnet. Es ist eben ganz »einfach« einzusehen, dass es für jeden Einzelnen vernünftig ist, sich den Zwängen des Wettbewerbs anzupassen und hierfür über die nötigen Handlungsspielräume zu verfügen. Deutlich schwieriger einzusehen ist hingegen, dass dies eine schale Freiheit ist, die, wenn sie zum Inbegriff von Freiheit erkoren wird, nur eine Scheinfreiheit markiert, wie noch zu zeigen ist. Schwierig einzusehen ist auch, dass die mit dem »einsichtigen und einfachen System der natürlichen Freiheit« verbundene Gesellschaft inhuman wäre.

Übrigens – Adam Smith war primär Moralphilosoph. Sein ethisches Hauptwerk war die *Theorie der ethischen Gefühle* (1759). Ob zwischen seinen moralphilosophischen und markttheoretischen Ausführungen ein Gegensatz besteht, darüber herrscht seit jeher ein Streit unter Fachleuten (sogenanntes »Adam-Smith-Problem«). Es kursiert die These, dass Smith im letzten Hauptwerk zum Thema Recht und Staat, das allerdings unveröffentlicht blieb, eine Klarstellung zwischen dem »liberalen«, genauer: libertären Grundtenor des *Wohlstands der Nationen* und der moralisch geprägten *Theorie der ethischen Gefühle* versuchen wollte. Vielleicht hätten wir heute eine anders ausgerichtete Volkswirtschaftslehre, hätte Smith dieses Manuskript nicht kurz vor seinem Tode vernichten lassen.

## Wirtschaftsethik

Welchen Stellenwert soll die Marktlogik in unserem Leben einnehmen? Dies ist selbstverständlich eine normative, eine ethische Fragestellung. Die Ethik ist die Theorie, die sich mit dem Sollen beschäftigt, mit der Frage also, was richtig oder falsch, legitim oder illegitim, fair oder unfair, verantwortbar oder unverantwortlich ist. Die Wirtschaftsethik beschäftigt sich mit der gleichen ethischen Grundfrage mit Blick auf den Gegenstand »Wirtschaft«.

Ethik ist eine kritische Wissenschaft, eine Reflexionswissenschaft. Die Schlüsselfrage der Ethik lautet: Wird eine Handlungsweise *zu Recht* mit dem Etikett »ethisch richtig« versehen, also als fair, legitim, verantwortbar und so weiter klassiert. (Zumeist erfolgen solche Klassierungen oder Rechtfertigungen allerdings unter der Hand – man benutzt etwa Begriffe wie »optimal«, »rational«, »besser«, »sinnvoll«, »innovativ« und so weiter. All dies sind ethische beziehungsweise normative Begriffe.

Es kommt darauf an, ihren ethischen Gehalt systematisch zu Tage zu fördern.) Man erkennt, die Ethik ist nichts Abgehobenes. Denn ob eine Handlungsweise ethisch richtig ist, darum drehen sich letztlich alle öffentlichen beziehungsweise politischen Diskussionen, die wir führen oder die wir – als Staats- und Wirtschaftsbürger – verfolgen. Und die Frage ist nur, ob wir dies systematisch tun. Nur dann gewinnen wir Klarheit.

Man kann auch gar nicht umhin, eine Ethik zu vertreten, wenn man über die soziale Welt, über unser Zusammenleben spricht (wozu natürlich auch das Wirtschaften gehört). Denn ansonsten wäre dieses Reden sinnlos. Dies gilt natürlich auch für Theorien über das Wirtschaften. Daher sind alle ökonomischen Theorien im Kern Wirtschaftsethiken. »Ökonomik ist Ethik«, so hat der an der Fachhochschule Würzburg lehrende Ökonom Karl-Heinz Brodbeck (2002) diese Grundeinsicht des Ansatzes Integrativer Wirtschaftsethik (Ulrich, 2008) auf den Punkt gebracht. Im Guten wie im Schlechten, ist damit natürlich gemeint. Doch glauben die Ökonomen in ihrer überwiegenden Mehrheit immer noch, dass sie eine »wertfreie«, ethisch »neutrale« Wissenschaft betreiben. Wo doch jeder, der mit VWL oder BWL in Berührung kommt oder Stellungnahmen von Ökonomen oder ökonomisch ausgebildeten Experten vernimmt, zumindest intuitiv spürt, dass da, jedenfalls typischerweise, eine ganz bestimmte Position vertreten wird, nämlich darüber, wie in wirtschaftlichen oder überhaupt in allen sozialen Angelegenheiten *richtigerweise* zu verfahren sei, was »aus ökonomischer Perspektive« die *richtige* Sicht der Dinge ist. Und diese »richtige Sicht« ist immer, nämlich definitionsgemäß, die *ethisch* »richtige Sicht«, jedenfalls dem eigenen Geltungsanspruch nach.

Der Vorwurf, der Ökonomen zu machen ist, ist also zunächst der, dass sie eine bloß »implizite Ethik« (Brodbeck) vertreten. Ob diese verschwiegene Ethik der Ökonomik dem kritischen Urteil standhält, wenn man sie explizit und damit beurteilbar macht, dies wird hier allerdings bezweifelt. Die folgenden Ausführungen sollen im Einzelnen zeigen, warum diese Position falsch ist.

Worin besteht nun diese ethisch verschwiegene Sicht der Ökonomik? Ihr Kern ist im Prinzip der Gewinnmaximierung oder allgemeiner: der Nutzenmaximierung zu suchen. Dieses wird auf mehr oder minder komplexen Pfaden zu legitimieren versucht. Das, was der Volksmund »Gier« nennt, nennen Ökonomen »Rationalität«. Und wer möchte denn schon für Irrationalität plädieren? Das Eigeninteressenstreben, für das der Name Homo oeconomicus steht, wird so kurzerhand zum Inbegriff des Vernünftigen und damit Richtigen erklärt – einfach *qua* begrifflicher Qualifizierung. Wer nicht seine eigenen Interessen verfolgt, wie immer diese definiert sein mögen, wer es folglich für richtig hält, dass auch die Interessen anderer berücksichtigt werden sollten, und zwar einfach, weil diese Beachtung verdienen, der sieht sich auf die Seite der Irrationalität gestellt – oder vielleicht als »Gutmensch« verunglimpft?

Neuerdings sieht er sich mit »Animal Spirits« ausgestattet (Akerlof/Shiller, 2009). Hierzu gehört Akerlof und Shiller zufolge ausdrücklich auch ein Sinn für Fairness. Dies ändert allerdings nichts an der Klassierung dieser anderen Orientierungen im Ganzen als »irrational«. Die Menschen handeln eben nicht immer »rational«, so wird dann gesagt, das heißt nicht immer ihrem durchsetzbaren Eigeninteresse gemäß, wie immer sie dieses definieren.

Im umfassenden Sinne vernünftig ist die Gewinnmaximierung aus der Sicht der ökonomischen Standardauffassung aber vor allem, da sie dem Wohle aller dienen soll, der »unsichtbaren Hand« (Adam Smith) des Marktes sei Dank. Diese Annahme bildet den Kern der ökonomischen Ideologie, des Ökonomismus, der Marktgläubigkeit. Ich verwende all diese Begriffe synonym, vermeide aber den in der Öffentlichkeit für dieses Denken gebräuchlichen

Begriff des »Neoliberalismus«. Denn die Neoliberalen, das waren ursprünglich die Väter der sozialen Marktwirtschaft, die nicht nur von Marktgläubigkeit geprägt waren, sondern teilweise auch von Marktskepsis. Zur Abgrenzung haben sie sich später »Ordoliberale« genannt.

Marktgläubigkeit ist der buchstäbliche Glaube, dass die Marktlogik, die Ergebnis des Eigeninteressestrebens des Homo oeconomicus ist, zahlreiche ethisch »positive« Eigenschaften besitzt oder gar den Inbegriff der ethischen Vernunft markiert. Es ist der Glaube, dass alles gut wird, wenn nur der Markt regiert. Der Witz ist dabei immer, dass die Handlungsakteure – etwa strikt nach Rendite strebende Unternehmen – das Gute (angeblich) bewirken, ohne es bewirken zu wollen. Dass dieses Denken weit verbreitet ist, zeigt sich etwa in der Volksweisheit: »Gut ist das Gegenteil von gut gemeint.«

Leider ist der Ökonomismus im Ganzen ein irrationales Unterfangen. Er ist noch vormodernem Denken verhaftet und hat noch nicht wirklich die Aufklärung durchlaufen. Er glaubt, sich mit der Rhetorik der Freiheit schmücken zu dürfen, repräsentiert aber ein Modell einer Gesellschaft von letztlich Unfreien. Nur merken sie es nicht oder sollen es nicht merken. Und es ist auch nicht einfach, es zu merken.

## Überblick

Um den Ökonomismus zu verstehen, müssen wir den Markt und dessen eigenartige Logik der Interaktion besser und genauer verstehen. Es ist dies die Interaktionslogik von Tauschpartnern, von Käufern und Verkäufern, die sich allein durch Verträge binden, die zum Zwecke der Vorteilsmaximierung geschlossen werden. Zwar lässt sich bezweifeln, ob dies eine zutreffende Charakterisierung der sozialen Marktwirtschaft ist, wie wir sie kennen.

Doch wird damit eben die reine Logik des Marktes benannt, die ja dann auch von den Marktgläubigen verteidigt wird.

Die Klärung der Marktlogik (Kapitel 2) bildet die Klammer der wirtschaftsethischen Erkenntnisreise, die im Folgenden unternommen werden soll. Zunächst steht der Vorteilstausch im Zentrum, das Kaufen und Verkaufen von was auch immer: Konsumgüter, die eigene Arbeitskraft, vielleicht ganze Unternehmen. Es schließt sich die Frage an, was denn daran, dass da zwei Seiten zusammenkommen und beide einen Vorteil erzielen, ethisch falsch sein könnte. Es ist doch Win-win, wie man so sagt. Nur leider wird die Rechnung ohne den Wettbewerb gemacht. Wie bitte? Die Ökonomen sind doch die Spezialisten für den Wettbewerb, er bildet neben dem Vorteilstausch das Allerheiligste der ökonomischen Theoriebildung. Und diese Ökonomen sollen die Wirkungsweise des Wettbewerbs nicht verstanden haben?

Genau dies. Oder sie wissen um diese dunkle Seite des Marktprozesses, aber verheimlichen sie. Wir müssen den Wettbewerb verstehen, um zu verstehen, was mit dem Marktprozess (der den Wettbewerb einschließt) ethisch auf dem Spiel steht. Eine ganze Menge nämlich. Er sorgt in der Tat für Wachstum und einen stetig steigenden Konsumwohlstand – der allerdings zunehmend ungleicher verteilt wird (Kapitel 6) –, aber er sorgt auch dafür, dass wir zunehmend zu seinen Gefangenen werden (Kapitel 7). Es ist kein Zufall, dass das Leben immer stressiger wird. Getrieben werden wir dabei von einer sozusagen dritten Macht, die ganz »natürlich« daherkommt – nämlich von den »unsichtbaren« Sachzwängen des globalen Wettbewerbs als eines Prozesses »schöpferischer Zerstörung« (Josef A. Schumpeter). Diese führen dazu, das wir zunehmend zu »Lebensunternehmern« unseres eigenen »Humankapitals« werden, in das es »lebenslang« zu investieren gilt. Ansonsten finden wir uns bald auf der Verliererstraße wieder.

Ob dies dem guten Leben noch dienlich ist und ob der Konsumwohlstand noch die lebensunternehmerischen Anstrengungen aufwiegt – diese Fragen nur schon zu stellen, bedeutet, den Ökonomismus im Ansatz zu überwinden. In der Konsequenz müsste der Wettbewerb in die Werte und Normen der Bürger eingebettet und das heißt immer auch: begrenzt werden. Das genaue Gegenteil ist in den letzten Jahren passiert. Die Politik wurde zunehmend auf Standortpolitik reduziert (Kapitel 6). Und sie agierte wie eine Art Unternehmung im Großformat – mit allen Bürgern als ihren Beschäftigen und Erfolgsfaktoren. Nur ja attraktiv sein oder noch attraktiver werden für das global vagabundierende Kapital. Denn nur dieses schafft ja die dringend benötigten Arbeitsplätze. Der damit verbundene, aus politisch-liberaler Sicht unerhörte Freiheitsverlust machte Volkssouveränität zur Farce und führte zu einer massiven Verschiebung des Wohlstands hin zu den Kapitaleinkommen und auch zu einer Prekarisierung der Arbeit. Dieser unerklärte Abschied vom Wohlstand für alle ergibt sich vor allem daraus, dass die Rolle, die das Kapital im Prozess »schöpferischer Zerstörung« spielt, vollständig unverstanden geblieben ist (Kapitel 6). Zugleich wurde mit dem »Hofieren« des Kapitals (Hans-Werner Sinn) die Grundlage für die Finanzmarktkrise gelegt.

Wie »ticken« eigentlich die Entscheidungsträger der Wirtschaft, Unternehmer und Manager, die die Sachzwänge sei es exekutieren oder die Folgen des eigenen Vorteils- beziehungsweise Renditestrebens (etwa in Form von Entlassungen) als Sachzwang verkaufen (Kapitel 3)? Natürlich soll man hier keine Pauschalurteile abgeben. Deutschland ebenso wie andere Ländern haben eine ganze Reihe verantwortungsvoll agierender Unternehmer und Manager. Doch gab es da in den letzten Jahren einen Trend – nicht nur hin zur ökonomischen Radikalisierung, sondern auch zu Managervergütungen, die alle bisherigen Vorstellungen sprengten (Kapitel 4). Alles eine »Neiddiskussion«? Es gibt immer noch einige, die dies behaupten. Die überwiegende Mehrheit der Bürger findet Vergütungen dieser Größenordnungen allerdings unanständig beziehungsweise unfair. Und sie liegen mit ihrer Intuition ganz richtig.

Dazu müssen wir uns zweierlei klarmachen. Einkommen werden nicht auf dem Mond erzielt. Das Wirtschaften spielt sich vielmehr zwischen den Menschen ab – auch im anonymen Weltmarkt, Sachzwänge hin oder her. Bezweifelt dies jemand? Wohl kaum, jedenfalls nicht explizit. Doch wird, gerade von Ökonomen, häufig so getan, als hätten wir es mit objektiven, ethisch »neutralen« Preisbewegungen zu tun, die personenunabhängig, den Bewegungen der Planeten gleich, durch einen menschenleeren Raum driften, was dann »die Wirtschaft« genannt wird (Kapitel 5). Womit die dahinterliegenden Schicksale, ebenso übrigens wie die Gier, die zumindest einige antreibt, in Vergessenheit geraten beziehungsweise unthematisiert bleiben.

So kann, zweitens, auch eine der Kernfragen der Wirtschaftsethik, nämlich die nach der Fairness der Gestaltung der Arbeitsteilung zwischen den Menschen, sei es auf betrieblicher, volkswirtschaftlicher oder letztlich weltwirtschaftlicher Ebene, nicht wirklich in den Blick geraten. Die Fairnessfrage zu stellen soll den Anlass bilden, nach der Ethik im Allgemeinen zu fragen (Kapitel 4). Welche Dimensionen der Gerechtigkeit lassen sich unterscheiden und welche Grade der Verbindlichkeit kommen diesen jeweils zu? Und lässt sich eine solche verbindliche Perspektive überhaupt festmachen und begründen? Ja, durchaus. Wir müssen uns aber von vormodernen Vorstellungen einer Ethik lösen, die moralische Verbindlichkeit aus einem Normenkatalog zu schöpfen können meint. Eine moderne Ethik, die sich auf Einsichten Kants und der Diskursethik stützt, kann durchaus Orientierungssicherheit bieten – und danach suchen wir alle –, aber nur auf der Ebene von Prinzipien, nicht auf der Ebene von

Normen, die nur noch »angewendet« werden müssten, und erst recht nicht in Form »fester Werte«.

Warum kursieren eigentlich derart viele verquere Theorien über gutes und richtiges Wirtschaften? Einerseits, weil die Funktionseigenschaften des Wettbewerbsprozesses weithin unverstanden bleiben, andererseits, weil es an den ethischen Grundlagen hapert. Noch schwieriger ist es, beides zusammenzubringen. Dieses geschieht in der Wirtschaftsethik. Deren Aufgabe besteht darin, in das zumeist bloß implizite wirtschaftsethische Denken Ordnung zu bringen. Die drei grundlegenden Paradigmata, wie Ethik und Wirtschaft zusammenzudenken sind – Separatismus, Ökonomismus und Integration – werden in Kapitel 5 vorgestellt und kritisch beleuchtet. Die ersten beiden werden verworfen, und zwar aus der Perspektive des Ansatzes der integrativen Wirtschaftsethik. Dabei wird sich zeigen, dass die Marktapologetik nicht bloß frontal zur Geltung gebracht wird – in Form des Ökonomismus nämlich –, sondern auch indirekt, nämlich dadurch, dass das Wirtschaften stillschweigend als »neutral« hingestellt wird. Dieses Denken wird als separative Wirtschaftsethik bezeichnet.

Es ist sinnvoll, derart nach grundlegenden Konzepten und typischen Denkweisen über das (angeblich) ethisch richtige Wirtschaften zu fragen, weil man merken wird, dass mit diesem Denken in verschiedenen Zusammenhängen immer wieder die gleichen Fehler gemacht werden. Das Sachzwangdenken, welches die Unausweichlichkeit der Anpassung an die Marktzwänge behauptet, ist im Kern dem Separatismus zuzuordnen. Für die Unternehmensethik, die einen gewichtigen Teil der Wirtschaftsethik bildet, manifestiert sich dieses Denken im Glauben, dass es zumindest teilweise »unmöglich« sei, die Geschäfte »unter den Bedingungen des Wettbewerbs« ethisch verantwortungsvoll zu führen. Separativ-ethisch ist auch die Annahme, Unternehmensethik ließe sich in Form von Spendenethik betreiben.

Auf Unternehmensebene manifestiert sich der Ökonomismus in der Annahme, dass sich »Ethik« langfristig auszahle. Man müsse nur langfristig genug denken. Nicht nur Manager und Unternehmer denken mehrheitlich so – wie schön, wir können mit der Gewinnmaximierung fortfahren, denn ethisch falsch machen können wir ja dann nichts. »Ethik zahlt sich langfristig aus« ist auch eine Art »moderne« Volksweisheit. Man meint, damit den Stein der Weisen gefunden zu haben, der alles so lässt, wie es ist und diese Welt des ökonomischen Vorteilsstrebens doch mit den Vorgaben der Ethik vereinbar macht.

Nur leider ist die Annahme falsch. An ihrer Widerlegung lässt sich demonstrieren, was den Ökonomismus im Ganzen auszeichnet: Er vertritt nämlich letztlich eine Ethik ohne Moral und damit eine »Ethik« – beziehungsweise eine Anti-Ethik – des Rechts des Stärkeren.

Die Sorge, die viele beschleicht, dass sich diese Logik des Auszahlens in allen Lebensbereichen der Gesellschaft breitmacht, ist also durchaus berechtigt. Die damit angesprochene Ökonomisierung der Lebensverhältnisse (Kapitel 3 und 7) manifestiert sich etwa darin, dass Schüler, Studenten, Patienten oder Klienten zunehmend zu »Kunden« werden. Damit verschieben sich die Relevanzen. Was vorher Zweck war und dem eigenen beruflichen Handeln Sinn verlieh, wird nun zum Mittel eines einzigen Zwecks: der eigenen ökonomischen Performance.

Die Ökonomisierung hat mehrere Ursachen: der globale Wettbewerbsdruck, der statt nach Bildung nach der Ausbildung der für den Wettbewerbskampf nötigen »Skills« verlangt – und übrigens auch nach den entsprechenden marktapologetischen Einstellungen. Zudem dürften in den Köpfen der Akteure ökonomistische Hintergrundannahmen herumschwirren: Was sich auszahlt, das kann ja doch nicht falsch sein. Mit Max Frisch gesprochen: »Vernünftig ist, was rentiert.«

Wenn der Markt nicht zum Prinzip des Guten und Richtigen

erhoben werden kann, was soll dann an seine Stelle treten? Die Antwort hat Karl Polanyi bereits in den vierziger Jahren des letzten Jahrhunderts im Kern gegeben: An die Stelle des Marktprinzips tritt die Einbettung des Marktes in unsere wohlerwogenen Werte und Normen. Der Markt tritt sozusagen ein Glied zurück. Nicht ihm kommt das Primat zu, sondern unserer moralischen und politischen Autonomie.

Im Kern ist damit kein neues Konzept benannt, sondern ein altbekanntes: nämlich die Soziale Marktwirtschaft, die freilich zu erneuern und im emphatischen Sinn zu modernisieren ist (Kapitel 8). Dies ist eine Daueraufgabe, deren Notwendigkeit allerdings erst ersichtlich wird, wenn wir uns von der Marktgläubigkeit verabschiedet haben.

Die Soziale Marktwirtschaft, das sind nicht nur die sozialen Sicherungssysteme. Das ist auch das verantwortungsvolle Handeln von uns allen als Wirtschaftsbürgern – sei es als Konsumenten, Beschäftigten, Investoren (ja, auch diese) oder Entscheidungsträgern an den Schalthebeln wirtschaftlicher Macht. Hier hat sich in den letzten Jahren eine ganze Menge getan. »Fair Trade«, »Social Responsible Investment«, »Corporate Social Responsibility« sind die aktuellen Stichworte dazu. Nico Stehr (2007) spricht von der »Moralisierung der Märkte«. Diese ist Teil der »menschlichen Marktwirtschaft« (Angela Merkel).

Einigermaßen unbemerkt von einer breiteren Öffentlichkeit bekennen sich heute beinahe alle großen Unternehmen zu »Unserer Verantwortung in der Gesellschaft« – zumeist prominent auf den Unternehmenswebsites. Vieles davon ist noch vom alten instrumentalistischen Geist infiziert – aber nicht alles. Hier zeichnet sich ein neues Zusammenspiel ab zwischen Zivilgesellschaft – das sind wir alle als engagierte (Wirtschafts-)Bürger – und Unternehmen, welches das Gesicht der Wirtschaft »nachhaltig« verändern könnte. Das ist soziale (oder sozial-ökologische) Marktwirtschaft von unten – erneuert und frisch betrieben.

Die Gretchenfrage ist auch hier: In welchen Konzepten wird all dies wahrgenommen und praktisch betrieben? Und sind Unternehmen, die es mit der Geschäftsintegrität ernst meinen, im Wettbewerb nicht hoffnungslos auf der Verliererstraße? Nicht unbedingt. Das Konzept verdienter Reputation weist einen Ausweg (Kapitel 5).

Allerdings nur einen partiellen. Zu den Grundbotschaften integrativ verstandener Wirtschaftsethik gehört die Einsicht, dass die Ethik des Wirtschaftens an verschiedenen Orten der Moral zu verwirklichen ist. Individualethik und Institutionenethik, Geschäftsethik und Ordnungsethik müssen zusammen gedacht werden und zusammen wirken. Warum genau ist Ordnungsethik und natürlich eine praktisch betriebene Regulierung des Wirtschaftens nötig? Und widerspricht Regulierung nicht der Freiheit der Bürger? Dies glauben nur Libertäre – das sind diejenigen, die Willkürfreiheit mit Freiheit verwechseln. Wahrhaft Liberale wie etwa Ralf Dahrendorf (1929–2009) betonen hingegen die Bedeutung der politischen Freiheit. Bereits der Begriff ist für Libertäre ein Widerspruch in sich.

Doch es hilft alles nichts. Unterhalb der Schwelle einer Weltordnungspolitik werden alle Staaten zu (mehr oder minder) stillen Befehlsempfängern des global zirkulierenden Kapitals. Politische Autonomie – und das heißt für Demokratien: Volkssouveränität – lässt sich in Zeiten des globalen Wettbewerbs nur weltinnenpolitisch zurückgewinnen (Kapitel 8). Es geht nicht darum, den globalen Marktwettbewerb abzuschaffen, wohl aber den Wettbewerb zwischen den Politiken der Staaten. Es geht darum, das Primat der Politik zurückzuerobern (welches mit einem Primat der Politiker nicht zu verwechseln ist), denn ansonsten herrscht das Primat des Wettbewerbs beziehungsweise das Recht des Wettbewerbsstärkeren – und des Kapitals.

Zum Glück haben weite Teile der Politik die Notwendigkeit der Regulierung der Märkte – nicht nur der Finanzmärkte – auf der Ebene einer »Weltinnenpolitik« (Willy Brandt) erkannt. Die Politik hat erkannt, dass sie sich hat entmündigen lassen – und dass sie damit auf dem ökonomistischen Holzweg war. Wie eine »menschliche Marktwirtschaft«, wie sie Angela Merkel anvisiert, aussehen könnte, dazu möchte dieses Buch einen Beitrag leisten. Seine Hauptstoßrichtung besteht darin, sozusagen den Schutt beiseitezuräumen, um sich dieser Frage unvoreingenommen zuzuwenden. Und dieser Schutt, das ist der Ökonomismus, das ist die Marktgläubigkeit, die immer noch in den Köpfen der Ökonomen (jedenfalls in ihrer Mehrheit) steckt. Diese sehen sich nach wie vor als die »konsequentesten Fürsprecher des Marktes« (Breyer, 2008, S.128). Immerhin erkennen sie, dass »der Rest der Bevölkerung« das Marktprinzip »eher skeptisch« sieht. Diese Skepsis ist berechtigt. Das vorliegende Buch möchte dazu beitragen, diese Skepsis besser begründen zu können.

# 2 Den Markt verstehen

Was ist der Markt? Jene Maschinerie, die diesen gigantischen Wohlstand schafft, wie wir ihn heute kennen, sagen die Ökonomen. Eine Maschinerie, die Ausdruck unserer Freiheit ist und der als einzige Wirtschaftsform das Etikett »freiheitlich« gebührt. Entweder sei die Wirtschaft marktförmig organisiert, oder es herrsche Zwang.

Zugleich ist der Markt nach vorherrschender Lehrbuchmeinung der Ort, an dem Angebot und Nachfrage zusammentreffen. Dies trifft in der Tat zu. Doch zugleich ist diese Charakterisierung schrecklich nichtssagend. Gibt es da vielleicht etwas zu verbergen mit der Marktlogik?

Was tun die Leute eigentlich da im Markt miteinander? Sie tauschen. Natürlich nicht Brötchen gegen Zahnpasta (dies wäre Naturaltausch), sondern Brötchen oder Zahnpasta gegen Geld. Eine Marktwirtschaft ist eine Tauschwirtschaft. Der eine gibt, der andere zahlt. Dabei ist einerlei, ob Computer, ein Haarschnitt, Autos, Brote, die eigene Arbeitsbereitschaft oder ganze Unternehmen gegeben werden. All dies sind Leistungen, und wer sie anbietet, ist ein Verkäufer, wer sie bezieht, ist ein Käufer. Die Gegenleistung besteht im Geld, mit dem man die Leistung erwirbt. Der Markt ist mithin die Summe all dieser Beziehungen zwischen Käufern und Verkäufern, Zahlenden und

Bezahlten, Anbietern und Nachfragern, Produzenten und Konsumenten.

Was sollte daran jemals auszusetzen sein? Der Markt, das ist doch »Win-win« für alle.

> *»Die Tauschpartner profitieren beide vom Tausch; ansonsten würde er ja gar nicht stattfinden.«*

So formuliert Wirtschaftsnobelpreisträger James M. Buchanan (zusammen mit Gordon Tullock) in *The Calculus of Consent* (1965, S. 170) diese Grundweisheit der Ökonomik. Niemand wird ja zum Kaufen oder Verkaufen gezwungen. Ansonsten hätten wir es ja auch nicht mit einem Tauschgeschäft zu tun, sondern mit Raub oder Diebstahl. Im Markt wird niemand sozusagen mit vorgehaltener Pistole zur Herausgabe seiner Sachen, seines Vermögens oder zur Arbeit gezwungen. Dies gilt definitionsgemäß. Ansonsten würden wir eben nicht vom »Markt« sprechen, sondern vielleicht von Mafia-Economics, Sklaverei oder anderen Formen gewaltsamer Aneignung. Der Markt ist der Ort gewaltfreien und darum freiwilligen Austausches.

Milton Friedman (1970), ein weiterer Nobelpreisträger der Wirtschaftswissenschaften, formuliert dies so:

> *»Das politische Prinzip, das dem Markt zu Grunde liegt, ist die Einstimmigkeit. In einem idealen freien Markt, der auf Privateigentum basiert, kann niemand einen anderen zu etwas zwingen. Alle Kooperation ist freiwillig, alle Kooperationspartner profitieren oder sie brauchen nicht teilzunehmen.«*

Warum, so fragen Ökonomen regelmäßig, sollten die Leute tauschen beziehungsweise »kooperieren«, wenn es ihnen nichts bringt oder wenn der Kauf beziehungsweise der Verkauf nicht vorteilhafter ist als eine alternative Verwendung des eigenen

Geldes oder der eigenen Zeit? Darum sind Tauschgeschäfte immer vorteilhaft für beide Seiten – von Fehlkalkulationen einerseits, Betrug andererseits abgesehen. Letzeres mag vorkommen, bildet aber nicht die Regel für die Interaktion zwischen Tauschpartnern. In der Regel ist der Tausch vielmehr beidseitig vorteilhaft, nützlich oder, wie Ökonomen vorzugsweise formulieren: »effizient«.

Die ethisch positiven Eigenschaften des Tausches und damit des Marktes lassen sich noch etwas weiter treiben. Tauschen heißt Geben und Nehmen. Darum lässt sich der Tausch als Ausdruck des Prinzips von Leistung und Gegenleistung fassen: In den Genuss der Vorteile gelangt jede Seite nur, wenn sie der anderen Seite etwas Nützliches anzubieten hat. Insofern lässt sich sagen: Man nimmt nicht vom anderen, ohne ihm auch etwas zu geben. Niemand bereichert sich am anderen auf dessen Kosten. Vielmehr kommen beide Seiten »auf ihre Kosten«.

Natürlich könnte man – und muss man – dieser ach so harmonischen Tausch- und Marktwelt einen ziemlich dicken Wehrmutstropfen beigeben, indem man nämlich fragt: Das alles mag ja definitionsgemäß für unsere beiden Tauschpartner vorteilhaft sein. Aber ist es auch fair? Sind Nutzen und Lasten fair verteilt? Zahlt der eine zu viel und leistet der andere zu wenig? Oder umgekehrt: Zahlt der eine zu wenig und leistet der andere zu viel? Mit Blick auf den Tauschvertrag zwischen Arbeitnehmern und Arbeitgebern: Sind die Löhne vielleicht zu niedrig, die Leistungsanforderungen ebenso wie die daraus fließenden Gewinne vielleicht zu hoch? (Der umgekehrte Fall ist in der gegenwärtigen Situation im Großen und Ganzen recht unwahrscheinlich.) Dies sind Fragen von allergrößter Bedeutung. Doch stellen Ökonomen sie eigentlich nie, jedenfalls nicht ausdrücklich in ethischer Begrifflichkeit. Schließlich betreibe man ja »wertfreie« Forschung. Doch gibt die Ökonomik eine implizite Antwort. Und diese hängt mit einem noch größeren und grundlegenderen

Wehrmutstropfen zusammen, der der ach so schönen Marktwelt beizugeben ist. Diese ist nämlich immer auch eine Wettbewerbswelt. Doch woher rührt der Wettbewerb? Daraus, dass sich die Tauschlogik mit zunehmender Radikalität vollzieht. Werfen wir daher einen genaueren Blick auf diese eigenartige Logik der Interaktion zwischen den Marktteilnehmern.

## Die Logik des Vorteilstauschs

Der Markttausch, über den wir hier sprechen, ist nicht etwa eine Gabe. Im Markt wird einem nichts geschenkt. Der Markttausch, das ist vielmehr ein Tauschgeschäft aus Vorteil. Dass der Tausch *im Interesse* des einen wie des anderen liegt, ist kein Zufall, sondern ergibt sich daraus, dass er auch *aus Eigeninteresse* geschlossen wird. Im»Idealfall«, so jedenfalls sehen es Ökonomen, interessieren sich die Tauschpartner nicht füreinander. Sie agieren vielmehr»wechselseitig desinteressiert«(Gauthier, 1986, S. 87). Sie interessiert nur, was die andere Seite zu bieten hat oder was sie zahlen kann.

*»Nicht vom Wohlwollen des Metzgers, Brauers und Bäckers erwarten wir das, was wir zum Essen brauchen, sondern davon, dass sie ihre eigenen Interessen wahrnehmen. Wir wenden uns nicht an ihre Menschen-, sondern an ihre Eigenliebe, und wir erwähnen nicht die eigenen Bedürfnisse, sondern sprechen von ihrem Vorteil.«*

Dies ist eine andere berühmte Passage aus dem *Wohlstand der Nationen* Adam Smiths (1776, S. 17). Sie hat damals für viel Aufsehen gesorgt, weil sie ein Wirtschafts- und damit auch ein Gesellschaftsmodell präsentiert, welches den christlichen Vorstellungen von Nächstenliebe zuwiderläuft.

Ob Smith hier eine zutreffende Beschreibung des Marktgeschehens – jedenfalls in einer sozialen Marktwirtschaft – gibt, lassen wir zunächst außen vor. Jedenfalls ist diese wechselseitige Desinteressiertheit am Wohl und Wehe des anderen eine logische Konsequenz davon, dass der Markt als Ort des Vorteilstausches – und sonst gar nichts – begriffen wird. Und damit beginnt der Sündenfall der Ökonomik.

Um den Sündenfall zu verstehen, ist es hilfreich, eine Unterscheidung einzuführen, die sich in jedem Lehrbuch der Ökonomik findet, diejenige von *preferences* und *constraints*, »Präferenzen« und »Restriktionen«. Präferenzen, das sind Wünsche oder Bedürfnisse. Man hätte gerne einen Porsche – um irgendein aus der Luft gegriffenes Beispiels zu wählen. Nur leider gibt's den nicht umsonst. Und Millionär ist man auch nicht. Beides zusammengenommen bildet die »Restriktionen«: Der Autohändler gibt den Wagen nicht umsonst heraus. Und er gibt ihn auch nicht zu einem Preis ab, den man sich leisten kann oder will. Das Einkommen, über welches man verfügt, ist zu tief für einen Porsche.

Wenn unser Porscheliebhaber nun »rational« ist – und nicht etwa auf die Idee kommt, den Porsche zu stehlen, was ja nun auch ziemlich »riskant« wäre –, wird er einsehen, dass der Kauf des Wunschautos nicht in seinem wahren Interesse liegt. Die Miete will ja auch gezahlt sein, die Kinder versorgt und so weiter. »Wahr« ist das Interesse insofern, als sich seine Präferenz angesichts der Restriktionen beziehungsweise der gegebenen Widerstände nicht durchsetzen lässt. Die Widerstände bestehen dabei darin, dass er nur über ein beschränktes Einkommen verfügt, sowie darin, dass der Porschehändler den Wagen nun einmal nicht kostenlos und auch nicht zu einem tieferen Preis abgibt. Das »wahre« Eigeninteresse ist das durchsetzbare Interesse. Tja, leider reicht das Budget nur für einen Golf.

Der Sündenfall der Ökonomik beginnt damit, wie man diese Situation, die sich auf jeden Kauf oder Verkauf beziehen lässt, begrifflich fasst. Die Präferenzen der Akteure sind nämlich nach ökonomistischer Lesart nicht argumentationszugänglich. Sie sind vielmehr im strengen Sinne die Privatangelegenheit eines jeden Einzelnen. Dies wird »methodologischer Individualismus« genannt. Darum kann sich die Interaktion, der Tausch, nicht mehr über Gründe vollziehen, die beide Seiten teilen und als richtig einsehen könnten. Bedürfnisse, Wünsche, Werte – all dies ist verschlossen in den Gehirnen der Akteure. Es lässt sich nicht intersubjektiv (zwischenmenschlich) teilen. Darum kommen die Akteure, wie sie die Ökonomik konzipiert, auch nicht auf die Idee, die Fairness der Tauschbeziehung in Frage zu stellen. Sie dürften streng genommen gar nicht verstehen, was das ist: Fairness. Die Menschen werden vielmehr als »Monaden« begriffen, die der Philosoph Gottfried Wilhelm Leibniz (1646–1716) als in sich verschlossene, »fensterlose« Wesen fasste. Monaden »haben keine Fenster, durch die etwas ein- oder austreten könnte«. Vor allem können keine Gründe »ein- oder austreten«.

Aber nun wird ja im Markt interagiert. Wenn Fairnessgründe keine Rolle spielen können (womit natürlich letztlich gemeint ist: keine Rolle spielen sollen), dann bleibt allein die Interaktion über die Restriktionen übrig, das heißt über die Wirkungseigenschaften der Tauschpartner beziehungsweise der potentiellen Tauschpartner. (In unserem obigen Beispiel kam ja der Tausch nicht zustande. Dies aber geschah gerade nach Maßgabe der *Logik* des Vorteilstauschs.)

Dies folgt bereits aus dem Umstand, dass der Tausch aus Eigeninteresse geschlossen wird, was nämlich bedeutet, dass am anderen nicht die Gründe zählen, die ja vielleicht legitim sein und das eigene Vorteilsstreben zähmen könnten. Vielmehr zählen allein seine Wirkungseigenschaften. Es interessiert allein seine Physis, was im Markt heißt: seine Kaufkraft oder seine Produktivität. Statt von Wirkungseigenschaften können wir auch von Macht oder von Fähigkeiten sprechen – nämlich von seinen Fähigkeiten, Wirkungen zu erzeugen oder dies zu unterlassen.

Macht ist hier nicht, wie umgangssprachlich üblich, mit Herrschaft beziehungsweise mit dem Streben, eine möglichst hohe gesellschaftliche Stellung einzunehmen und über anderen zu stehen, zu verwechseln. Vielmehr bedeutet Macht hier schlicht die Fähigkeit, etwas bewirken zu können. Macht kommt etymologisch von »machen« beziehungsweise von »mögen«, im Sinne von »etwas vermögen«.

Das Prinzip von Leistung und Gegenleistung lässt sich nun als Prinzip von Macht und Gegenmacht dechiffrieren. Wer nicht fähig ist, eine ausreichende Gegenleistung zu erbringen, geht leer aus. Die Beziehung wird zu ihm abgebrochen oder, wie in unserem Beispiel, gar nicht erst aufgenommen. Konkret heißt dies für die Käufer: Wer nicht hinreichend zahlungskräftig ist, der kommt auch nicht in den Genuss der angebotenen Güter oder Leistungen. Und für die Verkäufer heißt dies: Wer nicht hinreichend produktiv oder wettbewerbsfähig ist, bezieht kein Einkommen.

Entgegen landläufiger, jedenfalls von Ökonomen häufig kolportierter Auffassung, werden im Markt also nicht einfach Bedürfnisse befriedigt. Die »Erzeugungen« werden nicht, wie der libertäre Ökonom Ludwig von Mises (1881–1973) meinte, »in die Wege geleitet, auf denen sie der Befriedigung der dringendsten Bedürfnisse der Verbraucher am besten dienen« (Mises, 1961, S. 131). Vielmehr gelangen die Leistungsangebote dorthin, wo die höchste Zahlungsfähigkeit herrscht, ganz unabhängig davon, wie »dringend« die Bedürfnisse sind. Darauf hatte bereits der Soziologe Max Weber (1864–1920) hingewiesen:

*»Nicht ›Begehr‹ an sich, sondern:* kaufkräftiger *Begehr nach Nutzleistungen regelt ... die erwerbsmäßige Güterbeschaffung.« (Weber, 1922, S. 59)*

Diese Zahlungsfähigkeit bemisst sich wiederum danach, wie produktiv diese Käufer als Produzenten beziehungsweise ihrerseits als Anbieter und Verkäufer von Leistungen sind, sei es als Arbeitnehmer oder als Selbstständige. Denn nur wer produktiv, effizient oder wettbewerbsfähig ist, erzielt ein Einkommen (von Transferzahlungen durch die sozialstaatlichen Sicherungssysteme natürlich abgesehen). Und nur wer als Anbieter einer Leistung ein Einkommen erzielt, sei es als Arbeitnehmer oder Selbstständiger, kann sodann als zahlungskräftiger Konsument in Erscheinung treten. Je wettbewerbsfähiger er ist, desto höher ist sein Einkommen und mithin seine Kaufkraft. Insofern setzt die Marktmacht der Marktteilnehmer in ihrer Eigenschaft als Produzenten (ihrer Produktivität beziehungsweise Wettbewerbsfähigkeit) ihre Marktmacht als Konsumenten (ihrer Kaufkraft beziehungsweise Zahlungsfähigkeit) voraus.

Wir sehen, das Marktgeschehen läuft vollkommen machtbasiert ab. Aber natürlich ist Macht hier nicht als Gewaltausübung zu verstehen. Denn der Tausch vollzieht sich ja definitionsgemäß gewaltfrei. Gewalt beziehungsweise die physische Einwirkung auf andere, einschließlich ihrer Androhung, lässt sich als positive Macht fassen. Man tut etwas positiv: Man zückt das Messer, holt die Pistole raus, schwingt die Fäuste, oder was wir uns immer vorstellen wollen. Darum geht es im Markt aber offensichtlich nicht (dann wäre die Kritik an der Marktlogik auch simpel), jedenfalls nicht jenseits von Mafia-Economics. Die Macht, um die es hier geht, ist vielmehr eine bloß negative: Man unterlässt es, etwas zu tun. Man zahlt nicht. Oder man zahlt nicht mehr. Oder man liefert nicht oder nicht mehr.

Für den Entzug bislang gewährter Vorteile beziehungsweise Leistungen steht in der Ökonomik der Begriff der »Exit-Option«. Jede Seite, schreibt James M. Buchanan (1987, S. 230f.), hat die »Freiheit« – genauer: die Macht – der »Zu- und Abwanderung [exit and entry]«.

*»Den Teilnehmern steht es frei, sich zurückzuziehen oder von einer Beziehung von vornherein abzusehen«* – und gerade darum sind *»normale Tauschgeschäfte ihrer Essenz nach freiwillig.«*

»Entry« heißt, man nimmt eine neue, definitionsgemäß wechselseitig vorteilhafte Tauschbeziehung auf. »Exit« heißt, man löst diese wieder auf (hierin lässt sich auch einschließen, dass man ein Angebot zu einem Tauschgeschäft gar nicht erst annimmt). Die ultimative Form der Wahl der Exit-Option ist die Kündigung. Denken wir an die Entlassung eines Mitarbeiters. Hierzu gehört aber beispielsweise auch der Wechsel des Frisörs, die Kündigung des Zeitungsabonnements, die Beendigung der bisherigen Geschäftsbeziehungen zu einem Lieferanten. Die Exit-Option kann aber auch graduell erfolgen. Man denke an Preiserhöhungen oder umgekehrt Kosten- beziehungsweise Preissenkungen. Oder auch an die Steigerung der Qualitäts- und Leistungsanforderungen gegenüber Mitarbeitern oder Zulieferern – natürlich stets: soweit dies durchsetzbar ist.

## Der Wettbewerb als »Prozess schöpferischer Zerstörung«: Gewinner und Verlierer im Wettbewerb

Aber was ist durchsetzbar? Wie viel muss gezahlt werden, um in den Genuss der materialen Gegenleistung zu kommen, den Haarschnitt zu erhalten, einen Porsche sein Eigen nennen zu können, an die benötigten Lebensmittel heranzukommen und so weiter? Und wie hoch, intensiv, produktiv und so weiter muss der Leistungseinsatz sein, um die pekuniäre Gegenleistung zu erhalten, um also ein Einkommen zu erzielen? Diese Fragen verweisen systematisch auf den Wettbewerb, von dem ja bislang noch gar nicht die Rede war. Es ist aber der Wettbewerb, der aus all den Milliarden Tauschhandlungen, die täglich überall in dieser Welt stattfinden, erst ein Geflecht knüpft. Leider ein Geflecht, welches selten verstanden wird.

Erst der Wettbewerb verbindet die Tauschhandlungen zu einem systematischen Zusammenhang. Er macht aus ihnen ein System – welches uns dann als eigenartig anonymer Sachzwang, etwa als »Strukturwandel«, an den es sich »flexibel« anzupassen gilt, entgegentritt. Es ist heute, in Zeiten der wirtschaftlichen Globalisierung, ein einziges weltumspannendes System gigantischer wechselseitiger Abhängigkeiten, in das jeder verflochten ist, ob er will oder nicht. Der Markt heute ist der Weltmarkt. Vielleicht geht es vielen so wie mir in meinem Studium der Volkswirtschaftslehre. Dass der Vorteilstausch die Basisoperation des Marktverkehrs bildet, dies wird ziemlich rasch klar. Aber was ist der Wettbewerb, systematisch und grundlegend betrachtet? Und wie hängen Tausch und Wettbewerb eigentlich zusammen?

Nun, damit Wettbewerb besteht, müssen die Leute nicht gegeneinander konkurrieren wollen, sie müssen den anderen nicht ausstechen wollen. Der Wettbewerb hat mit »Rivalität« systematisch nichts zu tun. Die Marktteilnehmer müssen vielmehr einfach ihren Nutzen beziehungsweise ihr Einkommen steigern wollen. Und wie tun sie das? Sie sagen ihren Tauschpartnern (als Käufer): »Da drüben gibt es aber einen Anbieter, da bekommt man die Sachen günstiger.« Oder man sagt's gar nicht erst, sondern man tut's gleich. Und die Verkäufer sagen: »Leider gibt es da Käufer, die mehr zahlen würden. Ich verkaufe meine Sachen lieber an diese statt wie bislang an dich.« Natürlich hört man dies selten. Vielmehr muss man irgendwann feststellen, dass ein höherer Preis auf dem Preisschild steht. Angesichts des Auftauchens zahlungskräftigerer Kreise (*oder* durch die Skrupellosigkeit, sich nun diesen anzudienen) wird der bisherige Kaufpreis für die Konsumenten illusionär, da ein höherer Verkaufspreis für die Anbieter durchsetzbar wird. Das bisherige Geschäft war durchaus für beide Seiten vorteilhaft. Aber für eine Seite nicht vorteilhaft genug. Wer nur an seinen Vorteil denkt, der wird die bisherige Tauschvertragsbeziehung daher beenden oder zumindest abändern.

Wettbewerb ist die unvermeidliche Rückseite des Tausches, genauer: der *Auflösung* von Tauschbeziehungen, das heißt der Wahl der Exit-Option zugunsten der Entry-Option zu anderen Tauschpartnern. Man wechselt zu solchen, die mehr zu bieten haben, mehr leisten oder mehr zahlen. Wettbewerb ist einfach die unvermeidliche Folge davon, dass die Marktteilnehmer neue, aus ihrer Sicht irgendwie bessere (nützlichere, gewinnbringendere und so weiter) Tauschvertragsbeziehungen eingehen, woraus unvermeidlich folgt, dass sie bestehende Beziehungen auflösen. Dies muss ihnen gar nicht bewusst sein. Wettbewerb wird beispielsweise ausgeübt, wenn Konsumenten beim Einkaufen in ihrem lokalen Supermarkt statt zu ihrer bisherigen Nudelmarke nun eher zur benachbarten greifen; oder wenn sie weniger Nudeln und dafür mehr Reis einkaufen; oder wenn eine Firma eine neue Maschine kauft statt die gleiche vom bisherigen Hersteller; oder wenn der Markt für Elektrofahrräder (Pedelecs) boomt.

Jedes Mal sind – unmittelbar oder mittelbar – Wettbewerbswirkungen zu verzeichnen. Ohne die Wahl der Exit-Option ist es nämlich gar nicht möglich, eine »bessere« Entry-Option zu wählen. Und natürlich ist diese Abwanderung für die Wettbewerber beziehungsweise für die ehemaligen Tauschpartner nicht vorteilhaft, sondern von Nachteil. Sie werden zu Verlierern im Wettbewerbsprozess. Ihnen wird gekündigt, sie werden entlassen oder sie gehen, als ganze Unternehmen, pleite. Die Verschärfung des Wettbewerbs mag sich auch in einer Zunahme des Hungers niederschlagen. Man denke an die Ressourcenkrise mit massiven Preissteigerungen für Grundnahrungsmittel im Jahre 2008.

Diese wurde unter anderem dadurch ausgelöst, dass zahlungskräftigere Schichten weniger zahlungskräftigere Schichten beim Kauf von Ressourcen (einschließlich Nahrungsmitteln) ausstachen (Erber/Petrick, 2008). Die neuen Wohlhabenden in Indien und China möchten mehr Fleisch essen. Rinder fressen Soja. Dies führt zu einer Flächenkonkurrenz, im Zuge derer statt etwa Reis Soja angebaut wird. Der Reispreis steigt, was viele Arme hungern lässt. Die Wohlhabenden Viel-Fleischesser haben den ärmeren Wenig-Fleischessern die Anbauflächen vor der Nase weggeschnappt.

Der Wettbewerbsprozess beziehungsweise der Gesamtmarktprozess, der Tauschhandlungen und Wettbewerbsbeziehungen umfasst, lässt sich als Prozess »schöpferischer Zerstörung« begreifen. So hatte der österreichische Ökonom Josef Schumpeter (1883–1950) den Wettbewerb charakterisiert. Das »Schöpferische«, das sind die Tauschvorteile, das ist Win-win: schöne neue Produkte oder billigere alte Produkte oder beides in einem. Das »Schöpferische«, das sind etwa auch die neu geschaffenen Arbeitsplätze. Denn natürlich signalisieren auch diese ein wechselseitig vorteilhaftes Tauschgeschäft. Als Erwerbsperson hat man nun eine Anstellung, vielleicht sind die Bedingungen alles andere als ideal, aber besser als vorher ist's schon. Und der Arbeitgeber kann mehr Produkte gewinnbringend absetzen.

Das »Zerstörerische«, das ist der Wettbewerb, das sind die zerstörten Arbeitsplätze, das sind Insolvenzen, Einkommensverluste, Arbeitslosigkeit. Beides sind einfach zwei Seiten der gleichen Medaille. Darum kann man genauso gut auch vom Wettbewerb als einem Prozess »zerstörerischer Schöpfung« sprechen. Dies tat Schumpeter zwar nicht ausdrücklich. Doch lassen sich auch bei ihm Anknüpfungspunkte finden, etwa wenn er (1950, S. 172) von den »sinnlosen Katastrophen« spricht, die der »ewige Sturm der schöpferischen Zerstörung« vor allem dann erzeugt, wenn er völlig ungebremst abläuft.

Die Unvermeidlichkeit des Zusammenhangs zwischen »Schöpfung« und »Zerstörung«, von Tausch und Wettbewerb, von Gewinnern und Verlierern, wird von der ökonomischen Standardtheorie verkannt, wie wir im Folgenden noch sehen werden. Einer der wenigen, der diesen Zusammenhang erkannt hat, ist Ludwig von Mises:

>*»Jeder neue Artikel schafft sich seinen Absatz ganz oder zum großen Teil zunächst durch das Abziehen des Publikums vom Verbrauch anderer Artikel.« Denn »die Beiträge, die ein Verbraucher zum Ankaufe einer beliebigen Ware aufwendet, schmälern die Beiträge, die er für den Ankauf anderer Waren auslegen kann.« (Mises 1940, S. 263; 1961, S. 133)*

Woher sonst sollten die Konsumenten, die nun, sagen wir, ein Pedelec kaufen, die dafür notwendigen, zusätzlichen finanziellen Mittel haben als daraus, sie sonst irgendwo abzuziehen. Vielleicht hat man zugleich das Zeitungsabo gekündigt; das meiste findet man ja heute sowieso online.

Man kann diesen Zusammenhang auch aus der Sicht des Anbieters, des Innovators, beleuchten. Diesem Unternehmer, so er erfolgreich ist, gelingt es offenbar, Kaufkraft aus anderen Verwendungen abzuziehen und auf sich umzuleiten. So erhält nun er den Einkommensstrom, und zwar dadurch, dass ihn andere nicht mehr erhalten. Der Wettbewerb ist aus dieser Sicht nichts als ein »Wettbewerb um die Dollars der Käufer« (Mises, 1963, S. 278).

Der Marktprozess ist zunächst ein Nullsummenspiel. Wie aus ihm ein Positivsummenspiel wird, und wie dieses ethisch zu beurteilen ist, dazu mehr in den nächsten Kapiteln über das Wachstum und seine Kosten. Erst gilt es, sich die wettbewerbliche Mechanik zu vergegenwärtigen, die in den volkswirtschaftlichen Standardlehrbücher kaum je klar gefasst, aber doch in den höchsten Tönen gelobt wird.

Festzuhalten ist zunächst, dass es nicht möglich ist, neue, aus der Sicht der Beteiligten irgendwie bessere, sprich vorteilhaftere Tauschbeziehung einzugehen, ohne zugleich Wettbewerbsdruck auf andere Marktteilnehmer irgendwo sonst im Markt auszuüben. Keine Innovation ohne eine Verschärfung des Wettbewerbs. Keine Schaffung von Arbeitsplätzen, ohne Druck in Richtung auf die Zerstörung von Arbeitsplätzen – wo immer dies im Weltmarktgeschehen stattfindet.

Dass dieser untrennbare Zusammenhang zwischen »Schöpfung« und »Zerstörung« üblicherweise oder beinahe flächendeckend verkannt wird, zeigen die Theorien, die darüber kursieren, wie die Arbeitslosigkeit abgebaut werden kann – immerhin und verständlicher Weise nach wie vor das Top-Thema auf der Sorgenliste der Deutschen (GFK, 2009). Exemplarisch sei die Sicht des Ökonomen Helmut Arndt (1996, S. 61) herangezogen:

>»Jeder Abbau noch bestehender Handelsschranken [also mehr Tauschgeschäfte, mehr »Schöpfung«] und damit jede zusätzliche Liberalisierung – und dafür ist in der Gegenwart noch viel Platz – erhöht die Weltbeschäftigung und verringert die Arbeitslosigkeit in der Welt.«

Hier wird also nur der Tauschaspekt der Ausweitung des Marktverkehrs betrachtet – auf dass mehr Arbeitsplätze geschaffen werden: Je einfacher dies ist, je mehr »liberalisiert« wird, desto besser. Der unvermeidliche Zusammenhang zum Wettbewerb wird jedoch unterschlagen. Und damit wird die Aussage falsch. Wenn man nämlich den Wettbewerb zugleich einbezieht, dann kann man mit gleichem Recht auch genau umgekehrt formulieren: »Jeder Abbau noch bestehender Handelsschranken und damit jede zusätzliche Liberalisierung ... senkt die Weltbeschäftigung und erhöht die Arbeitslosigkeit in der Welt.«

Im Marktgeschehen gibt es also immer zwei Lachende (die Tauschpartner, die sich zu einem neuen Geschäft zusammenfinden und davon definitionsgemäß profitieren – ob es dabei fair zugeht, steht auf einem anderen Blatt) und mindestens einen weinenden Dritten: den Tauschpartner, zu dem die Beziehung abgebrochen wird, dem im übertragenen oder buchstäblichen Sinne gekündigt wird. Dies lässt sich auch am Beispiel von Kostensenkungen demonstrieren. Diesen wird ja gemeinhin etwas generell Positives beigemessen. Als seien tiefere Kosten irgendwie gut für alle. Hurra, wir müssen weniger zahlen! Dabei wird übersehen, dass des einen Kosten des anderen Einkommen sind. Wer Kosten einspart, und das heißt systematisch: Wer eine Tauschvertragsbeziehung zu einem anderen, kostengünstigeren Anbieter aufnimmt, der erzeugt Unbill bei denjenigen, an die er bislang gezahlt hat.

Dass Kosten stets Einkommen für andere sind, verkennt etwa Thomas Straubhaar (2006), Volkswirt und Direktor des Hamburgischen Weltwirtschaftsinstituts:

*»Der Wegfall der Lohnnebenkosten sowie ein flexiblerer Arbeitsmarkt mit freier Lohnfindung [vor allem nach unten] würde die Bruttokosten für Unternehmen senken [und damit deren Gewinne steigern]. Angesichts des starken Wettbewerbs auf den deutschen Güter- und Dienstleistungsmärkten fielen die Endverbraucherpreise [das heißt, die Gewinnsteigerungen würden zumindest teilweise an die Konsumenten weiter gegeben] und damit die allgemeinen Lebenshaltungskosten.«*

Prima, wird sich da der eine oder andere sagen. Alles wird billiger. Wenn allerdings die Lebenshaltungskosten insgesamt, also volkswirtschaftlich gesehen, sinken, dann muss die Wirtschaft um exakt diesen Betrag geschrumpft sein. Wenn wir die Kosten auf null senken, senken wir zugleich die volkswirtschaftliche

Wirtschaftsleistung auf null. Die Kosten, die wir sparen, sind ja zugleich nichts anderes als die Einkommen, die wir erzielen. Wenn *alles* billiger wird, dann erhalte auch ich ein tieferes Einkommen, im Grenzfall gar keines mehr. Natürlich könnten die einen Kosten sparen und die anderen geringere Einkommen erzielen. Dann allerdings würden nicht die »allgemeinen Lebenshaltungskosten« sinken, sondern nur bestimmte Kosten, etwa die im Niedriglohnsektor, bei personenbezogenen Diensten.

Kann es wirklich sein, dass der Volkswirtschaftsprofessor diese elementaren Zusammenhänge nicht erkennt? Ich denke tatsächlich: ja. Denn es handelt sich hier nur um einen typischen Fall davon, dass »Schöpfung« (Vorteile durch Kostensenkungen) und »Zerstörung« (Nachteile durch eben diese Kostensenkungen) nicht simultan gedacht werden. Man sieht in der Regel nur die »Schöpfung«, etwa die geschaffenen Arbeitsplätze, das Win-win, sozusagen die Schokoladenseite des Marktprozesses, aber nicht die »Zerstörung«, die damit unvermeidlich zugleich einhergeht.

Allerdings könnte Straubhaar auch etwas anderes meinen. Schließlich redet er allein von den »allgemeinen Lebenshaltungskosten«, also von den Ausgaben für den Konsum. Wenn er mit der Aussage keine schrumpfende Wirtschaft anvisiert, könnten die gesamtwirtschaftlichen Ausgaben beziehungsweise Einnahmen (das ist das Gleiche, nur von Perspektive der Käufer einerseits, der Verkäufer andererseits betrachtet) auf Investitionsgüter umgeleitet werden, und/oder es würde mehr für den Export produziert. Wenn dann die »allgemeinen Lebenshaltungskosten« sinken, dann wäre dies für die Arbeitgeber vorteilhaft, weil sie tiefere Löhne zahlen könnten. Die Leute bräuchten ja weniger zum Leben. Davon würde dann allerdings nicht die breitere Bevölkerung der Arbeitnehmer profitieren, sondern das Kapital. Wir greifen diesen Zusammenhang in Kapitel 6 wieder auf.

Deutschland im Ganzen würde zu einer Art Unternehmung im Großformat. Und in Unternehmen wird bekanntlich nicht konsumiert, sondern vor allem produziert. Für wen aber dann noch? Hans-Werner Sinn (2009) gibt die Antwort: Wenn »billig produzieren heißt: Löhne runter, Sozialabgaben runter, Steuern runter«, wie Sahra Wagenknecht kritisch bemerkt, dann müsse damit »doch nicht der Absatz leiden«. Abgesehen davon, dass statt der Armen beziehungsweise des verarmenden Mittelstandes nun auch »die Reichen [im eigenen Lande] mehr kaufen können«, würde »die Nachfrage aus der ganzen Welt kommen«. Das Kapital würde sich dieser Vision Sinns zufolge – oder ist es schon im Ansatz die Realität? – also eine Art Armee von Lohnlakaien halten, die hauptsächlich für den Export produzieren. Die Wertschöpfung der Binnenwirtschaft, in der sich der Konsum nach wie vor im Wesentlichen abspielt, ist möglichst kleinzuhalten, damit die Löhne gesenkt werden können (die Leute müssen und können ja weniger ausgeben) und die Gewinne gesteigert werden können. Die Leute sollen ja nicht konsumieren, sondern vor allem produzieren, für »die Reichen«. Für diese, im Wesentlichen Kapitaleinkommensbezieher, und die Kapitaldienstleister als deren Zuarbeiter entsteht ein Luxussegment – soweit sie nicht in Reichtumsenklaven wie etwa Dubai auswandern (zumindest für die Wintermonate). Dorthin können dann auch die Produkte exportiert werden. Armes Deutschland, Standortdeutschland eben. (Zu Dubai: Zwar befindet sich das Emirat derzeit im Niedergang [Mingels, 2009], doch haben die Immobilienmakler keine Angst vor der Zukunft. Auch wenn es im Moment eine gewisse Durststrecke zu überwinden gelte, so werden die Leute, die hundert Millionen und mehr haben, »ihren Lebensstil«, Finanzkrise hin oder her, »nicht ändern«, wie einer der Immobilienmakler meint [Deutsche Welle, 05.07.2009], beziehungsweise voraussichtlich nicht ändern müssen.)

## Dient der Wettbewerb dem Wohlstand aller?

Wenn der Gesamtmarktprozess systematisch Gewinner und Verlierer schafft, was ist dann von der wohl gewichtigsten These zur Rechtfertigung einer möglichst ungehinderten Entfaltung der Marktlogik und damit der Wettbewerbsdynamik zu halten, die da besagt, dass Wettbewerb ein Prozess sei, »der allen zum Vorteil gereicht« (Hayek 1981, S. 155). Hier sind vor allem Vorteile in Form eines hohen und wachsenden Konsumwohlstandes gemeint, der nicht nur einigen, sondern allen zugutekomme.

> »›Wohlstand für alle‹ und ›Wohlstand durch Wettbewerb‹ gehören untrennbar zusammen; das erste Postulat kennzeichnet das Ziel, das zweite den Weg, der zu diesem Ziel führt.«

So formulierte diese ökonomische Grundannahme Ludwig Erhard (1957, S. 9). Nach Erhard sind es also nicht die sozialen Sicherungssysteme, die dafür sorgen, dass sich der »allgemeine Wohlstand ... durch all die verschiedenen Ränge der Gesellschaft verbreitet«, wie Adam Smith (1776, S. 15) diesen normativen Anspruch fasst. Vielmehr bewerkstelligt dies »der Wettbewerb« von allein. Dies ist gemeint, wenn Friedrich Merz (2008) zusammenfassend festhält: »Marktwirtschaft ist aus sich selbst heraus sozial!«

Leider ist das Argument bestenfalls verkürzt. Es basiert auf einer Milchbubenrechnung. Dies lässt sich anhand einer Formulierung Karl Homanns (mit Blome-Drees, 1992, S. 26) demonstrieren, der sich des gleichen, allerdings unverstandenen oder verkürzt dargestellten Zusammenhangs zur Rechtfertigung der Wettbewerbsdynamik bedient:

*»Marktwirtschaft und Wettbewerb sind eine ... Veranstaltung zum Wohl der Allgemeinheit, der Konsumenten.« Darum gilt: »Wettbewerb ist solidarischer als Teilen.«*

Abgesehen davon, dass die Alternative zum ungebremsten Wettbewerb nicht das »Teilen« beziehungsweise das Umverteilen ist, sondern zunächst einmal schlicht und ergreifend weniger Wettbewerb als der härteste, der sich denken ließe, fußt das Argument auf einem im Kern einfachen Trick.

Zunächst klingt es für viele sicher plausibel. Hat der Wettbewerb uns allen, die wir ja nun »die Allgemeinheit« bilden, nicht einen ungeahnten Wohlstand beschert? Führt er nicht ständig zu Innovationen, das heißt zu neuen Produkten, die wir ja auch gerne kaufen? Und senkt er nicht ständig die Preise, so dass wir mehr Geld übrig haben für eine ständig wachsende Güterfülle? Noch Anfang der sechziger Jahre des zwanzigsten Jahrhunderts mussten wir beispielsweise mehr als ein Drittel unserer Haushaltsausgaben für Nahrungsmittel aufwenden; heute sind es noch knapp fünfzehn Prozent (Czajka/Kott, 2006, S. 632). Mit den gewonnen zwanzig Prozent, die überdies einen deutlich größeren realökonomischen Wert repräsentieren (wegen des Wirtschaftswachstums), kann man ganz schön viel kaufen. Mussten wir im Jahre 1950 noch zehn Stunden arbeiten, um vom verdienten Geld einen Toaster zu kaufen, bekommen wir diesen heute bereits nach knapp zwei Stunden Arbeit (Perry, 2009). Darin erblicken Ökonomen wie Friedrich August von Hayek (1981, S. 240) oder Milton Friedman (1988) das »Wunder des Marktes«.

Allerdings übersieht das Argument, dass wir, »die Allgemeinheit«, nicht nur alle Konsumenten sind, sondern notwendigerweise auch alle Produzenten. (Es übersieht darüber hinaus den Wettbewerb zwischen den mehr oder minder kaufkräftigen Konsumenten.) Notwendigerweise sind wir alle auch Produzenten beziehungsweise Anbieter von Leistungen – sei es als abhängig oder selbstständig Beschäftigte –, da wir sonst (von staatlichen Transferzahlungen abgesehen) nicht über die nötige Kaufkraft verfügten, um als Konsumenten im Marktspiel mitspielen zu können. Und damit unterliegen wir, »die Allgemeinheit«, genau dem Wettbewerbsdruck, der uns allen, als Konsumenten, doch zugleich all die schönen Dinge verschaffen können soll, die der Markt so zu bieten hat.

Das Argument *beruht* also auf einer Verkürzung beziehungsweise einer Milchbubenrechnung, nämlich der, uns allein in unserer Rolle als Konsumenten zu betrachten und unsere damit notwendig verknüpfte Rolle als Produzenten auszublenden. *Als Konsumenten* mögen wir von tieferen Preisen profitieren. Dies jedoch nur dann, wenn uns *als Produzenten* nicht unsere Einkommensquelle abhanden kommt oder wir Einkommenseinbußen zu gewärtigen haben, so dass unsere Kaufkraft sinkt. Einige von uns werden auch als Konsumenten verlieren, da den tieferen Preisen ja tiefere Einkommen korrespondieren. Vielleicht wurden wir im Zuge einer betrieblichen Restrukturierung entlassen, mit deren Hilfe sich Kosten (nämlich Arbeitskosten) einsparen lassen, die dann, zumindest teilweise, nicht nur für steigende Gewinne, sondern auch für tiefere Endverbraucherpreise eingesetzt wurden. Als Hartz-IV-Empfänger hilft es uns da wenig, wenn um die Ecke ein neuer Aldi aufmacht, in dem alles hübsch billig zu haben ist. Denn es ist kaum davon auszugehen, dass die Verbraucherpreise im gleichen Maße wie unsere Einkommen sinken, so dass alles ist wie vorher. Auf jeden Fall zählen wir dann nicht mehr oder in geringerem Ausmaß zu »der Allgemeinheit« der Konsumenten, die von all der Güterfülle (eventuell zu sinkenden Preisen) profitieren kann.

Dieser Verkürzung, die ansonsten offenbar unbemerkt geblieben ist (jedenfalls ist mir kein Ökonom bekannt, der die Unausweichlichkeit des Zusammenhangs zwischen »Schöpfung« für die einen bei gleichzeitiger »Zerstörung« für die anderen klar benannt hat), bedient sich auch Hans-Werner Sinn (2005a). Ihm geht es darum zu begründen, warum in den Wettbewerbsprozess nur ja nicht »interveniert« werden darf – etwa durch die Festlegung von Mindestlöhnen. Sinn wählt das Beispiel der »Polen«, die nach Deutschland kommen und bereit seien, zu tieferen Löhnen zu arbeiten, als es innerhalb des Wirtschaftsraums Deutschland bislang üblich war. Damit arbeiten sie ja »billig für die Deutschen«! Und somit »haben die deutschen Kunden den Vorteil. Handwerksleistungen, der Service in Gaststätten und viele andere Güter und Dienstleistungen werden billiger.«

Einige der »deutschen Kunden«, nämlich diejenigen, die vorher als Produzenten beziehungsweise als Anbieter von Arbeitsleistungen die »Handwerksleistungen« erbracht, zum »Service in Gaststätten« beigetragen und »viele andere Güter und Dienstleistungen« hergestellt beziehungsweise erbracht haben, erfahren durch diesen Wettbewerb allerdings keinen »Vorteil«, sondern einen Nachteil. Ihnen kommt nämlich die Einkommensquelle abhanden. Und dabei fällt dieser Verlust (der im Falle von Entlassungen oder Insolvenzen als Totalverlust der Einkommensquelle anfällt; in die Lücke muss dann Hartz IV springen) sicher höher aus als die Einsparungen, die ihnen die verbilligten Leistungsangebote verschaffen könnten.

Zwar gesteht Sinn auch ein, dass »die einheimischen Arbeitskräfte, die direkt mit den Polen konkurrieren, natürlich einen Nachteil haben, weil ihre Löhne unter Druck kommen«. Aber er erkennt nicht, dass sich sein Argument, dass »die Deutschen« – oder überhaupt alle – von diesem Wettbewerb profitieren (einschließlich der Polen, die sich durch die Annahme der Niedriglohnjobs natürlich besser stellen im Vergleich zu den Bedingungen, die für sie in Polen herrschten; sie werden ja nicht gezwungen, zumindest temporär nach Deutschland auszuwandern) damit nicht mehr halten lässt.

Das Wohlstandsargument zugunsten eines ungebremsten

Wettbewerbs, das allein auf »die Konsumenten« abstellt und dabei »vergisst«, dass zumindest einige von uns als Produzenten ganz sicher zu den Wettbewerbsverlierern zählen, funktioniert nicht. Was passiert mit den Wettbewerbsverlierern? Sinn findet jedenfalls, dass der Umstand, dass die Löhne bei einigen sinken oder dass einige entlassen werden, »kein volkswirtschaftlicher Nachteil« sei. Denn den Verlusten der Wettbewerbsverlierer stehe »ein bis auf den letzten Cent identischer Vorteil der Kunden [die sich vielleicht über günstigere Leistungsangebote freuen dürfen, soweit sie nicht entlassen wurden] und der Arbeitgeber der einheimischen Arbeitskräfte [deren Gewinne steigen] gegenüber«. Offenbar handelt es sich also beim Wettbewerb, jedenfalls soweit wir ihn bislang kennen gelernt haben, auch gemäß Sinn um ein Nullsummenspiel, bei dem einige gewinnen und andere in genau gleichem Ausmaß verlieren. Wie kann Sinn dann behaupten, dass durch den zusätzlichen Wettbewerbsdruck »die Wirtschaft wächst« beziehungsweise »das Realeinkommen der Deutschen steigt«? Woher soll das Extra an Wohlstand stammen? Irgendwie scheint es damit zusammenzuhängen, dass »viele Arbeiten, die sonst [das heißt, ohne den Wettbewerbsdruck, der in diesem Beispiel durch den Eintritt polnischer Beschäftigter in den deutschen Arbeitsmarkt erzeugt wurde] unterblieben wären«, nun »realisiert werden können«. Sie »konnten« auch schon vorher »realisiert« werden. Aber die Beschäftigten (die nun entlassen wurden) wollten es offenbar nicht. Nun müssen sie.

## Utilitaristische Irrungen: Wie die Wettbewerbsverlierer weggerechnet werden

Stellen wir die Frage, woher das Wachstum stammt und wie Wachstum wirtschaftsethisch zu beurteilen ist, noch einen Moment zurück. (Wir lösen das Rätsel in Kapitel 3. Die Beurteilung erfolgt in Kapitel 7.) Beleuchten wir vielmehr zunächst das, was Sinn einen »volkswirtschaftlichen« Vor- oder Nachteil nennt. Die Charakterisierung der Vorteile (die aus dem »freien« globalen Wettbewerb resultieren sollen) als »volkswirtschaftlich« hat eine doppelte Bedeutung. Zum einen sind es irgendwie überindividuelle Vorteile. Sie klingen nach »gut für alle«. Zum anderen wird damit auf die – allerdings verschwiegene – Ethik der »Volkswirtschaftslehre« abgestellt, zumindest auf diejenige, die den Mainstream (die Lehrbuchökonomik) gesamthaft charakterisiert.

Diese Ethik beziehungsweise dieses Beurteilungs- und Rechtfertigungsmuster für den Wettbewerb zeigt sich etwa dann, wenn Sinn von »Vorteilen« für »Deutschland im Ganzen« spricht. Moment mal. Soeben hatte Sinn doch immerhin andeutungsweise auch die Wettbewerbsverlierer benannt. Sollten diese nun unbeachtet bleiben, weil ja die »Gesamtwohlfahrt« steige (wir sehen davon ab, dass wir noch nicht wissen, wie diese Steigerung funktionieren könnte)? Genau das.

Ökonomen gehen Sätze wie der, dass »die deutsche Wirtschaft bislang *per saldo* von der Globalisierung profitiert hat« (BMF, Monatsbericht 08/2004, S. 64), leicht über die Lippen. »Per saldo« heißt: Es gibt Gewinner und Verlierer. Die Gewinne der Wettbewerbsgewinner übersteigen aber die Verluste der Wettbewerbsverlierer. Und damit ist der Wettbewerbsdruck auf die schwächeren Marktteilnehmer im Kern gerechtfertigt.

Die verschwiegene Ethik der Mainstream-Economics ist die

des Utilitarismus beziehungsweise der »Nützlichkeitsethik«. Jeremy Bentham (1748–1832) und John Stuart Mill (1806–1873) sind seine Begründer. Der Begriff bezieht sich nicht so ohne weiteres auf das Nutzenstreben des Einzelnen, sondern auf das »größte Glück [den größten Nutzen] insgesamt«. Ethisch richtig ist ein Handeln aus utilitaristischer Sicht dann, wenn »die Welt insgesamt ... gewinnt« (Mill, 1863, S. 91).

Dies ist eine Ethik der Weltnutzenmaximierung. Ihr zufolge hat sich der Einzelne gleichsam um der »höheren« Sache der Steigerung der »Gesamtsumme der Freuden« (Bentham) zu opfern – wenn nur das »größte Glück der größten Zahl« (Hutcheson) dadurch gefördert wird. Dabei bilden individuelles »Glück« und »Zahl« funktionale Äquivalente. Dies hat der bekennende Utilitarist Peter Singer, der vor allem durch ethische Betrachtungen zu Fragen der Euthanasie breite Beachtung gefunden hat, deutlich gemacht. Nach Singer (1984, S. 180–183) kann es im Falle schwerer Missbildungen von Säuglingen dazu kommen, dass eine geringere »Zahl« von Menschen in dieser Welt (also ihr Tod) die »Gesamtsumme des Glücks« nicht etwa schmälert, sondern steigert. (Auf eine Erörterung der Position Singers wollen wir uns hier nicht einlassen. Der Gedanke dient lediglich der Illustration des Utilitarismus. Natürlich müssen nicht alle Utilitaristen die Bewertungen Singers teilen.)

Im Utilitarismus haben nicht wir Menschen moralische Rechte. Vielmehr repräsentieren wir bloß mehr oder minder große (manchmal negative) Nutzenanteile an einem überpersönlich gedachten Gesamtkörper »Welt«. Moralische Rechte hat hier nur »die Welt«, verstanden als die »Summe der Interessen der verschiedenen Glieder der Gemeinschaft« (also der Individuen) als einem »fiktiven Körper« (Bentham, 1789, S. 57).

Was hat diese abstruse Ethik mit der Wirtschaft beziehungsweise mit dem Wettbewerb und seiner »Dynamik« (gemeint ist: seiner Verschärfung) zu tun? Nun, die »Gesamtsumme des

Glücks« lässt sich leicht mit dem Bruttoinlandsprodukt, also der volkswirtschaftlichen Wertschöpfung eines Landes beziehungsweise der Welt, identifizieren. In utilitaristischen Begriffen gefasst lautet die These:

>*Die Welt insgesamt gewinnt aus freiem internationalem Handel.«* (Siebert, 1997, S. 173)

Der Laie vermutet, damit sei der Nutzen eines jeden gemeint, der durch den »internationalen Handel«, also durch den Vorteilstausch, der sich heute zunehmend global abspielt, gesteigert werde. Doch weit gefehlt. Es kommt aus dieser Sicht nicht darauf an, dass es jedem besser geht, auch nicht darauf, dass Nutzen und Lasten fair verteilt sind, sondern einzig auf die Steigerung »der Effizienz«, das heißt der Gesamtsumme des Nutzens, die dann im Wachstum des Bruttoinlandsprodukts gemessen wird.

Von den Wettbewerbsverlierern, die aus der Zunahme des Welthandels zwingend resultieren, ist zwar eher selten die Rede. Doch wenn man sie, eher verschämt, anspricht, dann wird sofort nachgeschoben, dass deren Verluste durch den Zuwachs des »Nettowohlstands« mehr als wettgemacht« würden (Piper, 1996). Der (in Einkommen gemessene) vergleichsweise kleine Verlust der einen (etwa der Entlassenen) wird hier also durch den vergleichsweise größeren Einkommenszuwachs der Wettbewerbsgewinner überkompensiert – und damit zu rechtfertigen versucht.

Natürlich ist eine solche Aufrechnung des Leids der einen durch die Freud der anderen ethisch unzulässig. Warum bitte sollte es legitim sein, den einen in den Ruin zu treiben, nur weil dadurch diejenigen, die ihn in den Ruin treiben (indem sie ihm kündigen), eine Einkommenssteigerung erfahren, die höher ausfällt als der Einkommensverlust des Gekündigten? Volkswirte nennen dies die Steigerung der »allokativen Effizienz«. Unter »Allokation« versteht man dabei die Zuordnung von Res-

nach gucken

sourcen an potentielle Verwender beziehungsweise Produzenten. »Effizient« ist diese Zuordnung dann, wenn die Einkommen, die sich aus dem Einsatz der Ressourcen (Arbeit, Kapital, Boden) erzielen lassen, möglichst hoch sind. Wenn die Wirtschaft also wächst, dann ist »aus ökonomischer Sicht« die Welt in Ordnung.

*Für wen* die Zuwächse »effizient« beziehungsweise nützlich sind, *wem* sie in welchem Maße zukommen und *wer* hieraus etwaige Einkommensverluste zu gewärtigen hat, das sehen Standardökonomen nicht als ihre Sache an. Die sogenannte »Distribution« (die Einkommensverteilung) ist vielmehr Sache der Politik. Erst einmal gelte es, einen möglichst großen Wohlstandskuchen zu backen. Und wie das geht, das sagen die Ökonomen. Wertfrei, versteht sich. Ganz unparteilich. Überdies könne man die Wettbewerbsverlierer ja mit Hilfe des vergrößerten Wohlstandskuchens entschädigen (das sogenannte Kaldor-Hicks-Kriterium).

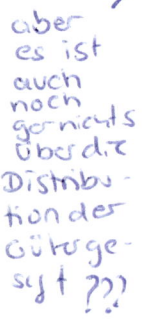

aber es ist auch noch gar nichts über die Distribution der Güter gesagt ?!?

Diese Sicht vertritt etwa der Sachverständigenrat zur Begutachtung der gesamtwirtschaftlichen Entwicklung (2004, S. 351): Nachdem zuvor immer wieder »die Vorteile der internationalen Arbeitsteilung« herausgestellt wurden (die sich offenbar personenunabhängig bestimmen lassen), wird – einigermaßen überraschend – zugestanden, dass »der Freihandel« auch zu »Verlusten in einzelnen Sektoren oder bei bestimmten Bevölkerungsgruppen führen« könne und werde. Dies aber ist offenbar für die Experten der Wirtschaft kein Problem. Denn »insgesamt« seien ja »die Gewinne in der Regel größer als die entstehenden Verluste [das heißt, es gibt Wachstum], und es kommt somit entscheidend darauf an, die etwaigen Verlierer hinreichend kompensieren zu können«. Es kommt also *nicht* darauf an, dass die Verlierer kompensiert *werden*. Und erst Recht kommt es nicht darauf an, weniger Verlierer zu produzieren.

Ökonomen plädieren eher selten für Umverteilung, sondern meistens dagegen. Sie plädieren vielmehr für eine bestimmte

Logik der Interaktion, nämlich für die Markt- beziehungsweise Wettbewerbslogik als der richtigen Art und Weise, wie wir Menschen miteinander umgehen sollten. Einer der Rechtfertigungsstrategien ist der Utilitarismus. Dieser verfängt nur, insoweit man das »größte Glück der größten Zahl« mit dem Wohlstand und dem Wohlergehen aller verwechselt. Natürlich ist es – bestenfalls – vollkommen sinnlos, einen imaginären »Weltnutzen« maximieren zu wollen.

Für Umverteilung plädieren Ökonomen darum nicht, da »Allokation« (von Ressourcen und Gütern) und »Distribution« (der Einkommen) nicht unabhängig voneinander sind: Die Güter und Ressourcen fließen ja gerade zu denjenigen, die über die größte Kaufkraft verfügen. Daraus ergibt sich eine bestimmte Primärverteilung, die »aus ökonomischer Sicht« ebenso wenig »gestört« oder »verzerrt« werden darf wie der Markt- und Wettbewerbsprozess selbst, aus dem diese Primärverteilung ja resultiert. Darum muss die Kompensation der Wettbewerbsverlierer (Stichwort »Umverteilung«), so sie überhaupt stattfinden soll, »marktkonform« beziehungsweise »effizient« erfolgen.

Mit einer schonungslosen Offenheit, die zuweilen erstaunt, singt Hans-Werner Sinn (2004, S. 10 f.) schon seit geraumer Zeit nicht mehr das Lied vom »freien Markt«, der dem Wohl aller diene. Der globale Austausch von Waren und Rohstoffen führt zwar dazu, dass »wir« »Handelsgewinne« (ein höheres BIP) realisieren können. »Doch zugleich« führe der Prozess »zu erheblichen Verlusten für viele«. Womit sich das harmonistische »Wir« eigentlich verbietet.

*»Der Kuchen wird zwar größer, der für alle zu verteilen ist [beziehungsweise sein könnte], doch bekommen sehr viele Menschen ein absolut kleineres Stück davon. Die Gewinner der Globalisierung bekommen den ganzen Handelsgewinn und zusätzlich noch ein Teil des Kuchenstücks der Verlierer.«*

Dies ist in der Tat genau das Bild, welches die Statistiken seit geraumer Zeit zeichnen. Zwischen 1992 und 2007 stiegen die Nettoeinkommen der reichsten zehn Prozent der Bevölkerung um einunddreißig Prozent, diejenigen der ärmsten zehn Prozent sanken um zehn Prozent (Sauga, 2009). Es gibt immer mehr Reiche und immer mehr Arme. Die Folge ist, dass die Mittelschicht schrumpft (Grabka/Frick, 2008). Doch was ist dagegen zu tun? Nach Sinn nichts. Jedenfalls nichts im Sinne einer wahrhaften Kompensation der Wettbewerbsverlierer. (Und erst recht nichts mit Blick auf eine Reduktion des Wettbewerbsdrucks.) Etwaige Kompensationen dürfen »keine neuen Lohnansprüche wecken« (Sinn, 2005c, S. 42). (Erläuterung: Wenn die Leute höhere sozialstaatliche Transferzahlungen erhielten, dann würden sie bei allzu tiefen Lohnangeboten sagen: Da gehe ich doch lieber stempeln.) Insgesamt und grundlegend gelte:

»*Deutschland [wie jedes andere Land auch] kann seine Verteilungsziele immer nur mit, und nie gegen die Gesetze der Marktwirtschaft erreichen. Politische Macht kann ökonomische Gesetze nicht aushebeln.*«

Und dabei dachten wir immer, die »freie Marktwirtschaft« würde ihrem Namen gerecht und würde die Freiheit ausweiten, nicht beschränken. Doch offenbar wirken hier andere Kräfte als die der Freiheit – jedenfalls andere als die einer Freiheit, die sich verallgemeinern ließe, bei der also nicht gilt, dass die Freiheit des einen in die Unfreiheit des anderen mündet. Es gelten nach Sinn offenbar andere »Gesetze« als diejenigen, die freie und mündige Bürger politisch beschlossen haben.

# Das Geheimnis des Wachstums

Welche Kräfte sind es nun, die den Wettbewerb vorantreiben? Und wer steht hinter diesen Kräften? Schließlich haben wir es hier nicht mit Naturereignissen zu tun, sondern mit dem Markt als einem Feld sozialen Zusammenwirkens (das heute die ganze Welt umspannt). Bei den treibenden Kräften muss es sich also um Personen handeln. Wie ist ihr Treiben ethisch zu beurteilen? Unklar ist weiter, woher das Wachstum stammt, dass dieser Wettbewerbsprozess offenkundig erzeugt. Wie funktioniert diese Wachstumsmaschinerie? Und gibt es da vielleicht Werte, die der Wachstumserzeugung entgegenstehen?

Bislang haben wir gesehen, dass der Tausch systematisch zu Wettbewerbsdruck und zu Wettbewerbsverlierern führt. Genauer: Die Aufnahme neuer Tauschvertragsbeziehungen führt unausweichlich zu Kündigungen – im buchstäblichen oder übertragenden Sinne. Denn dies kann sich auch graduell vollziehen: Die Verbesserung der Vertragsbedingungen für die eine Seite (etwa durch Kostensenkungen) führt zu Verschlechterungen bei der andere Seite (zu Einkommensverlusten). Und natürlich ist die Verbesserung (die keine allgemeine ist) nur möglich und durchsetzbar durch mehr oder minder ausdrücklichen Verweis auf alternative Leistungsanbieter, auf »die Konkurrenz«.

Seit geraumer Zeit finden wir eher die ausdrückliche Variante: »Die Mobilität des Kapitals in einer globalisierten Wirtschaft« erlaube es den Unternehmen, den Beschäftigten »glaubhaft mit der Verlagerung von Arbeitsplätzen zu drohen« und dadurch bei ihnen Zugeständnisse zu erwirken, schreiben die Analysten der Deutschen Bank (2005, S. 58). Gut für das Kapital, vielleicht auch vorteilhaft für die Beschäftigten an den Standorten, zu denen die Arbeitsplätze verschoben werden (jedenfalls besser als vorher, jedenfalls soweit ihnen nicht selbst in gleicher Weise gedroht wurde), aber schlecht für die betroffenen Beschäftigten.

Es ist nicht möglich, einen neuen Einkommensstrom zu generieren (etwa: höhere Gewinne und/oder neu geschaffene Arbeitsplätze, sagen wir in Rumänien), ohne den Einkommensstrom anderer Marktteilnehmer (nämlich der Konkurrenten der bisherigen Tauschpartner) zu vermindern; im Grenzfall, das heißt im Falle der Kündigung, kommt der Einkommensstrom ganz zum erliegen. Darum ist die These, eine Ausweitung des Marktes, die stets mit einer Intensivierung des Wettbewerbs verbunden ist, diene dem Wohl aller, falsch.

Wenn aber der Wettbewerb, der für die einen schöpferisch (vorteilhaft) wirkt, für andere aber zerstörerisch (nachteilig) ist, systematisch Wettbewerbsverlierer erzeugt, warum liegt die Arbeitslosenquote (und die Insolvenzquote) dann nicht bei hundert Prozent? Letztlich ist doch jeder dem Wettbewerbsdruck ausgesetzt und müsste darum früher oder später die Zerstörung seiner Einkommensquelle erfahren. Jedenfalls könnte es trotz hoher Sockelarbeitslosigkeit seit vielen Jahren noch viel schlimmer kommen. Doch im Großen und Ganzen sei Arbeitslosigkeit (und die damit verbundene Einkommenslosigkeit beziehungsweise Einkommensarmut) ein bloß »vorübergehendes« Phänomen, wie Ökonomen gerne betonen. Die Leute finden wieder eine neue Stelle. Die Wirtschaft wächst. Sie ist kein Nullsummenspiel. Doch woran liegt das, systematisch gesehen? Und wäre damit alles in Ordnung?

Die für die ökonomische Denkgeschichte historisch früheste Antwort dürfte von Jean-Baptiste Say (1814, S. 54f.) stammen. Nachdem er aufgezeigt hat, dass die Einführung von kostensenkenden Maschinen zum »Übel« der Arbeitslosigkeit führt, stellt er erleichtert fest:

> »*Doch ist dieses Übel stets nur vorübergehender Natur. Es heilt sich rasch von allein.*"

»Von allein«? Ganz problemlos? Also dürfen wir hübsch weiter die Leute feuern, denn das Problem löst sich ja »von allein«. Zwar mag es da »kurzfristig« einige »Härten« geben (Arndt, 1996, S. 93). »Doch auf Dauer können alle gewinnen.« (Neumann, 2000: 4). Wenn sie denn »können«.

Das Geheimnis steckt hier im »Können«. Wie sagt doch der Volksmund: »Was man nicht kann, das kann man lernen.« Und hier *müssen* die Leute etwas lernen. Nämlich zu handeln. Denn selbstverständlich nehmen die Verlierer des Wettbewerbsprozesses diese Verluste nicht einfach hin. Ansonsten blieben sie arbeitslos und damit einkommenslos, beziehungsweise, je nach Höhe der gewährten Transferzahlungen, einkommensarm. Sie tun etwas. Es bleibt ihnen ja gar nichts anderes übrig. Und zwar tun sie etwas ganz Bestimmtes. Und sie »lernen« eine ganz besondere Lektion. Sie lernen nämlich, was man tun muss und wie man denken muss, um »die eigenen Möglichkeiten des Zahlens wieder aufzufrischen« (Luhmann, 1988, S. 56). Dies ist der Startpunkt der Ökonomisierung der Welt.

Die Wettbewerbsverlierer »müssen« also gar nicht auf der Verliererstraße enden. Sie »können« vielmehr im Spiel bleiben. Im Ergebnis ist das »Übel« (Say) der Wettbewerbsverlierer gar nicht mehr feststellbar.

> »Im Konkurrenzkampf werden, heißt es, wirtschaftliche Existenzen vernichtet. Doch das bedeutet nichts anderes, als dass die Unterliegenden genötigt werden, sich eine andere Stellung in dem Gefüge der gesellschaftlichen Arbeitsteilung auszusuchen als die, die sie gerne einnehmen wollten. Es bedeutet aber durchaus nicht, dass sie etwa dem Hungertod preisgegeben werden.« (Mises, 1922, S. 308f.)

»Von allein« (Say) tut sich hier also gar nichts. Vielmehr müssen die Akteure etwas tun, und zwar allein, das heißt eigenverantwortlich. Sie müssen sich etwa weiterbilden – möglichst marktgerecht natürlich, um die richtigen Skills zu erwerben –, flexibler werden, mehr Leistungseinsatz zeigen und mehr ihrer Lebensenergie in das berufliche Fortkommen stecken. Sie müssen kurzum unternehmerisch beziehungsweise »lebensunternehmerisch« aktiv werden. Und wenn es ihnen dann gelingt, eine neue Einkommensquelle zu erschließen, dann und erst dann wächst die Wirtschaft. Und der »ewige Sturm der schöpferischen Zerstörung« (Schumpeter) beginnt von neuem. Wettbewerb ist Zwang. Aber nicht Zwang zur Hinnahme bestimmter Zustände (wie Arbeitslosigkeit oder Einkommensarmut) – Zustände, die sich dann als Missstände feststellen ließen. Wettbewerb ist vielmehr Zwang zu einem spezifischen Handeln. In der Ökonomik hat sich hierfür der Begriff des »Unternehmers«, des »Unternehmertums« eingebürgert. Damit sind nicht »die Unternehmer« gemeint, also Leute, die ihr eigenes Unternehmen selbst führen (statt ein Management einzusetzen). Vielmehr ist damit eine bestimmte Lebenseinstellung gemeint, nämlich die »der Eigenart des Kapitalismus« am besten »angepasste Art der Lebensführung« (Weber, 1920, S. 37).

Bevor wir uns dem Unternehmertum und seinen aktuellen Erscheinungsformen im Denken und Handeln zuwenden (Kapitel 7), gehen wir zunächst der Frage nach, wer zum Unternehmertum zwingt. Das Eigenartige an der Wettbewerbslogik ist nämlich, dass den Wettbewerbsverlierern der Adressat beziehungsweise der Verursacher abhanden kommt. Es gibt dann niemanden mehr, bei dem man sich beschweren könnte – außer bei sich selbst. Eigenverantwortung nennt man das dann. Der Adressat bleibt eigenartig unsichtbar. Die Verursacher des Wettbewerbsdrucks verflüchtigen sich oder verstecken sich hinter der unsichtbaren Hand des Marktes. In diesem Versteckspiel besteht letztlich das »Wunder des Marktes«, welches Friedrich August von Hayek und mit ihm alle libertären Marktgläubigen beschwören.

# 3 Die Totalisierung des Marktes

Wir hatten gesehen, der Wettbewerb resultiert aus dem Tausch, genauer aus dem Vorteilstausch: Eine der beiden Seiten, sagen wir das Management einer Unternehmung, kommt irgendwann auf die Idee, dass die Tauschbeziehung, etwa ein Beschäftigungsverhältnis, zwar Überschüsse generiert. Aber die Überschüsse könnten ja höher sein. Man setzt sich, wie beispielsweise das Management von BMW, »ehrgeizige Ziele«, etwa im Bereich des Personalabbaus und damit der Kostensenkung. Dadurch lässt sich der Gewinn weiter steigern. Falls dies möglich ist, so bedeutet dies, dass die bisherige Tauschvertragsbeziehung für die eine Seite, den Arbeitgeber beziehungsweise das Kapital, nur *scheinbar* vorteilhaft war. Denn wenn man bislang eine Eigenkapitalrendite von einundzwanzig Prozent erzielte, sechsundzwanzig Prozent aber erreichbar sind, dann würde man ja, so man diese fünf Prozent an Extra-Rentabilität nicht ausschöpft, »Wert vernichten« beziehungsweise die entgangenen Milliarden »in den Rhein schütten« (Mueller, 2007, S. 135).

Man hätte zwar keinen Realverlust, denn es würden ja auch ohne die Entlassungen Überschüsse erzielt. Aber man hätte einen Opportunitätsverlust. »Economic Value Added« nennt man die Vermeidung solch grässlicher hypothetischer Verluste in der Fachsprache. Es würde sonst eben kein »Wert« (finanzieller

Überschuss) hinzugefügt, es würde nicht *mehr* »Wert« (Kapitaleinkommen) generiert, obwohl dies doch möglich wäre.

Ein Beispiel gefällig? Am 15. Februar 2006 titelte die *Neue Zürcher Zeitung*: »Die Commerzbank schafft wieder Werte«. Was war geschehen? Die Bank hatte ihren Reingewinn von 393 Millionen Euro auf 1,17 Milliarden Euro gesteigert und zugleich die Dividende verdoppelt. Merke: Erstens haben nur Kapitaleinkommen als »wertschaffend« zu gelten. Alle anderen, die Anteile aus der Wertschöpfung (das heißt schlicht: den Umsätzen) erhalten, sind »Wertvernichter«. Und zweitens wird »Wert« nur geschaffen, wenn man woanders nicht noch mehr hätte herausschlagen können. Ich bin doch nicht blöd.

### Der Sündenfall der Ökonomik: Der Homo oeconomicus

Genau in solchen Kategorien denkt der Homo oeconomicus. Ökonomen stellen den Menschen als Homo oeconomicus vor, denn dieser ist es ja, der zu seinem Vorteil Tauschgeschäfte eingeht und dabei stets mehr herausholen möchte, womit er unvermeidlich den Wettbewerb vorantreibt, der ja dann zu allgemeinem Wohlstand führe. Man kann darüber spekulieren, ob die Ökonomen den Homo oeconomicus lieben, weil er (angeblich) den Wohlstand erzeugt (zumeist als Weltnutzensumme verstanden) oder weil er den Vorteilstausch erst rein und klar zur Geltung bringt – und die Ökonomen eigentlich den reinen Vorteilstausch lieben, durch den das von ihnen präferierte Modell einer Gesellschaft aus lauter Eigeninteressenmaximierern bestimmt sein soll. Ich vermute, sie lieben den Homo oeconomicus und rechtfertigen ihn mit (allerdings unzulänglichen) Wohlstandsargumenten.

Denn leider ist der Homo oeconomicus nicht rechtfertigungsfähig. Die Frage, ob der Mensch ein Homo oeconomicus ist oder nicht, oder ob es sich nur um ein hypothetisches Konstrukt handelt, das nützlich ist zur Erstellung all der mathematischen Formeln oder um Empfehlungen zu geben – dies ist hierfür ohne Belang. Entscheidend ist, dass die Ökonomen den Homo oeconomicus als ein normativ (das heißt ethisch) *verbindliches* Muster des Handelns darstellen. Nur der Homo oeconomicus handelt nach ökonomischer Standardauffassung nämlich »rational« – so dass ein Handeln nach seinem Muster als wünschenswert erscheint.

zit.

Was tut der Homo oeconomicus? Er maximiert seinen Nutzen. Und was ist der Nutzen? All das, was er sich darunter vorstellt. Wir erinnern uns: Präferenzen sind nach ökonomischer beziehungsweise ökonomistischer Lesart reine Privatsache (»methodologischer Individualismus«). Dies bedeutet, der Homo oeconomicus weiß schon, was er will – und was er soll, aber ihm ist die Kategorie des Sollens (der Verpflichtung oder der Verantwortung gegenüber anderen) vollkommen fremd. Er versteht gar nicht, was das sein könnte. Er ist, um mit Hegel (1807, S. 64f.) zu sprechen, gegenüber dem anderen »fertig«, und »er muss erklären« – wenn er denn noch irgendetwas zu erklären beziehungsweise zu begründen hätte –, »dass er dem weiter nichts zu sagen habe, der nicht dasselbe in sich finde und fühle.« Hegel fährt fort: »Mit anderen Worten, er tritt die Wurzel der Humanität mit Füssen.«

Wer seinen Nutzen beziehungsweise seinen Vorteil maximieren will, den interessiert nur noch, wie das geht. Ihn interessieren nur noch sozusagen technische oder instrumentelle Fragen, eben Wie-Fragen, nicht Was-Fragen: Was soll das eigentlich? Was ist das Richtige? und so weiter. Auch und gerade im Umgang mit anderen. Diese interessieren dann nur noch in ihren *Wirkungseigenschaften* beziehungsweise in ihrer Macht. Bezogen auf den Markt: in ihrer Zahlungsfähigkeit oder in ihrer Leistungsfähigkeit beziehungsweise ihrer Produktivität. Sie interessieren nur noch als Chance oder Risiko für die Erreichung des höchstmöglichen Nutzens. Wer ein Risiko darstellt, der wird gemieden beziehungsweise entlassen. Wer eine Chance darstellt, mit dem wird der Vorteilstausch gesucht. Jedenfalls so lange, als er sich nicht als ein Risiko (als ein voraussichtlicher Nachteil) erweist, was etwa passiert, wenn andere (dessen Konkurrenten nämlich) noch bessere Chancen zu bieten haben. Mit anderen Worten: Homo oeconomicus verletzt unmittelbar und frontal das Moralprinzip, das heißt das Prinzip der *Achtung* unserer Mitmenschen in ihrer *Würde*. Statt sie als *Subjekte*, die einen eigenen Kopf haben, anzuerkennen, behandelt es sie als bloße *Objekte* seines Vorteilsstrebens.

Mit dem Moralprinzip werden wir uns im nächsten Kapitel näher befassen. Hier geht es ja auch zunächst um den Markt als Ort des geldvermittelten Vorteilstauschs. Vielleicht mögen die Nachfrager ihren Nutzen maximieren (»Geiz ist geil«). Die Anbieter allerdings maximieren eine bestimmte und doch wieder allgemeine Ausprägung des Nutzens, nämlich ihr Einkommen beziehungsweise (als Investoren oder stellvertretend als Manager) den Gewinn. Allgemein ist diese Ausprägung, weil sich mit Geld ja so ziemlich alles, was nützlich sein könnte, kaufen lässt.

Die typischste Erscheinungsform der Nutzenmaximierung ist die Gewinnmaximierung. Gewinnmaximierung heißt, alles zu tun, damit die Gewinne insgesamt so hoch wie möglich ausfallen. Gewinnmaximierung ist ebenso wenig wie Nutzenmaximierung rechtfertigungsfähig. Und dies hängt weniger mit dem Gewinn (oder dem Nutzen), sondern mit der Maximierung zusammen, damit, dass ein einziger Wertgesichtspunkt (der Gewinn oder der Nutzen) alles ist, was zählen soll. Womit die Verletzung des Moralprinzips vorprogrammiert ist, da man ja – im Sinne Hegels – gegenüber allen anderen »fertig« ist. Ab da zählen nur noch Fragen der Durchsetzbarkeit eigener Interessen.

Was Ökonomen Rationalität nennen, nämlich Gewinn- beziehungsweise Nutzenmaximierung, nennt die philosophische Tradition »instrumentelle Vernunft« (Max Horkheimer) oder »strategisches Handeln« (Jürgen Habermas) und der Volksmund Gier. Der Sündenfall der Ökonomik beziehungsweise der Markttheorie besteht darin, aus dem Umstand, dass die Basisoperation des Marktes der Vorteilstausch ist, abzuleiten, dass der Vorteil alles ist, was die Marktteilnehmer aneinander interessiert und interessieren soll – weil ja alles andere irrational sei. Man kann dies auch anders formulieren: Der Sündenfall der Ökonomik besteht darin, *marktfremde Gesichtspunkte* zu leugnen – und denjenigen, die dies wollen, das ideologische Rüstzeug dazu zu liefern, alles Marktfremde aus dem Marktgeschehen zu eliminieren.

## Wie die Marktwirtschaft von marktfremden Gesichtspunkten durchdrungen ist

Normalerweise setzen wir nicht *alles* daran, dass der Gewinn (oder unser Einkommen) *so hoch wie möglich* ausfällt. Wir orientieren uns an Marktvorteilen, aber wir mutieren damit noch nicht zum Homo oeconomicus. Wir wollen Einkommen beziehungsweise (so wir über Finanzkapital verfügen oder als Manager in dessen Auftrag agieren) Gewinne erzielen, aber wir sehen auch noch andere, eben rentabilitätsfremde Gesichtspunkte, die auch dann noch zu beachten sind, wenn deren Beachtung sich nicht auszahlt. Kurzum, das Marktgeschehen, die vielfältigen Tauschbeziehungen, sind durchdrungen von ebenso vielfältigen und je spezifischen marktfremden Gesichtspunkten. Hier einige Beispiele:

Jürgen Heraeus (2005), Aufsichtsratsvorsitzender des Technologiekonzerns Heraeus Holding GmbH, betont zwar, dass das Unternehmen »hohe Gewinnziele« habe. Noch höhere Gewinne seien aber an sich möglich:

*»Wenn wir eine börsennotierte Aktiengesellschaft wären und im Besitz etwa von Hedge Fonds, dann fänden sich sicher noch Ecken, die man auskehren könnte, und dann könnte man das Personal auch noch einmal ein Stück reduzieren.«*

Aber warum tut er es nicht? Könnte es damit zusammenhängen, dass sich dies nicht gehört? Dass die Mitarbeiter tatsächlich als Mit-Arbeiter, das heißt als Ko-Subjekte der Wertschöpfung anerkannt werden? Dass es eben nicht *nur* darum geht, die Gewinne auf die Höhen zu schrauben, die an sich möglich (das heißt durchsetzbar) wären?

Eine Studie aus dem *American Economic Review* aus dem Jahre 2002 stellt fest, dass – in den Worten der *NZZ* (31.01.2007) – »der typische Familienunternehmer eine höhere Rendite erzielen könnte, wenn er sein Kapital in eine börsennotierte Firma stecken würde statt in sein eigenes Unternehmen.« Warum tut er es nicht? Gibt es da vielleicht intrinsische Werte am Unternehmen, das man vielleicht selbst einmal gegründet oder von seinen Vorfahren übernommen hat? Und bildet diese Orientierung an der Sache (Sind es gute, sinnvolle Produkte und so weiter?) statt bloß am Finanzerfolg, der sich damit erzielen lässt, vielleicht den Normalfall guter Unternehmensführung? Nur, dass keiner darüber spricht, weil uns die Kategorien fehlen – nämlich die Kategorie marktfremder Gesichtspunkte?

Managementguru Peter Drucker (1909–2005) meinte jedenfalls in einem Interview aus dem Jahre 1998:

*»Es gibt eine Sache, die Finanzanalysten niemals verstehen werden, und das ist die Wirtschaft. Finanzanalysten glauben, dass Unternehmen Geld machen. Unternehmen machen Schuhe.«*

Bei der Übernahme der ProSiebenSat.1 Media AG durch die Finanzinvestoren Permira und KKR im Dezember 2006 wurde über die Einzelheiten der Aktienbeteiligungsprogramme für leitende Mitarbeiter diskutiert. »Von den TV-Programmen und deren Inhalten war so gut wie gar nicht die Rede«, bemerkte der *Spiegel* (18.12.2006). »Darum geht es beim Privatfernsehen, das zunehmend zum Private-Equity-Fernsehen mutiert, nur noch am Rande.« Die Programme sind, konsequent aus der Sicht höchstmöglicher Gewinne betrachtet, eben nur noch Mittel zum Zweck. Und dementsprechend werden sie ausgerichtet. Bislang war dies allerdings offenbar anders.

Dies findet auch Vicco von Bülow (2006), alias Loriot, der »zutiefst bedauert, dass heute alle Gedanken um das eine zu kreisen scheinen … Es geht nur noch ums Geld. Auch in der Unterhaltungsbranche. Vielleicht gerade da.« Seitdem Bülow mit dem Zeichnen von Cartoons »irgendwie leben« konnte, war Geld für ihn »nie das Entscheidende«. Auf die Frage des *Spiegel*: Was dann?, antwortet Loriot: »Andere Fragen wie etwa: Ist die Idee gut?« Auch damit, durch die Orientierung an einer »Idee«, an der Sache, teilweise gerade damit, kann man viel Geld verdienen, ohne dass einem die Gewinnaussichten die Feder geführt haben müssten. Aus der Sicht der Gewinnmaximierung sind solche Gedanken nichts als hemmende Faktoren.

Solche markt- beziehungsweise rentabilitätsfremden Gesichtspunkte sind vom Stand professioneller Berufsausübung natürlich nicht etwas Sach- und Sinnfremdes, sondern bilden im Gegenteil seinen fachspezifischen Kern. Das Wirtschaften und das Marktgeschehen ist von solchen Wert- und Sinngesichtspunkten nach wie vor vielfach durchdrungen. Sie sind es, die eine »menschliche Marktwirtschaft« (Angela Merkel) gerade ausmachen. Rentabilitätsfremde Gesichtspunkte sind es auch, die ein äußerst lukratives Geschäftsfeld bilden. Indem ein ökonomisch radikalisiertes Management, angestellt von Investoren, denen keine Rendite zu hoch sein kann, sie nämlich aufspürt beziehungsweise »entdeckt« und sodann eliminiert. »Wettbewerb als Entdeckungsverfahren« – so nennt der Libertäre Friedrich August von Hayek dieses Programm der Ökonomisierung der Welt. In dieser Elimination besteht die neue Radikalität des Managements. Diese Radikalität ist allerdings nur ein einigermaßen sichtbarer Ausdruck des nun systematischer betriebenen Prozesses »schöpferischer Zerstörung« im Allgemeinen. Gehen wir zur Illustration historisch etwas zurück (um später die nach wie vor anstehenden Fragen zu klären, nämlich: Wer sind die treibenden Kräfte des Prozesses? Woher kommt das Wachstum? Und welche Werte werden damit aufs Spiel gesetzt?).

## Die Elimination marktfremder Gesichtspunkte

In seiner bahnbrechenden Studie »Die protestantische Ethik und der Geist des Kapitalismus« wollte Max Weber (1920) zeigen, dass bestimmte Spielarten des Protestantismus, vor allem Calvinismus und Puritanismus, die »moderne kapitalistische Wirtschaft« sozusagen auf den Weg gebracht haben. Vorher gab es auch schon Marktwirtschaft. Doch war sie Ausdruck einer »traditionalistischen« Wirtschaft. Mit Karl Polanyi (1886 – 1964) könnte man von einer in vielfältige Wert- und Sinnbezüge »eingebetteten« Wirtschaft sprechen.

Der Traditionalismus beziehungsweise die Präsenz marktfremder Gesichtspunkte *in* den »kapitalistischen« Wirtschaftsbeziehungen zeigt sich etwa in den »üblichen Preisen«, wie sie beispielsweise für das Verlagswesen der Textilindustrie bis zur Mitte des 19. Jahrhunderts (über das Weber berichtet) gang und gäbe waren. Weber (1920, S. 51) charakterisiert das Leben in den »Kontors« folgendermaßen:

> *»Mäßiger Umfang der Kontorstunden – vielleicht 5–6 am Tage, zeitweise erheblich weniger, in der Kampagnezeit, wo es eine*

*solche gab, mehr –, leidlicher, zur anständigen Lebensführung*
*und in guten Zeiten zur Rücklage eines kleinen Vermögens aus-*
*reichender Verdienst, im ganzen relativ große Verträglichkeit*
*der Konkurrenten untereinander bei großer Übereinstimmung*
*der Geschäftsgrundsätze, ausgiebiger Besuch der ›Ressource‹,*
*daneben je nachdem noch Dämmerschoppen, Kränzchen und*
*gemächliches Lebenstempo überhaupt.«*

Worauf es hier ankommt, ist: Die Verleger *hätten* durchaus mehr
verdienen, mehr herausholen können. Es gab noch viel an un-
ausgeschöpften Gewinnchancen zu »entdecken« (Hayek) – wie
sich später zeigte, als Leute, die Ökonomen als Pionierunternehmer bezeichnen würden, auf den Plan traten. Doch verzichteten
die Verleger (die hier stellvertretend für alle Marktteilnehmer
stehen, die unterhalb der Schwelle der Einkommens- beziehungsweise Gewinn*maximierung* wirtschaften) vorerst auf die
Ausschöpfung an sich bestehender Gewinnchancen. Offenbar
gab es marktfremde Gesichtspunkte vielfältigster Art, die sie
hiervon abhielten, ohne dass ihnen dies bewusst sein musste.
Ziemlich sicher dachten sie nicht in Kategorien von Opportunitätskosten – also nicht daran, was ihnen alles (in Sachen Gewinn) entgeht, wenn sie doch die ihnen zur Verfügung stehen-
den Ressourcen (noch) lukrativeren Verwendungen zuführen
würden. Etwa Gesichtspunkte des eigenen Wohlergehens wie
die nur begrenzte Konzentration der Kräfte auf das Geschäft und
die Gemächlichkeit der Geschäftsausübung selbst – was Ökonomen üblicherweise verächtlich »on-the-job leisure« nennen.

Hierzu gehört auch das klassische, sinngebende Ethos des
Handwerkers, der seine Sache vor allem gut machen möchte –
was etwas anderes ist, als der Arbeit so nachzugehen, dass der
höchste »return on investment« dabei herausspringt. Zu den
rentabilitätsfremden Gesichtspunkten zählt auch der von Fairness, zuweilen gar von Freundschaft getragene Umgang mit den

Mitarbeitern und unter ihnen, ebenso mit den Zulieferern, selbst zu den Konkurrenten, vielleicht ein gewisses Maß an Skrupel zur Kostensenkung, jedenfalls außerhalb von Krisenzeiten – da man ja weiß, dass Kostensenkungen nicht nur in Bilanzen stattfinden, sondern Einkommenseinbußen für andere bedeuten.

Bereits John Stuart Mill (1848, S. 240) hatte festgestellt, dass »die Gewohnheit der stärkste Beschützer der Schwachen gegenüber den Starken« ist. Gewöhnlich gehen wir menschlich miteinander um. Wir machen uns nicht wechselseitig zum Instrument unseres Vorteils-, Erfolgs- oder Karrierestrebens. Wir »verwenden« unsere Tauschpartner in der mit dem Markt zumindest latent stets gegebenen Konkurrenzsituation normalerweise nicht »wechselseitig als Ausweichmöglichkeiten« (so aber Kerber, 1989, S. 61). Wir spielen sie nicht gegeneinander aus, so dass für uns dabei das größtmögliche Kuchenstück herausspringt.

Dies ändert sich mit dem Auftreten von Pionierunternehmern, etwa von Hochschulabsolventen, die in ihrem Ökonomiestudium gelernt haben, in Opportunitätskosten zu denken. Im Beispiel Max Webers (1920; S. 31f.) wurde »diese Behaglichkeit« des »traditionalistisch« geprägten Verlagswesens »irgendwann ... plötzlich gestört«. Etwa von einem »jungen Mann aus einer der beteiligten Verlegerfamilien«, der

> »aus der Stadt auf das Land zog, die Weber für seinen Bedarf sorgfältiger auswählte, ihre Abhängigkeit und Kontrolle zunehmend verschärfte, sie so aus Bauern zu Arbeitern erzog, ... Kunden persönlich warb, ... die Qualität der Produkte ausschließlich ihren Bedürfnissen und Wünschen anzupassen, ihnen ›mundgerecht‹ zu machen wusste und zugleich den Grundsatz ›billiger Preis – großer Umsatz‹ durchzuführen begann,«

und der so die »Idylle« der »›traditionalistischen‹ Wirtschaft« »schöpferisch« zerstörte.

Was hier geschah, geschieht auch heute noch, jederzeit. In jüngerer Zeit allerdings deutlich forciert. Die »jungen Männer«, das sind heute ehrgeizige Absolventen von Managementschulen, Berater von McKinsey oder Manager von Private-Equity-Fonds. Diese treten an – ohne dass ihnen dies bewusst wäre –, alle rentabilitätsfremden Gesichtspunkte (oder eben Traditionen und Gewohnheiten) in den Geschäftsbeziehungen aufzuspüren beziehungsweise zu »entdecken« (Hayek) – um sie systematisch zu eliminieren. »Völlig unbefangen – mit mehr Abstand und losgelöst von historischen Entwicklungen« gelte es auf die Unternehmung zu blicken, so formulieren dies zwei junge Berater von McKinsey in einer Broschüre, mit der sich das Beratungsunternehmen Private-Equity-Gesellschaften anempfiehlt (Ihring/Kerschbaumer, 2001). Dabei gelte es, konsequent nach »wertvernichtenden Unternehmensteilen« Ausschau zu halten. Und »wertvernichtend« heißt hier nicht, wie der Laie vermuten könnte: Hier werden Verluste erwirtschaftet. Sondern: Hier wird nicht die maximal an sich mögliche Rendite erzielt. Und natürlich gilt es diese »Wertvernichter« abzustoßen, outzusourcen oder zu restrukturieren (was in der Regel Arbeitsverdichtung oder Flexibilisierung nach dem Gusto der Rentabilitätsinteressenten bedeutet). Für das »unbefangene« Setzen entsprechender »radikaler Schnitte« gebe es, so die Studie, »gerade in Deutschland ... noch viel Potenzial«.

Warum? Weil die deutsche Wirtschaft, der »Rheinische Kapitalismus«, noch von einer Vielzahl marktfremder Gesichtspunkte oder Traditionen durchdrungen ist. Deren Beseitigung eröffnen Beratern, ebenso wie Investoren, hochlukrative Mandate beziehungsweise Geschäfte. Das Geschäftsmodell besteht sozusagen in der schöpferischen Zerstörung der sozialen Marktwirtschaft – schöpferisch fürs Kapital und für diejenigen, die ihm zu Diensten stehen, zerstörerisch für die meisten anderen, jedenfalls für das Modell einer sozialen Marktwirtschaft (auch) von unten im Ganzen. Denn die Soziale Marktwirtschaft zeichnet sich nicht nur durch die sozialen Sicherungssysteme aus (soziale Marktwirtschaft von oben), sondern auch dadurch, dass die Geschäfts- und Tauschbeziehungen selbst von sozialen Gesichtspunkten (der Fairness) sowie von Orientierungen der sachlich guten Aufgabenerfüllung durchdrungen sind.

Diese Durchdringung vollzieht sich zumeist reichlich unspektakulär. Es ist einfach die Art, wie man »geschäftet«, wie man arbeitet, seinem Beruf nachgeht, mit Kunden umgeht und so weiter. Die Kunden interessieren in der Regel eben nicht *nur* als Kunden, das heißt als sozusagen wandelnde Geldbeutel. Dass man dabei nicht *alles* daran setzt, dass die Gewinne so hoch wie möglich sind, zeigt sich etwa daran, dass McKinsey seine Aufgabe darin sieht, »Wertgenerierung [gemeint ist die Gewinnsteigerung beziehungsweise die Maximierung des Kapitalwertes] als Leitziel aller Managementanstrengungen« konsequent zu »etablieren« (Ihring/Kerschbaumer, 2001). Was war vorher? Offenbar haben die Unternehmen auch Gewinne beziehungsweise finanzielle Überschüsse erzielt. Aber sie haben eben nicht *alles* daran gesetzt. Sie haben Gewinne erzielt, durchaus auch nach Gewinnen gestrebt, aber nicht Gewinn*maximierung* betrieben.

Genau nach solchen Unternehmen beziehungsweise Bereichen suchen Pionierunternehmer (worunter nicht nur Private-Equity-Fonds zu zählen sind, sondern auch Manager im eigenen Hause, wie das Beispiel BMW zeigt). Denn hier gibt es noch etwas zu zerstören. Sie sehen ihre »Stärke im Aufspüren von in sich betrachtet guten, soliden Unternehmen« (Pinkerton/von Cinven, 2004). Das heißt von Unternehmen, die Überschüsse erzielen – aber vermutlich keine Eigenkapitalrendite von sagen wir fünfundzwanzig Prozent ausweisen. In den Worten des ökonomischen Radikalismus: »Deren Eigentümer tun zu wenig dafür, das volle Potenzial zu erschließen«, das heißt alles auszunutzen, was sich ausnutzen lässt. Um das zu erreichen, muss »ein solches Unternehmen ... manchmal durch radikale Veränderungen hindurch, etwa durch Zusammenschlüsse oder die Abspaltung von Unternehmensteilen. Gelingen die Pläne, kann erheblicher Mehrwert geschaffen werden.« – Hier pauschal von »Mehrwert« zu sprechen, als käme er irgendwie allen zugute, darf, vor allem weil die Leute genau wissen, was sie tun, als dreist bezeichnet werden.

Greifbarer wird das Geschäftsmodell der Eliminierung marktfremder Gesichtspunkte in Bereichen, die traditionellerweise von vornherein nicht als reine Gewinnmaschinen betrachtet werden, etwa das Gesundheitswesen.

So beobachtet der Direktor einer Klinik mit Besorgnis, dass irgendwann »Manager begannen, die Spitäler zu übernehmen und zu Profitcentern auszubauen. Seither verdrängen glanzvolle Prospekte wissenschaftliche Daten; der akademische Geist musste dem Businessplan weichen« (Lüscher, 2008). Von nun ab gilt: »Nur was rentiert, zählt.« Dies widerspricht aus der Sicht des Mediziners dem Geist, dem sich der »gute Arzt« verpflichtet fühlt. »Komplexe Fälle, alte Patienten, Pflege, Weiterbildung, Forschung sind in der Welt des Gewinns nicht zu Hause.« Auch vorher wurden in Krankenhäusern übrigens Einkommen und auch Finanzüberschüsse erzielt (wenn vielleicht auch nicht unbedingt Gewinne im technischen Sinn der Kapitalverzinsung). Aber es ging eben nicht nur darum.

Dies gilt auch für die Printmedien. Jürgen Habermas (2007) befürchtet, dass von Finanzinvestoren aufgekaufte Zeitungen nicht mehr der »doppelten Funktion gerecht werden, die die Qualitätspresse bisher erfüllt hat: die Nachfrage nach Information und Bildung hinreichend gewinnträchtig zu befriedigen«. Entscheidend hier ist das »hinreichend gewinnträchtig«. Natürlich sollen und müssen Unternehmen – auch Zeitungen – Überschüsse (»Gewinne«) erzielen, allein schon, weil sie sonst aus dem finanziellen Gleichgewicht geraten und ihren Zahlungsverpflichtungen nicht mehr nachkommen können. Auch ist den Kapitaleigentümern durchaus eine angemessen Rendite zuzugestehen – als »Entschädigung« für ihren »Konsumverzicht«, wie Ökonomen in rechtfertigender Absicht sagen, auch wenn ab ein paar Millionen Vermögen der Verzicht nicht so schrecklich schwerfallen dürfte. Doch muss Gewinn nicht maximal möglicher Gewinn heißen. Und er kann es nicht, wenn das unternehmerische Handeln legitim und verantwortungsvoll, kurzum »gut« sein soll. Diese entscheidende Differenzierung bleibt unverstanden, wenn gegen Habermas (und andere Kritiker der wachsenden Ökonomisierung der Medien) eingewandt wird, die von ihnen »hoch gelobten Qualitätsblätter« würden ja nun nicht »allein aus Idealismus finanziert, geschrieben und gedruckt«; auch den Zeitungen sei »der Profit nicht fremd« (Schuler, 2007). Als gäbe es nur entweder »Idealismus« (gemeint sind wohl Spenden) oder die ausschließliche Ausrichtung (oder sollte man sagen: die Zurichtung?) eines Unternehmens (hier: einer Zeitung) in all seinen Verästelungen auf genau eine Maßgabe: den höchstmöglichen Gewinn und sonst gar nichts. Durch diese holzschnittartige Sicht gerät genau das aus dem Horizont, was eine gute Unternehmensführung ausmacht: die Ausgewogenheit der Berücksichtigung verschiedener (und durchaus konfliktärer) Gesichtspunkte und Interessen.

So kann gar nicht erst in den Blick geraten, wie sich die Relevanzen verschieben, wenn aus dem Gewinn als einem Gesichtspunkt neben anderen das alles bestimmende Kriterium wird, wenn aus der Gewinnerzielung »das Gewinnprinzip« wird. Mit Blick auf die Zeitungen macht Habermas deutlich, was diese Umstellung heißt: Aus Zeitungslesern und Bürgern werden jetzt nämlich »Kunden«. Und an diesen interessiert nur noch ihr funktionaler Beitrag für den Gewinn – in der Regel in Form ihrer Zahlungsfähigkeit, im Falle der Zeitung auch die Anzahl zielgruppenspezifisch gewünschter »Werbekontakte« (wegen der Anzeigenkunden). Qualitätszeitungen passen sich – bislang zumindest beziehungsweise definitionsgemäß – nicht opportunistisch an bestehende »Präferenzen« an, sondern stellen diese »zugleich auf den Prüfstand« und »transformieren« sie so. Sie bieten »spröde Berichte statt infotainment«, »sachliche Kommentare und umständliche Argumente statt entgegenkommender Inszenierungen von Ereignissen oder Personen«. Kurzum: Zwischen der Zeitung und den Lesern besteht die kommunikative Beziehung von Autor und Publikum, nicht eine strategische Beziehung wechselseitiger (oder auch einseitiger) Instrumentalisierung, bei der das »Produkt« (die Zeitung) bloß ein Mittel für etwas anderes (den Gewinn) ist. Endgültig dann verletzten die Medien ihre unverzichtbare Rolle für die »demokratische Meinungsbildung«, so Habermas weiter, wenn die journalistischen Gehalte »von ihrer Werbewirksamkeit und der Unterstützung durch Sponsoren abhängig gemacht werden.«

## Druck ohne Not

In unserem Zusammenhang, in dem es ja darum geht, wer (systematisch betrachtet) den Wettbewerbsdruck erzeugt und zum Unternehmertum zwingt, ist vor allem die Eliminierung rentabilitätsfremder Gesichtspunkte im Umgang mit den Beschäftigten (und eventuell den Zulieferern) relevant. In jüngerer Zeit ist hier eine Praxis zu Tage getreten, die bislang weitgehend unbekannt war: Die Ausübung von Druck auf Beschäftigte trotz beziehungsweise gerade wegen hoher Gewinne.

Prominent und geradezu paradigmatisch war die Verkündigung einer Vorsteuer-Eigenkapitalrendite von fünfundzwanzig Prozent, eines Rekordergebnisses für das abgelaufene Jahr (das allerdings noch nicht ganz dem »ehrgeizigen« Zielwert entsprach) und zugleich eines Stellenabbaus von insgesamt 6400 Arbeitsplätzen durch Deutsche-Bank-Chef Josef Ackermann im Frühjahr 2005. Dies wurde weithin als unanständig und als ein Tabubruch wahrgenommen. Zwischenzeitlich hat Ackermann (2009) die Zahl für die anvisierte Benchmark-Rendite als »Richtgröße« bekräftigt. In rechtfertigender Absicht fügte er hinzu, eine solche Rendite – oder allgemeiner: höchstmögliche Renditen – seien immer ein »Grund zur Freude«, denn nur so würden die Unternehmen »in die Lage versetzt, zu wachsen, Risiken zu verkraften, Arbeitsplätze zu sichern und zu schaffen«. Zuvor müssten dazu aber offenbar Stellen abgebaut werden, wo immer es geht (denn dies steigert ja schließlich den Gewinn bei sonst gleichen Bedingungen). Ackermann formuliert dies so: »Man kann es im Geschäftsleben nicht mit Absicht gemächlicher angehen lassen, nur damit alle mitkommen.«

Ganz ohne Rechtfertigung meinte Nokia auskommen zu können. Im Januar 2008 kündigte das Unternehmen an, den Standort Bochum mit seinen 2300 Mitarbeitern zu schließen und die Beschäftigungen an andere Standorte (hauptsächlich nach Rumänien) zu verlagern. Der Gesamtkonzern hatte im Jahre 2007 einen Rekordgewinn von 7,2 Milliarden Euro erzielt. Das Betriebsergebnis vor Zinsen am Standort Bochum betrug 134 Millionen Euro. Jeder Mitarbeiter hatte dem Unternehmen einen Gewinn von 58000 Euro verschafft.

Diese Aufteilung der Wertschöpfung zwischen Beschäftigten und Kapital (der Gewinn pro Mitarbeiter dürfte in etwa dem Personalaufwand Nokias entsprechen; fünfzig bis sechzig Prozent der Umsätze dürften allerdings an Zulieferer fließen) reichte Nokia allerdings noch nicht. Auf seiner Website hatte das Unternehmen den Stellenabbau damit begründet – wenn man dann hier überhaupt von einer Begründung sprechen kann –, dass der Verbleib am Standort Bochum »nicht länger darstellbar« sei. Verdutzt reibt sich das Publikum die Augen: »Nicht länger darstellbar«? Vor wem denn? Es verhält sich doch genau umgekehrt: Das Aufgeben des doch ziemlich profitablen Werkes war gegenüber der Öffentlichkeit »nicht darstellbar«, beziehungsweise sie löste über so ziemlich alle Grenzen des politischen Spektrums hinweg Empörung und Unverständnis aus. Offenbar ist ein anderer Adressat gemeint: der Kapitalmarkt und seine Akteure. So hatte Nokia kurz vorher auf dem »Capital Markets Day« dem Kapital (beziehungsweise den anwesenden Analysten) eine höhere Bruttogewinnmarge vom Umsatz versprochen. Zwanzig Prozent müssten es schon sein, fand die Nokia-Geschäftsleitung. Offenbar bemerkte man dann, dass dies nur erreichbar ist an Standorten, an denen jeder Mitarbeiter dem Unternehmen einen Gewinn von, sagen wir, 64 000 Euro verschafft, statt der schlappen Bochumer 58 000 Euro.

Die Eliminierung markt- beziehungsweise rentabilitätsfremder Gesichtspunkte besteht hier darin, dass alle Hemmungen fallen gelassen und Kosten auch dann gesenkt werden, wenn sich das Unternehmen nicht in einer Notlage befindet und das finanzielle Gleichgewicht nicht gestört ist. Dies wird von den Mitarbeitern – wie im Falle BMWs – in der Regel als »krasser Kulturbruch« empfunden (Kröger, 2008).

*»War der Abbau von Beschäftigungen bislang nur dann gesellschaftlich akzeptiert, wenn sich ein Unternehmen in wirtschaftlichen Schwierigkeiten befand, so kommunizieren Unternehmen nun offen Entlassungen und Gewinnsteigerungen in einem Atemzug.« (Deutsche Bank, 2005a)*

Es handelt sich hierbei ja auch nicht um eine zufällige Koinzidenz – sondern zumindest häufig um Gewinnsteigerungen *durch* Druck auf Beschäftigte (und/oder Zulieferer), sei es in Form von Lohnkürzungen, Arbeitsverdichtungen oder, im sozusagen terminalen Grenzfall, durch Entlassungen und »Smart-sourcing«.

Es verhält sich also nicht so, wie Hans-Werner Sinn (2004, S. 13) meint, dass »die Wirtschaft« die »Mindestlohnforderungen« der Beschäftigten »angesichts der internationalen Niedriglohnkonkurrenz aus aller Welt in einer wachsenden Zahl von Fällen nicht mehr erfüllen *kann*«. Vielmehr *will* sie diese nicht mehr erfüllen. Und sie *kann* es sich leisten, diese nicht mehr zu erfüllen, weil das Kapital die Macht dazu hat, ohne Gewinneinbußen hinnehmen zu müssen. Ganz im Gegenteil führt ja auch genau dies zu sprudelnden Gewinnen. Warum regen wir uns eigentlich darüber auf, wenn Unternehmen Beschäftigte bei gutem Geschäftsgang entlassen? Anders urteilen wir ja, wenn Unternehmen im Falle einer betrieblichen Notlage Entlassungen aussprechen. Dann nämlich geht es um die Sicherung der Existenz des Unternehmens im Ganzen. Und wir finden, dass es besser ist, einige Beschäftigte zu entlassen, wenn es denn sein muss, das heißt wenn dadurch die übrigen Beschäftigungen erhalten werden können. Im Auge zu behalten sind auch Zulieferer, Kunden und die Region (in der die Beschäftigten in der Regel beachtliche Anteile ihrer Einkommen ausgeben und somit anderen Personen ein Einkommen verschaffen).

Die Unternehmen beziehungsweise die Arbeitgeber müssen hierzu nicht, wie Sinn (2006) meint, »Altruisten« sein – als gäbe es nur die Alternative zwischen Gewinnmaximierung oder gar keinen Gewinnen, zwischen radikalem Opportunitätskostendenken, bei dem stets mit dem spitzest möglichen Bleistift gerechnet wird, und der Aufopferung für andere. Dies aber legt Sinn nahe, indem er suggeriert, entweder die Arbeitgeber seien »Altruisten«, oder sie stellten »einen Arbeiter nur ein, wenn der Überschuss der von ihm erwirtschafteten Erträge über seine Lohnkosten positiv und nicht kleiner ist als der entsprechende Überschuss, den ein ausländischer Arbeiter oder eine Roboter erzeugen könnte« – was der Logik der Gewinnmaximierung beziehungsweise der Opportunitätskostensenkung entspricht.

Man kann auch erfolgreich arbeiten, ohne alles daran zu setzen, so erfolgreich wie möglich zu sein. Gewinnerzielung ist legitim, Gewinnmaximierung ist es nicht. Häufig wird jedoch so getan, als gäbe es nur die Alternative zwischen höchstmöglichen Gewinnen oder gar keiner Gewinnorientierung. So meint der Spiegel-Redakteur in einem Interview mit Friedensnobelpreisträger Muhammad Yunus (2008), Gründer der Grameen Bank, die Mikrokredite vergibt: Da die Bank ja nun ein Unternehmen sei, möge sie zwar »sozial« sein, müsse aber doch wie alle anderen auch »Profite maximieren«. Darauf Yunus:

*»Es ist ein soziales Unternehmen, das Gewinn macht, aber nicht die Maximierung des Gewinns zum Ziel hat.«*

So einfach ist das. Yunus wünscht sich »viel mehr Unternehmen, deren Ziel in erster Linie nicht höchstmöglicher Gewinn ist, sondern höchstmöglicher Nutzen für die Menschen«. Solche Unternehmen müssen dann auch nicht, um ein weiteres Beispiel des Denkens der beschränkten Alternativen anzuführen, sinnlos Heizer beschäftigen, obwohl die Lokomotive längst auf Elektrizität umgestellt ist. Mit diesem Bild, das etwa Ex-UBS Chef Marcel Ospel an der Aktionärsversammlung 2005 oder der Betriebswirt Horst Albach (2007) bemüht, soll suggeriert werden, dass alles andere als Gewinnmaximierung sinnlos wäre. Dabei ist es doch ganz einfach. Man muss lediglich darauf verzichten, jede Stelle, die nicht die Benchmark-Rendite von fünfundzwanzig Prozent erbringt, für »überflüssig« zu erklären – womit sie natürlich sofort outzusourcen wäre.

Entlassungen aus betrieblicher Not sind hiervon scharf zu trennen. Ethisch glaubwürdig sind diese allerdings nur, wenn sie sozialverträglich ausgestaltet sind – also etwa nicht plötzlich und ohne Vorankündigung erfolgen, mit den Betroffenen gemeinsam nach fairen Lösungen gesucht wird und so weiter. So etwas gibt es tatsächlich. Nur ist es reichlich unspektakulär. Als vorbildlich darf diesbezüglich etwa das Zürcher Traditionsunternehmen Streiff AG gelten (Zollinger, 2004). Die Unternehmensleitung der Spinnerei sah keine langfristige Perspektive mehr für das Unternehmen angesichts der Billiglohnkonkurrenz aus Asien. Und so sagte man sich, dass es angesichts der aussichtslosen Lage besser sei, jetzt, da noch genug Geld vorhanden ist, das Unternehmen kontrolliert runterzufahren. Dann könne man, so die Geschäftsleitung, die rund hundert Mitarbeiter dabei unterstützen, eine neue Stelle zu finden und ihnen eventuell Abfindungen zahlen. Auch bliebe so für die Lieferanten genügend Zeit für eine Umstellung. Dies alles erfolgte mit ausdrücklicher Billigung und auf Initiative der Eigentümerfamilie, also des Kapitals.

Man muss auch sehen, dass den Mitarbeitern, die sozusagen über die Klinge springen, auch im Falle einer Entlassung aus Not einiges abverlangt wird, nämlich ihre Stelle zu opfern, um die Stellen der verbleibenden Beschäftigten zu sichern und auch weiteren Stakeholdern (Anspruchsgruppen) wie den Konsumenten, der Standortgemeinde, den Zulieferern und durchaus auch den Kapitalgebern weiterhin die Vorteile zu ermöglichen, die ihnen die Existenz des Unternehmens bislang gewährt hat.

## Eine neue Not – Manager als Getriebene oder als Treiber des Kapitals?

Die neue ökonomische Radikalität im Management zeichnet sich dadurch aus, dass ihm solche Überlegungen völlig fremd sind. Der Druck auf die Beschäftigten erfolgt nicht aus Not, sondern ohne Not, wenn man will: aus Gier beziehungsweise aus Maßlosigkeit. Und wir empören uns über ein solches Gebaren, weil nun ein Adressat erkennbar wird, dem Gier oder Maßlosigkeit vorzuwerfen ist. Diesem ist der Geist der Fairness offenbar abhanden gekommen, der ihn ansonsten die Proportionen wahren ließe.

Im Falle der Kapitalgesellschaften, die durch angestellte Manager geführt werden, nicht mehr durch die Kapitaleigentümer, »den Unternehmer« selbst, ist allerdings unklar, wem hier »Gier« beziehungsweise der Mangel an der Wahrung der Proportionen vorzuwerfen ist: dem Management oder dem Kapital? In den letzten Jahren stand jedenfalls das Management vor allem großer Unternehmen in der Kritik, weil es für seine ökonomische Radikalität – oder sollte man sagen: für seine Skrupellosigkeit? – auch noch fürstlich entlohnt wurde.

Auf die Frage von Anne Will (18.11.2007) an die damalige Arbeitsdirektorin der Deutschen Bahn, Vorstandsmitglied Margret Suckale, wie sie denn ihre harte Haltung in den Verhandlungen mit den Lokführern (die für höhere Löhne streikten) damit vereinbaren könne, dass sie persönlich »rund 140 000 Euro im Monat« habe (was in etwa dem Viereinhalbfachen des Jahreseinkommens eines Lokführers entspricht), antwortete diese, dass fünfundsiebzig Prozent der Vorstandsgehälter »flexibel« seien, das heißt »leistungsbezogen« [genauer: erfolgsabhängig] vergütet würden.

Dies war offenbar in rechtfertigender Absicht gemeint. »Leistung« oder »Erfolg«, das ist doch immer irgendwie gut für alle, oder? Und da ist es ja nur fair, wenn die »Leistungsträger« davon etwas abbekommen. Allerdings vergaß Suckale zu erwähnen – und auch niemand sonst in der Talkrunde schien diesen Zusammenhang zu bemerken –, dass ihre Vergütungen just dann steigen, wenn es ihr gelingt, die Lohnforderungen der Lokführer abzuwehren oder die Löhne und Gehälter, wessen Kostenträgers auch immer, zu drücken. Dies liegt nun einmal in der Natur erfolgsabhängiger Vergütungen (Boni), bei denen ja »Erfolg« Gewinn (beziehungsweise Shareholder-Value) meint, und die Schwierigkeit nur noch darin besteht, hierfür die richtigen Kennzahlen zu finden, bei deren Erfüllung der eigene Kontostand steigt. Jedenfalls steigt der Gewinn, und das Unternehmen arbeitet »erfolgreicher«, wenn es gelingt, Kosten (für sich) beziehungsweise Einkommen (für andere) zu senken. Die »Anreize« waren also zumindest indirekt so ausgerichtet, dass das finanzielle Eigeninteresse der Verhandlungsführerin sie dazu »motivierte«, möglichst keine Zugeständnisse gegenüber den Lokführern zu machen.

Übrigens erwähnte Suckale den Zusammenhang dann doch in einem Nebensatz: »Im nächsten Jahr« werde »es [ihr Vorstandsgehalt] vielleicht weniger sein – vielleicht dank der Streiks von Herrn Schell [dem damaligen Chef der Gewerkschaft Deutscher Lokomotivführer].« Dies war offenbar vorwurfsvoll gemeint – was angesichts der Lohnspreizungen zwischen Vorstand und übrigen Beschäftigten im Bereich des Faktors 50 wohl als ein Beispiel des Verlusts der Proportionen beim Management gewertet werden darf. Dass da ein kausaler »Anreiz«-Zusammenhang besteht zwischen Einkommenssteigerungen hier, Einkommenssenkungen (oder jedenfalls der Abwehr von Einkommenssteigerungen) dort, geriet der Runde allerdings offenbar auch damit nicht zu Bewusstsein.

Manager hingegen verwahren sich dagegen, sie seien die Verantwortlichen für den Druck auf die Beschäftigten.

*»Kalkulieren Vorstände tatsächlich so brutal, dass sie Beschäftigte rausschmeißen, um so den Aktienkurs und damit den Wert ihrer eigenen Optionen zu steigern, sich persönlich zu bereichern?« (Nölting, 2008)*

Genau dies, lieber Herr Nölting. Jedenfalls ist dies gerade der Witz der Anreizsteuerung: Die Entfachung der Radikalität im Management, nicht nur bei der Senkung der Kosten, sondern natürlich auch für die Steigerung der Umsätze oder auch für das »Financial Engineering« (der Bearbeitung des Kapitals, damit für die Investoren die höchste Rendite herausspringt, einschließlich der Verschuldung des Unternehmens und einschließlich der Steueroptimierung, um nicht andere garstige Wörter zu gebrauchen). »Es gibt kein besseres Geschäft, als Topmanagern Millionen zu zahlen«, hatte ein namenloser Milliardär bekannt (*Die Welt*, 22. Februar 2008).

Mit dem Verweis auf die »Macht der Börse«, die »die Manager zum Jobabbau zwingt« (Nölting), weshalb das Problem nicht »personalisiert und stigmatisiert« werden sollte, wird eine falsche Alternative gezeichnet.

Es sind eben beide, Management (mit der passenden Marktgläubigkeit als Legitimationsbaustein im Gepäck) und gierige Investoren (deren Gier allerdings kaum je sichtbar wird, da diese sich in stillen Gesprächen am Rande der Roadshows ausspricht), die gemeinsam den Druck ausüben und damit den Hyperwettbewerb, den wir seit längerem beobachten (oder am eigenen Leibe zu spüren bekommen) vorantreiben. Der paradigmatische Josef Ackermann ist mit seiner paradigmatischen Benchmark-Rendite von fünfundzwanzig Prozent (vor Steuern) nicht etwa *gar nicht* von »maß- und verantwortungslosem Eigennutz« getrieben und *allein* »ein Getriebener der Kapitalmärkte«, wie hier und da vermutet wird (Robert Mayer, 2005). Vielmehr spannen beide zusammen und feuern sich wechselseitig an. Manager fungieren »nicht nur als Getriebene, sondern auch als Treiber des Shareholder Value« (Höppner, 2004, S. 270).

Der Deal sah in etwa so aus: Wir scheffeln für euch Milliarden, in dem wir all das ausnutzen, was bislang noch nicht ausgenutzt wurde (ökonomische Radikalität als Geschäftsmodell), und ihr gebt uns davon ein paar Milliönchen ab. Ein bombensicheres Geschäft, denn wir gewinnen nur, wenn ihr auch gewinnt, und zwar massiv. Und das Kapital, das vorher bereits von der Ökonomik in den Stand eines »Prinzipals« gehoben wurde, dem das

Unternehmen, angetrieben durch seine »Agenten« (das Management), vollständig zu Diensten zu stehen habe, antwortete: Gebongt! Dies ist »die Systemfrage« (Nölting), die in der Tat »dringend« gestellt werden muss. Nölting formuliert sie so:

>»Wie lange kann eine Gesellschaft die Macht der Börse [beziehungsweise die »Macht des Kapitals«, Müntefering] – also die pure Orientierung am Shareholder Value (der Aktienrendite) und die Zwänge der Globalisierung ertragen, bis sie auseinanderbricht?«

Genauer: Ab wann ist die Kaperung der Unternehmen durch das Kapital und das Sich-kapern-lassen seitens des Managements noch dem guten Leben und dem fairen Zusammenleben dienlich?

Stellen wir diese Frage noch zurück, und beleuchten wir noch einen Moment, wie dieses Kapern, diese Etablierung eines *Systems der Gier* funktioniert. Nämlich nicht nur durch »Anreize«, also dadurch, dass sich das Management seine Integrität gleichsam abkaufen lässt, sondern auch durch »Abreize«, also negative Sanktionen (marktsystematisch formuliert: die Wahl der Exit-Option).

Ein Unternehmen, dessen Management nicht jede Option zur Gewinnsteigerung ausschöpft, läuft Gefahr, zum »Übernahmekandidaten« zu werden, beziehungsweise das Management läuft Gefahr, durch ein solches ersetzt zu werden, welches dann, pardon, die Drecksarbeit erledigt. Der damalige Aufsichtsratsvorsitzende der Deutschen Bank, Rolf Breuer, rechtfertigte die berühmt-berüchtigten fünfundzwanzig Prozent Eigenkapitalrendite so: Sonst bestünde »das große Risiko, in den heutigen, globalen Märkten schnell zur Aufgabe der Selbstständigkeit gezwungen zu werden« (*Berliner Morgenpost*, 19.05.2005). Und auch BMW-Chef Norbert Reithofer verteidigte den Stellenabbau

»trotz aller Absatzrekorde« damit, dass die »Wettbewerbs-position« auf dem Spiel stehe und Kosten gesenkt werden müssten, »um auch auf lange Sicht die Unabhängigkeit zu sichern« (*Berliner Morgenpost*, 28.09.2007).

Gemeint ist hier also nicht die Wettbewerbsposition auf den Absatz- und Faktormärkten (Wer baut das beste Auto zu einem günstigen Preis?), sondern auf einem besonderen Markt: dem Kapitalmarkt, den Ökonomen als »Markt für Unternehmens-kontrolle« bezeichnen – und feiern. Denn dieser böte ja die »Möglichkeit«, ein Unternehmen, sollte sein Management noch rentabilitätsfremde Gesichtspunkte berücksichtigen, zu »reorganisieren ... und damit für seine Aktionäre, aber auch für die Volkswirtschaft Werte zu schaffen« (Weizsäcker, 2005, S. 57). Da »feindliche Übernahmen« (in denen sich der »Markt für Unternehmenskontrolle« letztlich zeigt) »die Leistungen unserer Unternehmen verbessern« werden (was offenbar für »uns« alle gut ist), plädiert ein anderer Ökonom für die »Liberalisierung feindlicher Übernahmen« (Mueller, 2007, S. 134, 139). Die gleiche Funktion der »Verbesserung« erfüllt natürlich der vorauseilende Gehorsam des bestehenden Managements vor den unersättlichen Renditewünschen des Kapitals, zu dessen Durchsetzung es in einer »liberalen« Marktwirtschaft alle Macht hat. Das funktioniert idealtypisch so: Der Aktienkurs sinkt, weil die »Performance« nicht stimmt; die Aktionäre wählen die Exit-Option zugunsten solcher Unternehmen, die eine »bessere« Performance bieten. Die billigen Titel kaufen »aktive« Investoren auf, um ein neues Management einzusetzen, welches die rentabilitätsfremden Gesichtspunkte dann wie gewünscht eliminiert.

## Die Instanzlosigkeit des Wettbewerbs und die Sachzwänge

Wenn wir ein Zwischenfazit ziehen, so ist es das Kapital, welches den Druck auf die Beschäftigten ausübt beziehungsweise den Wettbewerbsdruck erzeugt und so zum Unternehmertum zwingt (aus welchem dann irgendwann das Wachstum resultiert). Assistiert oder auch angestachelt wird es dabei von Kapitaldienstleistern (Manager, Banker, Analysten, Berater und so weiter), die an »Kapitaluniversitäten« (Walter, 2009) dazu ausgebildet wurden.

Diese Sicht ist im Wesentlichen zutreffend, aber doch auch im Kern zu einfach. Zutreffend ist sie, da wir derzeit eine neue Stufe der marktwirtschaftlichen Entwicklung erleben – wenn man will: von der mehr oder minder »sozialen« Marktwirtschaft zum »Kapitalismus«, also zu einer Marktwirtschaft, in der das Kapital und die Kapitaldienstleister, also diejenigen, die dem Kapital bei seinen unbegrenzten Renditewünschen mehr oder minder willfährig zu Diensten stehen, die Oberhand gewonnen haben.

Diese Konstellation, der wir uns später vertieft zuwenden (Kapitel 6), bildet jedoch nicht den Normalfall dafür, wie der Markt funktioniert beziehungsweise abläuft. Normalerweise sind nämlich die Verursacher des Drucks schwer bis gar nicht zu identifizieren. Werfen wir dazu einen Blick auf die Realwirtschaft.

Unternehmen und ihre Beschäftigten geraten nicht nur darum unter Druck, weil das Kapital Kosten senken will (und damit Einkommen anderer, etwa Beschäftigter, die entlassen werden) – und dies kann. (Das Kapital *kann* dies, da es sich des Wettbewerbs in der Realwirtschaft bedient.) Druck wird nicht immer aus Gier, sondern auch aus betrieblicher Not ausgeübt. Die Unternehmensleitung kann nämlich in der Regel mit einiger

Plausibilität darauf verweisen, dass sie selbst unter Wettbewerbsdruck steht – und dieser Druck dabei nicht von benennbaren Aktionären ausgeht. »Wenn wir heute nicht Hunderte entlassen (oder Kurzarbeit anmelden), müssen wir morgen zu noch weit drastischeren Maßnahmen Zuflucht nehmen.« So oder ähnlich wird dann argumentiert – und wir gehen hier davon aus, dass dies kein vorgeschobenes Argument ist, um den Aktionären eine noch höhere Rendite zu ermöglichen beziehungsweise um [zu] hohe Renditen einzustreichen. (Man sieht hier, dass die Unterscheidung zwischen Druck aus Not oder aus Gier respektive Maßlosigkeit eine normative Unterscheidung ist, die ethische Beurteilungen einschließt. Ob der eine oder andere Fall vorliegt, lässt sich nicht beobachten oder messen. Die Unterscheidung ist allerdings unverzichtbar, da sonst jeder noch so maßlose Renditewunsch, so er durchsetzbar ist, als legitim gelten müsste.) Der Personalabbau entspreche »der Verantwortung des Vorstands für die verbleibenden Mitarbeiter«, so argumentierte etwa die Allianz (*Hamburger Abendblatt*, 01.06.2006).

Der Druck geht hier von einem unbestimmten Kreis von Personen aus. Es ist »der Markt«, »der Strukturwandel«, »der Wettbewerb«. Es ist das *System* hochgradig interdependenter marktlicher Verflechtungen, in dem wir alle stehen und welches wir alle vorantreiben durch unsere kleinen und großen Kauf- und Verkaufsentscheidungen. Es versetzt uns in wechselseitige Abhängigkeiten nie dagewesenen Ausmaßes. Diese laufen allerdings nach einem bestimmten Muster ab. Und dieses Muster ist ganz sicher nicht ethisch neutral.

Natürlich kann man sich fragen, ob es ein solches »System« tatsächlich gibt. Ich entlehne den Begriff der »Theorie kommunikativen Handelns« von Jürgen Habermas (1981). Normalerweise funktioniert die Gesellschaft (die Wirtschaft eingeschlossen) als »Lebenswelt«. Dies ist die uns vertraute soziale Welt, die unmittelbar identisch ist mit all den Handlungen, die wir täglich

so vollführen – mit oder auch gegen andere. Dies ist sicher nicht »Friede, Freude, Eierkuchen«, aber immerhin doch eine Welt, in der wir »Täter« für kleinere und größere Missetaten identifizieren und zur Verantwortung ziehen können, was bekanntlich in seiner Wortbedeutung heißt: von ihnen Rede und Antwort zu verlangen. Mit etwas Glück, und vor allem: durch unser Zutun, ist es eine »anständige Gesellschaft« (Charles Handy).

Es ist aber auch möglich, dass aus den vielen Handlungen eine Art dritte, intransparente Macht entsteht, die nicht Ausdruck unserer Intentionen und Handlungsgründe ist. Hier passiert etwas hinter unserem Rücken, obwohl wir selbst die Verursacher sind. Aber es sind nicht wir unmittelbar. Es ist vielmehr *das Zusammenspiel* all der vielen Handlungen, welches eine Art Eigenleben gewinnt. Das ist das System. Und die These ist, dass vor allem der Markt beziehungsweise der Wettbewerb eine solche systemische Macht bildet.

Das Problem ist, dass man so auf die Idee kommen könnte, die Akteure von aller Verantwortung zu entlasten. (Man beachte: In den obigen Formulierungen wird »das System« zum Subjekt, nicht nur grammatikalisch.) Insofern wäre die Charakterisierung des Marktes als System ideologischer Natur. Allerdings vertrete ich die Auffassung, dass es eine solche dritte Macht tatsächlich gibt. Und es kommt einerseits darauf an, diese Macht, die unserer Freiheit entgegensteht, als solche zu benennen (ansonsten unterliegen wir ihr, ohne es freilich zu merken), andererseits die treibenden Kräfte, die ein Interesse an ihrer Aufrechterhaltung und Forcierung haben, zu benennen und nach der Verantwortbarkeit ihres Handelns zu fragen.

Einen kleinen Vorgeschmack zum Verständnis dieser Macht bieten die Beobachtungen des bulgarischen Schriftstellers Vladimir Zarev. Wie in anderen osteuropäischen Staaten wurden auch in Bulgarien »neoliberale« Reformen durchgeführt (Kürzungen von Sozialleistungen, Privatisierungen, Steuersenkungen), was zu Arbeitslosigkeit und zu einer Zunahme der Einkommensdisparitäten führte. Zarev (2007) beschreibt die Situation in seinem Roman *Verfall* so:

*»Die Angst macht uns klein. Sie macht uns sprachlos. Die Angst vor 1989 war eine andere. Sie war irgendwie frecher, leichter ... Damals konnten wir das System [gemeint ist die Partei – und gerade nicht das »System« des Marktes] verantwortlich machen, jetzt fällt die Schuld auf uns selbst zurück. Wenn alle von Schuld beherrscht sind, gibt es keinen Schuldigen mehr.«*

Wo alle kausalen Verantwortlichkeiten verschwimmen, wo niemand mehr auffindbar ist, der zur Rechenschaft gezogen werden könnte, da er ja seinerseits auf andere »Schuldige« verweisen kann, da gibt es nur noch eine Verantwortung oder »Schuld«: die Eigenverantwortung. Im wettbewerblichen Markt tritt an die Stelle der ehemaligen Herrschaft, das heißt des Zwangs durch identifizierbare Akteure (den König, die Partei, das Zentralkomitee oder wen auch immer) nicht etwa einfach »die Freiheit«, sondern ein eigenartig anonymer Zwang: der »Sachzwang«.

Die Zwänge scheinen einfach »in der Natur der Sache« zu liegen. Und damit werden sie nicht mehr als Zwänge erfahrbar. Man spricht stattdessen etwa von »Herausforderungen« oder »Notwendigkeiten« angesichts »der Realität«. Diese scheint einfach vom Himmel zu fallen, obwohl sie ganz sicher nicht naturalen, sondern sozialen beziehungsweise menschlichen Ursprungs ist. Alles, was »den Realitäten« entgegensteht, wird von diesen früher oder später »überrollt«, so Lothar Späth (2003) in einem Beitrag über »notwendige Reformen«.

*»Klar ist: Gegen die Globalisierung zu sein ist so sinnvoll, wie sich über das schlechte Wetter zu beschweren. Der Strukturwandel muss so oder so bewältigt werden.« (Piper, 1996)*

Max Weber (1922, S. 71) hatte den Marktnexus, in den wir alle verstrickt sind (und uns verstricken lassen!), als eine »herrenlose Sklaverei« bezeichnet. Vielleicht ist »Sklaverei« heute nicht mehr der richtige Begriff, jedenfalls für reife Volkswirtschaften, in denen die meisten nicht mehr physisch schuften müssen – sondern nur an den Schreitisch gekettet sind und von einem Termin zum anderen hetzen. Entscheidend ist die »Herrenlosigkeit« beziehungsweise die *Instanzlosigkeit* des Wettbewerbsprozesses.

> »*Die Marktgemeinschaft ... kennt direkten Zwang kraft persönlicher Autorität formal ... nicht. Sie gebiert an seiner Stelle aus sich heraus eine Zwangslage – und zwar dies prinzipiell unterschiedslos gegen Arbeiter wie Unternehmer, Produzenten wie Konsumenten – in der ganz unpersönlichen Form der Unvermeidlichkeit, sich den rein ökonomischen ›Gesetzen‹ des Marktkampfes anzupassen.*« (Weber, 1922, S. 440)

Warum begehren diejenigen, die wettbewerblich unter Druck geraten, nicht auf? Natürlich tun sie dies gelegentlich – etwa in Streiks. Doch kommt ihnen im Großen und Ganzen der Adressat abhanden, bei dem sie sich beschweren könnten. Denn entweder sind die unmittelbaren Ansprechpartner, etwa die Unternehmensleitung, in der gleichen Lage. Oder es sind einfach zu viele. Soll man all die Kunden bitten, nicht zur Konkurrenz abzuwandern, obwohl es dort doch viel billiger ist? Oder soll man die Konkurrenten bitten, nicht billiger anzubieten? Vielleicht sind diese ja froh, endlich eine Marktlücke gefunden zu haben, da sie aus möglicherweise ganz anderen Bereichen abwandern mussten, wo sie ihrerseits unter Wettbewerbsdruck gerieten und ihnen gekündigt wurde.

Im Ergebnis fügen wir uns dem Wettbewerbsdruck. Und zwar genau darum, weil wir einen verantwortungsvollen Verursacher für den Wettbewerbsdruck, von Ausnahmen abgesehen, nicht identifizieren können. Und so bleibt niemand übrig, bei dem man um Mäßigung nachsuchen oder Fairness einfordern könnte. Die Konsequenz ist, dass der Zwang sozusagen ins Innere wandert. Hier ein Beispiel:

> *»Die Versuchung, auf Veränderungen mit Abwehr zu reagieren, ist sehr stark und steht oft am Anfang eines Prozesses, an dessen Ende die Einsicht der Unvermeidbarkeit steht.« (O.V., 1998)*

»Unvermeidbar« ist es nämlich beispielsweise, »die Entwicklung bewusst mitzugestalten« und sich »permanent weiterzubilden und kritisch zu hinterfragen« – »kritisch« mit Blick auf die eigenen, marktlich verwertbaren Skills, versteht sich. Ansonsten droht ja Arbeitslosigkeit oder Insolvenz, zumindest Wettbewerbsschwäche. Und so sehen wir uns genötigt – fühlen uns aber in der Regel nicht genötigt, weil der Druck ja nicht personal identifiziert werden kann – in unser »Humankapital« zu investieren, die Fähigkeiten und Einstellungen zu erwerben, die nötig sind, um auch morgen noch ein Einkommen zu erzielen und eine drohende Einkommensschwäche möglichst vorausschauend zu parieren. Damit – und erst damit – erzeugen wir das viel beschworene Wachstum. Wir tun es, gerade weil der Wettbewerbsprozess instanzlos abläuft und uns gar nichts anderes übrig bleibt, jedenfalls solange nicht, als wir dem Wettbewerbsprozess keine Instanz *geben*. Insofern ist die Instanzlosigkeit des Wettbewerbsprozesses die Quelle des Wachstums.

Doch zu welchen Kosten wird das Wachstum und der damit verbundene Konsumwohlstand erzeugt? Komischerweise wird diese Frage kaum je gestellt. Ebenso bleibt der Freiheitsverlust, der mit dem Wettbewerbsprozess offenkundig (auch) verbunden ist, regelmäßig unerkannt, jedenfalls von ökonomischer Seite. Dies hängt damit zusammen, dass der Prozess praktisch von Anfang an, seit Adam Smith, mit den falschen Kategorien beleuchtet wurde, beziehungsweise dass er eher verdunkelt als hell in seiner Problematik ausgeleuchtet wurde. Halten wir daher einen Moment inne und beleuchten wir kritisch die implizite Ethik, mit der der Markt- und Wettbewerbsprozess sei es stillschweigend gebilligt oder gar zum Moralprinzip erhoben wird. Betreiben wir also Wirtschaftsethik, verstanden als kritische Reflexion der üblichen ökonomischen (Rechtfertigungs-) Theorien. Der Sinn ist, eine nüchterne Beurteilung des Markt- und Wettbewerbsprozesses zu gewinnen. Vorher gilt es allerdings die Frage nach der Ethik im Allgemeinen zu stellen, und zwar so knapp wie möglich und so elementar, wie wir dies für unseren Zusammenhang brauchen. Es gilt, von einer impliziten, häufig verkürzten oder schlicht falschen, zu einer expliziten und wohlreflektierten (Wirtschafts-) Ethik zu gelangen. Denn wir wollen den Prozess ja beurteilen. Und beurteilen ist immer eine ethische Angelegenheit.

# 4 Ethik, was ist das eigentlich?

Wir erleben derzeit eine Renaissance des Religiösen, auch des religiösen Fundamentalismus. Ja, diese Renaissance, weil sie ja doch, nach der Aufklärung, immer auch wider besseres Wissen erfolgt, hat in sich etwas Fundamentalistisches an sich. Auch wenn der These einiges abzugewinnen ist, dass die Religionen großartige ethische Traditionen in sich tragen, so ist dies doch keine gute Entwicklung. Denn sie widerspricht der zentralen Einsicht der Aufklärung als dem »Ausgang des Menschen aus seiner selbst verschuldeten Unmündigkeit«. »Sapere aude! Habe Mut, dich deines eigenen Verstandes zu bedienen!«, so formulierte Immanuel Kant (1783) dieses Programm. Der religiöse Glaube besteht aber gerade in der Annahme, dass es da eine andere, übermenschliche Instanz gebe, die uns eine verbindliche Orientierung vorgeben können soll.

Hinter der Renaissance des Religiösen verbirgt sich allerdings ein ganz legitimes und wichtiges Anliegen. Der Mensch als das »noch nicht festgestellte Tier« (Nietzsche) braucht Orientierung. Da wir nicht mehr, jedenfalls nicht vollständig, durch Instinkte determiniert sind, sondern so oder ganz anders handeln können, brauchen und suchen wir Orientierungssicherheit. Wir suchen nach verbindlichen (statt willkürlichen) Urteilsmaßstäben, mit deren Hilfe wir begründet klären können, ob unser

Handeln oder dasjenige anderer richtig oder falsch ist. Damit sind wir bei der Ethik. Und die Botschaft der Aufklärung ist, dass wir die Beurteilungsmaßstäbe nur aus uns selbst ziehen können. Es gibt da keine übermenschliche Autorität.

## Das Primat der Ethik

Die Ethik ist eine Reflexionsanstrengung. Sie fragt nach den letztlich entscheidenden, nach den maßgeblichen Grundsätzen, die unserer Handeln leiten *sollen*. Es geht der Ethik um das Sollen überhaupt und im Ganzen. Daher gilt das Primat, also der Vorrang, der Ethik (aber nicht der Ethiker). Dies ist einfach eine Frage der Logik. Man kann nach der letzten Maßgabe unseres Handelns fragen oder dies lassen. Es gibt diese letzte Maßgabe aber so oder so. Wenn wir nicht danach fragen, dann wissen wir allerdings nicht, ob es die richtige Maßgabe ist.

Daraus lassen sich bereits einige wichtige Erkenntnisse ziehen. Etwa die, dass es kein »unethisches« Verhalten gibt. Damit wird ja in der Regel auf unmoralische, unverantwortliche, illegitime, kurzum ethisch falsche Handlungsweisen abgestellt. Doch wörtlich verstanden würde man damit sagen: Hier spielt Ethik keine Rolle, dieses Handeln ist ethisch neutral. Und in der Tat finden wir häufig diese Auffassung, wenn sie auch selten explizit formuliert wird. So behauptet etwa der damalige Bundesminister für Wirtschaft und Technologie, Werner Müller (2002):

>*Die Wirtschaft als solche hat vom ethischen Standpunkt als neutral zu gelten.«*

Was aber möchte uns Müller damit sagen? Offenbar, dass in der Wirtschaft »als solcher« (gemeint ist offenbar: soweit in ihr die reine Marktlogik herrscht) alles in Ordnung ist. Wir müssen uns keine Sorgen machen. Da läuft schon alles richtig. Es handelt sich also um den Versuch einer Pauschallegitimation. Man sieht hieran, es gibt keine ethische Neutralität, kein Jenseits von Richtig und Falsch. Schließlich redet Müller hier über einen Handlungsbereich, die Wirtschaft, nicht über, sagen wir, Mineralien, also die Natur. In den Worten Max Webers (1904, S. 150):

*»Alles Handeln, und natürlich auch, je nach den Umständen, das Nichthandeln, bedeutet in seinen Konsequenzen eine Parteinahme zugunsten bestimmter Werte und damit – was heute so besonders gern verkannt wird – regelmäßig gegen andere.«*

Aus der Zurückweisung von Neutralitätsbehauptungen ergibt sich auch, dass die Ethik nicht etwa ein Bereich neben anderen darstellt. Diesen Fehler begeht etwa die Deutsche Bank, wenn sie in ihrem Bericht zur »Gesellschaftlichen Verantwortung« (2005b) formuliert:

*»Nachhaltigkeit ist für die Deutsche Bank von geschäftspolitischer Bedeutung. So fließen neben ökonomischen Kriterien auch ökologische, soziale und ethische Überlegungen in unsere internen Prozesse und unternehmerischen Entscheidungen ein. Damit leistet nachhaltiges Handeln einen zusätzlichen Beitrag zum Geschäftserfolg der Bank.«*

Wie aber sieht es mit der ethischen Qualität dieser »ökonomischen Kriterien« aus? Sind diese ethisch neutral, das heißt pauschal und prinzipiell bedenkenlos anzuwenden? Bedarf die Geschäftspolitik selbst keiner »ethischer Überlegungen«? Schließlich stehen diese ja der Deutschen Bank zufolge »neben« den »ökonomischen Überlegungen«, die offenbar die eigentliche Geschäftstätigkeit bestimmen sollen. Und warum eigentlich berücksichtigt man »ökologische« und »soziale« Gesichtspunkte – was immer sich dahinter verbirgt – wenn nicht aus »ethischen Überlegungen«? Vielleicht gibt es da andere Überlegungen, die man aber nicht so gerne offen bekundet? Und gibt es da keine Konflikte zwischen diesen Wertdimensionen? Und falls ja, sollten diese etwa nicht nach Maßgabe »ethischer Überlegungen« beigelegt werden? – Hier mag sich Unbedachtheit aussprechen. Möglicherweise jedoch hat die implizite Neutralitätssuggestion solcher Formulierungen (die wir in den Stellungnahmen vieler Unternehmen finden) System.

Man muss sich einfach bewusst sein, dass Fragen nach dem richtigen oder falschen Handeln *immer* ethischer Natur sind. Wir müssen hier gar nicht ausdrücklich von »Ethik«, »Moral« oder sinnverwandter Begriffe, die den *Inbegriff* richtigen Handelns markieren, sprechen. Hier noch ein – prominentes – Beispiel:

> »*Zuerst kommt das Fressen, dann die Moral.*«

Viele dürften der Aussage Berthold Brechts, entnommen der »Ballade über die Frage: Wovon lebt der Mensch?« (*Dreigroschenoper*, 1928), zustimmen. Allerdings gibt es hier zwei Lager der Zustimmung. Die einen meinen, zunächst dürfe man ja wohl an seine eigenen Interessen denken, ans »Fressen« sozusagen. Und wenn man dann noch etwas übrig hat, dann kann man vielleicht noch hier und da etwas spenden. Das ist dann »die Moral«. Diese wäre sozusagen die Herrenvariante der Auslegung. Dies hatte Brecht jedoch nicht im Auge. Lesen wir den Zusammenhang:

> *»Ihr Herrn, die ihr uns lehrt, wie man brav leben*
> *Und Sünd und Missetat vermeiden kann*
> *Zuerst müsst ihr uns was zu fressen geben*
> *Dann könnt ihr reden: damit fängt es an.*
> *Ihr, die euren Wanst und unsre Bravheit liebt*
> *Das eine wisset ein für allemal:*

*Wie ihr es immer dreht und wie ihr's immer schiebt*
*Erst kommt das Fressen, dann kommt die Moral.*
*Erst muss es möglich sein auch armen Leuten*
*Vom großen Brotlaib sich ihr Teil zu schneiden.«*

Wenn man kaum genug zum Leben hat, dann ist es eine lässliche Sünde, die eine oder andere »Missetat« zu begehen – etwa aus Not zu stehlen. Dies ist offenbar hier gemeint. Brecht prangert hier grundlegende Missstände an, eine fehlgeleitete und unfaire Verteilung von Chancen und Einkommen, auch die Gier derjenigen, die er »Herren« nennt und die sich den »Wanst« vollschlagen, ohne den Beschäftigten, die »arme Leute« sind, den fairen Anteil an der gemeinsamen Wertschöpfung zukommen zu lassen. Erst wenn diese Missstände beseitigt sind, darf man legitimer Weise erwarten, dass die Leute mit dem Klauen aufhören oder davon Abstand nehmen, zu rebellieren.

Selbstverständlich ist die Aussage also *insgesamt* moralisch beziehungsweise ethisch gemeint. (Dies gilt übrigens auch für die erste Auslegung.) Diese Zustände aufrechtzuerhalten, ist Brecht zufolge offenbar unmoralisch beziehungsweise illegitim. »Zuerst kommt das Fressen, dann die Moral« – dieser Satz ist insofern zwar unpräzise formuliert. Aber natürlich gehört es zur künstlerischen Freiheit, den Zusammenhang so zu formulieren. Wer den Satz im Zusammenhang liest, sollte ihn ziemlich rasch verstehen.

## Ethik und Moral

»Moral«, »Ethik«? Wo ist denn da der Unterschied? Manch einer verwendet aus Verlegenheit das Adjektiv »ethisch-moralisch«, nach dem Motto: eins von beiden wird schon passen. Bitte vermeiden, ebenso wie das Adjektiv »unethisch«!

Richtig ist, beide Begriffe markieren die Richtigkeit des Handelns im Ganzen. Und beide besagen in ihrem etymologischen Ursprung im Kern das Gleiche. Der Begriff Moral hat lateinische Wurzeln (*mos*, Plural: *mores*) und benennt die [guten] Sitten. Ethik hat griechische Wurzeln (*ēthos*) und bedeutet »gewohnter Sitz, Gewohnheit, Sitte«. Da, wo man wohnt, sich zu Hause fühlt, da gelten offenbar gute Sitten, da geht man anständig miteinander um, dies scheint hier der Gedanke zu sein.

In der heutigen Verwendung benennt allerdings nur der Begriff Moral die jeweils faktisch vorfindlichen »Sitten und Gebräuche« (sinngleich der Begriff »Ethos«). Zudem bezeichnet Moral den Antrieb zu einem Handeln, welches sich selbst als das richtige Handeln begreift. Man ist moralisch »guten Willens«, bringt Integrität beziehungsweise Moralität mit. Insofern bezeichnet »Moral« die Seite der Praxis.

Ethik bezeichnet demgegenüber die Seite der Theorie, des kritischen Nachdenkens darüber, was denn ein richtiges Handeln sei. Denn natürlich müssen die vorherrschenden Sitten und Gebräuche nicht ethisch richtig sein. Da kann es Ideologien, falsche Moralvorstellungen also, geben, und der Anspruch der »Herren«, wenn man mit Brecht sprechen will, dass die gegenwärtigen Verhältnisse fair und gerecht sind, ist möglicherweise falsch.

Aus dieser Erkenntnis, dass es »zu Hause« nicht immer – oder vielleicht gar: grundlegend nicht – fair und gerecht zugeht, hat sich die Ethik als einer philosophischen Disziplin entwickelt. Es ist eben notwendig, dass wir kritisch über die vorherrschenden Moralvorstellungen nachdenken, wenn wir wissen wollen, ob sie zu Recht den Anspruch erheben, legitim (ethisch richtig) zu sein. Ethik und Moral verhalten sich also wie Theorie und Praxis. Ethik ist die kritische Theorie der (jeweils vorherrschenden) Praxis. Sie ist die Reflexionstheorie der Moral.

## Gesinnungs- und Verantwortungsethik

Wenn man meint, auf die ethische Reflexion verzichten zu können und sozusagen nur die Moral übrig zu lassen, dann verharrt man bestenfalls in Vorurteilen, schlimmstenfalls erhält man eine Ideologie, also eine Praxis, die bloß vorgibt, die ethische Vernunft auf ihrer Seite zu haben. Was aber, wenn man Ethik betreibt, also ethische Behauptungen über das richtige Handeln aufstellt, dabei aber erklärt, Moral beziehungsweise Moralität, das heißt ein Handeln aus ethischer Einsicht, sei eigentlich überflüssig? Dies ist die Position einer Ethik ohne Moral, mit der wir uns noch im Rahmen der Wirtschaftsethik beschäftigen werden. Sie entspricht der Position des Ökonomismus beziehungsweise der Marktgläubigkeit. Häufig wird sie mit der berühmten Unterscheidung in Verbindung gebracht, die Max Weber (1919, S. 551f.) in die Diskussion eingeführt hat, nämlich mit derjenigen zwischen einer »Gesinnungsethik« und einer »Verantwortungsethik«, wobei erstere, besonders in Wirtschaftskommentaren, üblicherweise als »pfui«, letztere als »hui« klassiert wird.

*»Wir müssen uns klarmachen, dass alles ethisch orientierte Handeln unter zwei voneinander grundverschiedenen, unaustragbar gegensätzlichen Maximen steht: es kann ›gesinnungsethisch‹ oder ›verantwortungsethisch‹ orientiert sein … Es ist ein abgrundtiefer Gegensatz, ob man unter der gesinnungsethischen Maxime handelt – religiös geredet: ›Der Christ tut recht und stellt den Erfolg Gott anheim‹ – oder unter der verantwortungsethischen: dass man für die (voraussehbaren) Folgen seines Handelns aufzukommen hat.«*

»Für die Folgen seines Handelns aufkommen«, das hört sich gut an. Nur, warum sollte es hier einen Gegensatz zur »Gesinnung«, zum guten Willen also, geben? (Einen solchen Gegensatz sah übrigens Weber nicht, allerdings viele, die sich seiner Unterscheidung bedienen.) Ohne den guten Willen, ohne die Bereitschaft, nach der Legitimität beziehungsweise nach der Verantwortbarkeit seines Handelns zu fragen, gibt es eben keine ethisch *guten* Folgen. Und was gute Folgen sind, das ist ja häufig auch gar nicht so einfach zu beurteilen. Somit lässt sich sagen: Weder bewirken sich, noch beurteilen sich die guten Folgen *als solche* von allein. Dazu bedarf es vielmehr des guten Willens beziehungsweise der »rechten«, der »guten Gesinnung«.

Auch ließe sich fragen, ob es tatsächlich eine solche reine Gesinnungsethik, der die Folgen des eigenen Handelns egal sind, je gegeben hat. Jedenfalls macht diese Position einfach keinen Sinn. Wer sich um die Folgen seines Handelns für andere oder beispielsweise für die Umwelt nicht kümmert, dem fehlt ja gerade die »rechte Gesinnung«.

Weber hatte allerdings eine besondere Situation im Sinn (die aus seiner Sicht den Normalfall der Politik bildet). Durch die Verstrickung der Umstände, insbesondere durch das Handeln von Personen, denen es am guten Willen ermangelt und die ethischen Einsichten unzugänglich sind, sei man, insbesondere als ethisch verantwortungsvoll handelnder Politiker, gelegentlich (oder in der Regel) moralisch genötigt, etwas zu tun, das für sich betrachtet eigentlich falsch, aber um der übergreifenden Folgen im Ganzen ethisch gerechtfertigt oder gar geboten sei.

Ein naheliegendes Beispiel ist die Notlüge. Natürlich ist es im Prinzip ethisch falsch, zu lügen, denn das Lügen ist, für sich betrachtet, definitionsgemäß nicht rechtfertigungsfähig. Wenn allerdings, sagen wir, die Gestapo vor der Tür steht und nach Anne Frank fragt, ist es nicht nur erlaubt, man ist sogar moralisch verpflichtet zu lügen. Diese ließe sich als Ausdruck einer »Verantwortungsethik« deuten.

Ein besonders dramatisches Beispiel sind Entführungen. Helmut Schmidt, der intellektuellste Bundeskanzler der (bisherigen) Geschichte der Bundesrepublik, hat sich stets auf Max Weber und dessen Unterscheidung von Gesinnungs- und Verantwortungsethik berufen. Auch im Falle der Ermordung Hans Martin Schleyers durch Terroristen der RAF im Deutschen Herbst 1977. In solchen wie in anderen Fällen gelte es, wie Schmidt (2007) rückblickend festhält, »die verfügbaren Alternativen und ihre vorhersehbaren Folgen abzuwägen«. Für diese Folgen trage man die Verantwortung (übrigens vor den wählenden Bürgerinnen und dem eigenen Gewissen), die »durchaus bedrückend« sein kann. In Fällen »moralischer Dilemmata« werde man unausweichlich »mitschuldig«. (Der Grund, den Entführten schlimmstenfalls zu opfern, war natürlich, dass Entführungen ansonsten Schule machen würden – eine »Folge«, die es in jedem Fall zu verhindern galt.)

Für Schmidt liegt die Begründung einer solchen Verantwortungsethik, die von einer Gesinnungsethik abzugrenzen sei, allerdings nicht darin, dass es Akteure gibt (hier: die Terroristen), die sich ethischer Einsichten verschließen. Die Verantwortungsethik bestünde dann darin, dass angesichts der Macht und der Uneinsichtigkeit dieser Akteure mehr oder minder schwere Verletzungen moralischer Rechte um der übergreifenden Folgen willen hinzunehmen seien. Vielmehr identifiziert Schmidt (ganz im Sinne Webers) »Gesinnungen«, die er übrigens für unverzichtbar hält (also keine Ethik ohne Moral vertritt), mit spontanen Entscheidungen sozusagen aus dem Bauch heraus oder mit einfachen Faustregeln beziehungsweise »Entscheidungshilfen« und grenzt sie von der »rationalen Abwägung« und der »Anstrengung der Vernunft« ab.

»Gesinnungen« von »Vernunftgründen« abzutrennen, dies allerdings verweist eher auf Restbestände eines vormodernen Ethikverständnis (dessen Schmidt ganz sicher nicht gesamthaft zu zeihen ist). Darauf kommen wir sogleich zurück. Hier ist festzuhalten, dass es zwar einer solchen besonderen Verantwortungsethik gelegentlich bedürfen mag, dass es aber grundlegend betrachtet keinen Sinn macht, die guten Folgen (und die Verantwortung für diese) gegen die gute Gesinnung auszuspielen. Jene sind ohne diese nicht zu haben. Und ohne eine entsprechende Gesinnung beziehungsweise den moralischen Willen würden uns ja ethische Vernunftgründe gar nicht interessieren.

## Moderne versus vormoderne Ethik

Der gute Wille beziehungsweise Moralität ist also dafür, dass es in der Welt mit ethisch rechten Dingen zugeht, dass Gerechtigkeit herrscht, dass die Leute fair miteinander umgehen und so weiter, unverzichtbar. Das hat zunächst gar nicht nur mit der Ethik selbst zu tun. Auch ein Kuchen backt sich nicht von allein. Man muss dies wollen.

Nun führt der Begriff des guten Willens, und erst recht der der »rechten Gesinnung«, üblicherweise allerdings Konnotationen mit sich, die wir in der Regel gerne vermeiden möchten. Es klingt nach Rigorismus, das heißt nach dem »eisernen« Willen, einen vorgegebenen, festen Satz von Normen auch gegen widrige Umstände strikt einzuhalten.

Dieses Verständnis des guten Willens ist allerdings noch einem vormodernen Moralverständnis verhaftet. Ethik, das ist hier ein Katalog von Normen, den es zu befolgen gilt. Ethik heißt hier, das zu tun, »was sich gehört«. Wer dies nicht tut, dem mangelt es offenbar am guten Willen, der ist »böse« und wird geächtet, im Grenzfall exkommuniziert. Mit so einem spricht man nicht mehr.

Seit der Moderne kann man das Gute und Richtige allerdings nicht mehr an einem solchen Katalog von Normen festmachen. Denn in einer offenen, pluralistischen Gesellschaft ist Ethik systematisch kontrovers. Konventionen werden hinterfragt. Es gibt Meinungsverschiedenheiten, und diese sind in einer Demokratie argumentativ auszutragen. Exkommunikationen (im übertragenen Sinne gemeint) sind nicht erlaubt. Spätestens damit aber scheitert eine solche vormoderne Katalogethik. Denn es gibt einen solchen Katalog schlicht nicht. Woran sollte man dann aber die moralische Verbindlichkeit festmachen? Seit Sokrates weist die Philosophie den folgenden Ausweg.

Zunächst gilt es sich bewusst zu sein: Wir streiten uns ja. Und zwar streiten wir uns um das ethisch Richtige. Darum, ob die vertretenden Ansichten, die wir gerade diskutieren, tatsächlich vernünftig sind. Wir begründen unsere Stellungnahmen und Positionen oder werden dazu von anderen herausgefordert.

Die moderne Vernunftethik macht die moralische Verbindlichkeit an diesem Prozess fest. Die Ethik hat ihren Sitz dann nicht mehr in einem vermeintlichen Katalog fester Normen, sondern im Prinzip der Begründung von Normen. Der Fokus einer solchen modernen, postkonventionalistischen Ethik (der Begriff stammt von dem Moralpsychologen Lawrence Kohlberg, 1927–1987) verschiebt sich also von den Normen hin zum Moralprinzip. Nicht, dass die Normen unwichtig würden (denn um diese, um das richtige Handeln, geht es ja letztlich). Doch bieten die Normen allein (welche denn?) keine Orientierungskraft.

Selbstverständlich ist der gute Wille auch für eine moderne Vernunftethik unverzichtbar. Er bedeutet jedoch etwas anderes als im Konventionalismus. Da bestehende Konventionen stets fragwürdig sind beziehungsweise hinterfragt werden dürfen, kann er nicht mehr an den Normen festgemacht werden. Der gute Wille besteht nun vielmehr in der Bereitschaft, nach ethischen Einsichten zu suchen. Ob dies höhere oder tiefere Anforderungen stellt, darüber ließe sich streiten. Selbstverständlich schließt dies den Willen ein, den begründbaren Einsichten gemäß zu handeln. Statt vom guten Willen lässt sich auch von Integrität sprechen. Integrität ist der Wille, das eigene Handeln von seiner Legitimierbarkeit und Verantwortbarkeit abhängig zu machen. Was legitim und verantwortbar ist, dies muss sich natürlich im Begründungsprozess, das heißt im Diskurs, zeigen.

## Deontologische versus teleologische Ethik

Wenn hier von Ethik die Rede ist, dann ist stets deontologische Ethik gemeint. Der Begriff ist vom griechischen *deon* = Pflicht abgeleitet. Die Grundfrage deontologischer Ethik lautet: Wozu sind wir verpflichtet? Dies ist gleichbedeutend mit der Frage: Welche Rechte haben andere? (Sie haben beispielsweise in der Regel das Recht, nicht belogen zu werden.) Denn wir haben nur darum Pflichten, weil andere moralische Rechte haben. Wenn wir den Rechten anderer genügen, dann ist unser Handeln als legitim beziehungsweise als verantwortbar zu klassieren. (Legitimität, gleichzusetzen mit ethischer Richtigkeit, ist nicht zu verwechseln mit Legalität, die einfach die Konformität einer Handlung mit dem bestehenden Legalrecht, den Gesetzen also, benennt.)

Leider herrscht ein Riesendurcheinander bei der Definition und Abgrenzung der deontologischen Ethik in der philosophischen Fachdebatte. Da wird diese nämlich in der Regel von sogenannten »konsequentialistischen« Fassungen des Moralprinzips abgegrenzt, womit die oben beschriebene Verantwortungsethik gemeint ist. (In dieser geht es ja um die Verantwortung für die Folgen beziehungsweise die Konsequenzen des eigenen Handelns und Unterlassens.) Oben wurde bezweifelt, dass es eine eigenständige Konzeption einer »Verantwortungsethik« geben kann. Sollte dies aber der Fall sein, so wäre auch dies eine deontologische Ethik. Denn selbstverständlich hätte man da ja die Pflicht, die Folgen des eigenen Handelns zu bedenken. Abzugrenzen ist die deontologische Ethik vielmehr von der teleologischen Ethik. Hierbei handelt es sich allerdings nicht um eine konkurrierende Auffassung darüber, wozu wir eigentlich verpflichtet sind, sondern um eine ganz andere, gleichwohl normative Fragestellung.

Der Begriff »teleologische Ethik« ist an das griechische *télos* = Ziel angelehnt. Die Frage ist: Wonach streben wir eigentlich? Die Antwort von Aristoteles war: Wir streben nach dem Guten. Wir wollen ein gutes Leben führen. Dies kann man nun trivial oder weniger trivial verstehen. Man kann danach fragen oder nicht danach fragen. Im letzten Fall dürfte man wohl kaum ein wahrhaft gutes Leben leben. Wie dem auch sei. Jedenfalls haben wir es hier mit einer ganz anderen Fragestellung zu tun. Hier wird nach dem *Wollen* gefragt. Nicht nach dem faktischen, sondern nach einem solchen, welches unseren wahrhaftigen Aspirationen, unseren wahren Präferenzen entspricht. Strenggenommen ist dies übrigens eine Frage der Ästhetik (einschließlich der Literatur).

In der deontologischen Ethik wird hingegen nicht danach gefragt, wie wir eigentlich leben *wollen*, was denn ein gutes, zumindest kein verfehltes Leben sei, sondern danach, wie wir handeln *sollen*. Für die Wollensfrage lässt sich übrigens keine Verbindlichkeit beanspruchen. Was für mich gut ist, muss nicht für andere gut sein. Und so treten Entwürfe des guten Lebens ja auch »im Plural auf« (Habermas).

Zwischen deontologischer und teleologischer Ethik besteht aber auch keine Non-Beziehung. Zunächst gilt es sich bewusst zu sein, dass das Gute mit dem moralisch Erlaubten in Konflikt geraten kann. (Vielleicht fühlt sich der eine oder andere ja gut dabei, wenn er lügt.) Die teleologische Frage ist also gewissermaßen stets unfertig: Das ist gut für mich oder gut für uns. Aber ist es gut für alle? Genauer: Ist es fair, so dass den legitimen Ansprüchen aller Genüge getan ist? Im Zweifel gilt der Vorrang der Deontologie vor der Teleologie.

Die Unfertigkeit teleologisch-ethischer Thematisierungen zeigt sich insbesondere dann, wenn behauptet wird, dieses oder jenes sei »gut«. Aber *für wen* ist es gut? Diese Für-wen-Frage, das ist die deontologisch-ethische Frage nach der Fairness und der Gerechtigkeit. Die Fragen nach dem Guten, nach den Werten, nach den wahren Präferenzen ist auch wichtig. Denn wenn wir darüber gar nichts wüssten, wüssten wir nicht, was auf dem Spiel steht. Wir wüssten beispielsweise streng genommen nicht, ob eine Entlassung für den Betroffenen »schlimm« oder »gut« ist. Wir wüssten auch nicht, ob die Selbstbehauptung im Wettbewerb Ausdruck von »Freiheit« ist oder ob sie im Gegenteil als Beschränkung der Freiheit, ein selbstbestimmtes Leben nach eigenen Vorstellungen zu leben, anzusehen ist beziehungsweise ob sie von den Akteuren als das eine oder andere empfunden wird. Doch die Abwägung solche Werte und Interessen im Verhältnis zu anderen involvierten Werten und Interessen, dies ist eine Frage der Fairness und damit eine Angelegenheit der deontologischen Ethik. In dieser geht es nicht, wovon heute so gerne die Rede ist, um »Werte«, sondern um Rechte, um Gerechtigkeit und um Prinzipien der Gerechtigkeit.

## Dimensionen der Gerechtigkeit

Wozu aber sind wir verpflichtet? Wie eng oder weit sind unsere Pflichten? Diese Frage ist gleichbedeutend mit der nach den Rechten anderer, die wir zu wahren haben, wenn unser Handeln und Unterlassen als legitim gelten können soll. Fragen wir also, welche mehr oder minder weitreichenden Dimensionen der Gerechtigkeit sich unterscheiden lassen.

## Negative Gerechtigkeit: Ethik der Nichteinmischung

Ein äußerst enges Verständnis über unsere Pflichten impliziert der populäre Satz:»Die Freiheit des einen findet ihre Grenze in der Freiheit des anderen.« Und damit, so ist hiermit eigentlich gemeint, ist der Gerechtigkeit Genüge getan. Freiheit bedeutet hier: Alles zu tun und zu lassen, was man will. (Genau genommen wäre dies übrigens bloß Willkürfreiheit.) Diese Freiheit gilt jedoch nicht absolut. Sie ist hier allerdings ethisch allein dadurch eingeschränkt, dass wir ja auf andere einwirken könnten. Dies aber ist nicht erlaubt, jedenfalls in der Regel nicht (es könnten möglicherweise andere, gewichtige Gründe entgegenstehen, man denke an Notwehr).

Die korrespondierende Konzeption wäre die einer bloß *negativen* Gerechtigkeit. Negativ nicht im umgangssprachlichen Sinne von schlecht, sondern im Sinne von: Man ist lediglich dazu verpflichtet, etwas *nicht* zu tun, nämlich auf andere einzuwirken. Pflichten hätten stets den Charakter von Unterlassungen. Es handelt sich um eine Ethik der»Nichteinmischung« (Gilligan, 1988, S. 33). Die Pflicht zur Gewaltfreiheit beziehungsweise zum»friedlichen« Umgang mit anderen wird hier zum höchsten und zum einzigen moralischen Gebot. Die Leute dürfen ruhig Nutzenmaximierung betreiben, sie sollen sich dabei aber sozusagen nicht die Köpfe einschlagen.

## Positive Gerechtigkeit: Solidaritätspflichten

Die einer solchen Auffassung von Gerechtigkeit korrespondierende Gesellschaft darf als inhuman bezeichnet werden. Wer in Not ist, wem es schlecht geht, das soll uns dieser Ethik zufolge gar nicht kümmern. Jeder ist eben seines eigenen Glückes Schmied, wie man so sagt. Mit anderen Worten: Solange ich andere nicht schädige, ist Verantwortung deckungsgleich mit der Eigenverantwortung eines jedes Einzelnen für sein eigenes Wohlergehen.

Demgegenüber ist hervorzuheben, dass wir selbstverständlich auch Pflichten des Beistandes, der Unterstützung, kurzum der Solidarität mit anderen haben. Hier geht es um positive Pflichten, um Pflichten zum Handeln. Auch dies sind Pflichten, nicht etwa Geschmacksfragen, das heißt Fragen ohne moralische Verbindlichkeit. Immanuel Kant charakterisierte sie als »weite« oder »verdienstliche« Pflichten, in Abgrenzung zu den »engen« oder »unnachlasslichen« Pflichten, die der negativen Gerechtigkeit korrespondieren.

Fragen der negativen Gerechtigkeit können nicht »erlassen« werden. Ihnen kommt ein hoher Grad an Verbindlichkeit zu. Wer hingegen andere unterstützt, die sich in einer Notlage befinden, die er nicht selbst verursacht hat (ansonsten hätten wir es ja mit Fragen negativer Gerechtigkeit zu tun), der macht sich sozusagen um das Gemeinwesen verdient. Es handelt sich zwar um eine Pflicht, doch ist der Grad der Verbindlichkeit eher gering. Warum? Weil ja unklar ist, wer zum solidarischen Handeln verpflichtet ist. Schließlich handelt es sich im idealtypischen Fall um Akte der Fernstenliebe gegenüber Unbeteiligten oder gar Unbekannten. Der paradigmatische Fall einer solchen Solidaritätspflicht ist die Spende. Wer ist aufgerufen? Im Prinzip jeder. Klar sollte sein, dass diejenigen, denen Opfer der Solidarität leichtfallen, da sie wohlhabend sind, ein höheres Maß an Pflicht in sich verspüren sollten.

Mit diesen beiden Dimensionen der Gerechtigkeit allein hätten wir allerdings ein äußerst unvollkommenes Bild gezeichnet. Das dahinterliegende Gesellschaftsmodell ist im Grunde das einer Robinsongesellschaft. Im ersten Fall sollen die Robinsone schön auf ihren Inseln bleiben und sich nur ja nicht stören. Im zweiten Fall kommt hinzu, dass man dem Robinson der Nachbarinsel, der erkrankt ist oder dessen Ernte ausgefallen ist, schon solidarisch beistehen soll, danach aber seine Insel gleich wieder verlassen sollte. Nur ja nicht einmischen!

## Die vergessene Dimension der Fairness

Das implizit vorausgesetzte Gesellschaftsmodell verkennt, dass wir immer schon interagieren, zusammenleben und zusammenarbeiten. Es kommt dabei gar nicht darauf an, warum. Es ist einfach so. Der Mensch, das sprachbegabte Tier, ist auf Zusammenarbeit und Interaktion existentiell angewiesen, sowohl in der Entwicklung und Erhaltung seiner personalen Identität als auch ökonomisch-existentiell.

Konzentrieren wir uns auf die ökonomische Seite. Dass die Zusammenarbeit im wechselseitigen Vorteil liegt, dies darf sehr wohl behauptet werden. Dies heißt aber nicht, dass der jeweilige Vorteil die letzte Maßgabe bilden dürfte, denn dann würde das Recht des Stärkeren herrschen. Es heißt auch nicht, dass der Vorteil faktisch in der real existierenden Marktwirtschaft die letzte Maßgabe bildete. Oben haben wir hierfür den Begriff markt- oder rentabilitätsfremder Gesichtspunkte verwendet. Die wichtigsten sind die Fairnessgesichtspunkte.

Das Wirtschaften vollzieht sich stets arbeitsteilig – sei es im Haushalt, in den Betrieben oder auch im Markt, ja selbst im Weltmarkt. Darum stellt sich unausweichlich die Frage, wie die Früchte der gemeinsamen Anstrengungen zu verteilen sind. Auch stellt sich die Frage, wie die Lasten zu verteilen sind. Dies ist keine Frage der »Um-Verteilung«, sondern eine Frage der originären Verteilungs- und Lastengerechtigkeit. Es ist eine Frage der Fairness.

Die Fairness ist einerseits der positiven Gerechtigkeit zuzurechnen. Es geht nicht bloß darum, andere nicht zu schädigen. Es geht aber auch nicht bloß darum, Bedürftigen etwas abzugeben beziehungsweise Unbeteiligten Geschenke zu machen. Denn schließlich haben alle Beteiligten mitgewirkt. Darum haben sie einen fairen Anteil an der gemeinsamen Wertschöpfung verdient. Sie haben einen Anspruch darauf. Sie haben es nicht verdient, ausgenommen, »ausgebeutet« oder »abgezockt« zu werden.

Der ethische Knackpunkt der marktwirtschaftlichen Ordnung ist also nicht, wie häufig angenommen wird, die fehlende oder mangelnde Solidarität. Das wäre auch ein eher schwaches Argument. Denn die Verbindlichkeit von Solidaritätsansprüchen, werden sie *pro domo*, also von den Betroffenen selbst, oder, wie zumeist, von Dritten erhoben, ist, wie wir gesehen haben, eher schwach. Die moralische Verbindlichkeit von Fairnessansprüchen ist hingegen stark. Es handelt sich, wie ich hier behaupte, um unnachlassliche Pflichten, schon allein, weil sich die Fairnessfrage nach der Verteilung der Wertschöpfung auf alle Beteiligten unausweichlich stellt.

Der ethische Knackpunkt an der Marktwirtschaft ist vielmehr der zumindest potentielle Mangel an Fairness. Oder gar die Abwesenheit von Fairness. Denn selbstverständlich kann es im Marktverkehr nicht fair zugehen, wenn die Akteure, wie es die Ökonomik voraussetzt beziehungsweise als »rational« hinstellt, allein und strikt ihren eigenen Vorteil maximieren. Denn dann bleibt definitionsgemäß für Fairnessüberlegungen kein Platz. Auch solche Fragen müssten nach Maßgabe der Vorteilhaftigkeit entschieden werden, was bedeutet, dass das Recht des Stärkeren beziehungsweise des Marktmächtigeren als fair klassiert würde.

## Freiheit und Moral – Kritik des Libertarismus

Ein Großteil der Rechtfertigungsstrategien zugunsten der Marktlogik beruht auf der Negierung von Fairness. Man suggeriert, es gäbe entweder nur negative oder reine positive Gerechtigkeit, nur Gewaltfreiheit oder Solidarität beziehungsweise »Altruismus«. Die negative Gerechtigkeit werde durch den Markttausch ja eh nicht berührt. Die Leute schlagen sich ja die Köpfe nicht ein. Und was die positive Gerechtigkeit anbelangt, na ja, können denn die Leute nicht für sich selbst sorgen? Ich kann's doch auch.

Dabei wird vollkommen vergessen, dass derjenige, der so spricht, sein Einkommen nicht etwa allein erwirtschaftet hat, sondern arbeitsteilig, mit und (angesichts des Wettbewerbs) gegen andere. Die Frage, ob es dabei fair zuging und zugeht, kann so gar nicht erst aufkommen.

Ein nach wie vor aktuelles Beispiel der Negierung der Fairnessfrage steckt im Versuch, die Kritik an den Managervergütungen dadurch abzuschmettern, dass man den Kritikern »Neid« unterstellt. Dies ist zwar angesichts der Dimensionen einigermaßen mutig – so »verdienen« die Vorstände der hundert größten deutschen Unternehmen gemäß des Personalberaters Kienbaum heute im Durchschnitt etwa 43 mal so viel wie ihre Angestellten; bis Mitte der 1990er Jahre lag dieser Faktor bei etwa zwanzig. Doch scheint das Neidargument selbst dann, wenn die Chefs vierhundert mal mehr verdienen als der Rest der Belegschaft, unausrottbar.

Wir haben es hier mit einer Art »Dschungeltheorie« der Einkommenserzielung zu tun. Und die geht so: Jeder erzielt sein Einkommen für sich allein, etwa im Dschungel. Dorthin geht man allein, und man begegnet auch nicht anderen Menschen, weder Kooperationspartnern noch Konkurrenten, sondern nur Tieren. Diese gilt es zu jagen. Manche sind dabei erfolgreicher als andere. Sie bringen eine fette Beute nach Hause, schaffen es vielleicht, einen Hirschen zu erlegen. Andere, die weniger Leistungsfähigen, vielleicht sind sie auch nur faul, bringen eine kleinere Beute mit. Vielleicht haben sie auch nur ein paar Beeren gepflückt.

Zurück in der Gesellschaft, so glauben die Neidtheoretiker, klagen die weniger Leistungsfähigen über ihre geringe Beute und fordern von den Leistungsfähigen:»Gebt uns etwas ab von eurer fetten Beute.« Sie fordern mithin Solidarität ein. Die Leistungsfähigen wollen das nicht einsehen und rufen zurück:»Schafft doch selber, ihr Neidhammel! Macht's wie wir.«

Natürlich übersieht diese Theorie, um es freundlich auszudrücken, dass Einkommen stets arbeitsteilig erzielt werden – und nicht solitär in einem menschenleeren Dschungel. Darum stellt sich hier eine Fairnessfrage, nämlich die nach der fairen Verteilung der gemeinsam geschaffenen Wertschöpfung. Doch glauben einige Manager wohl tatsächlich, dass sie die Milliarden messende Wertschöpfung aus dem Nichts und ganz allein geschaffen haben – und da seien ein paar Milliönchen doch eigentlich recht billig. Dazu passt dann auch, dass sie die Mitarbeiter nicht mehr eigentlich als Mit-Arbeiter an einer gemeinsamen Wertschöpfung behandeln, sondern als Manövriermasse. Und dieses Verständnis, je konsequenter beziehungsweise radikaler verfolgt um so mehr, macht sich dann tatsächlich äußerst positiv auf dem eigenen Gehaltskonto der selbst ernannten Herren der Wertschöpfung bemerkbar. So lukrativ kann Zynismus sein.

Die Abwehr der Fairnessfrage geschieht in der Regel mit Hilfe von Freiheitsargumenten. Da wird der Markt zunächst als Ausdruck beziehungsweise Inbegriff eines»freiheitlichen« Wirtschaftssystems markiert. Jede Abweichung von der reinen Marktlogik, so die Suggestion, führt somit in die Unfreiheit. Sodann wird Freiheit rein negativ definiert. Die»Grenzen persönlicher Freiheit«, finden wir auf der Website der»Initiative Neue

Soziale Marktwirtschaft« (INSM), sind dort zu sehen – womit gemeint ist: nur dort –»wo die Freiheiten anderer verletzt werden.«[1] Für die Legitimität des eigenen Handelns reicht es also, wenn man andere nicht schädigt. Damit sollen nicht nur Ansprüche der Solidarität, sondern vor allem solche der Fairness abgewehrt werden.

Wer Freiheit sagt, der meint, dass Freiheit herrschen soll – genauer: die Freiheit, die er meint. Freiheit ist also von vornherein ein normativer beziehungsweise ethisch gemeinter Begriff. Der Freiheitsbegriff hat allerdings seine ethischen Tücken. Es ist dabei nämlich zumeist unklar, ob von der Freiheit auf Seiten des Subjekts der Moral die Rede ist oder von der Freiheit auf Seiten des Rechtsträgers. Das Subjekt der Moral, das ist derjenige, dessen Pflichten thematisiert werden, derjenige, der handeln oder unterlassen soll, der zum verantwortungsvollen und legitimen Handeln aufgerufen ist. Der Rechtsträger, das ist derjenige, dem moralische Rechte zuzugestehen sind. (Man könnte auch vom »Objekt der Moral« sprechen. Doch handelt es sich ja ebenfalls um Subjekte, um Personen nämlich. Darum wird hier der Begriff des Rechtsträgers gewählt.) Natürlich sind wir beziehungsweise ist jede Person grundsätzlich stets beides zugleich: Ein zum verantwortungsvollen Handeln Aufgerufener und ein Anspruchsberechtigter.

Wenn nun Freiheit negativ als Abwesenheit von Gewalt definiert beziehungsweise darauf reduziert wird, dann hat der Rechtsträger zwar keine Angriffe auf Leib und Leben zu befürchten, mehr aber auch nicht. Und das Subjekt der Moral ist von allen Pflichten befreit bis darauf, gegenüber anderen Gewalt auszuüben. Er hat sich um die Fairness der Wertschöpfung nicht zu kümmern – auch wenn er sagen wir neunzig Prozent der gemeinsam erwirtschafteten Wertschöpfung erhält, der andere hingegen, bei gleichem Arbeitseinsatz, nur zehn Prozent. Denn seine (Willkür-)Freiheit soll ja *nur* dann eingeschränkt werden, wenn er daran gehen wollte, auf andere physisch einzuwirken.

Man erkennt hieran: Die Marktlogik mit der Sicherung »der Freiheit« zu rechtfertigen, ist ein äußerst grobschlächtiger Rechtfertigungsversuch. Er entlastet die Marktmächtigen – diejenigen, die über eine höhere Zahlungsfähigkeit oder Wettbewerbsfähigkeit verfügen – von allen Fairnessrücksichten. Ebenso von der Frage, wie sie eigentlich zu der höheren Zahlungs- oder Wettbewerbsfähigkeit gelangt sind. Es handelt sich um den stillschweigenden Versuch der Rechtfertigung der Nutzenmaximierung des Homo oeconomicus. Dieser soll »die Freiheit« zum Kaufen und Verkaufen haben, und zwar unbeschränkt. Dafür muss man natürlich etwas zu bieten haben. Darum lässt sich diese Freiheit (die nach einer Wohltat an uns in unserer Eigenschaft als Rechtssubjekten klingt) dechiffrieren als Marktmacht. Als die Macht, im Marktgeschehen Tauschbeziehungen einzugehen und aufzulösen, das heißt die Konkurrenten gegeneinander ausspielen zu können.

Da dies irgendwie inhuman anmutet, hat sich die Marktapologetik einen weiteren Rechtfertigungstrick ausgedacht. So bringt die INSM den Gedanken ins Spiel, dass ein »großer subjektiver Freiheitsgrad« ja »auch mit großem freiwilligen sozialen Engagement für die Gesellschaft verbunden« sein kann. In gleichem Sinne findet Gerhard Schwarz von der *Neuen Zürcher Zeitung* (2005), dass eine »freiheitliche« Ordnung nicht »unsozial« sein müsse.

> *»Sozialisten setzen auf den Staat, auf kollektive Lösungen, auf Zwangssolidarität. Liberale setzen dagegen auch in dieser Frage auf das Individuum, seine Eigenverantwortung, Großzügigkeit und Humanität, also auf freiwillige Solidarität, und nur subsidiär auf staatliche Hilfe.«*

Schwarz denkt hier vor allem an die Spendentätigkeit derjenigen, für die »Sozialisten« gerne »Feindbilder« benutzten, indem sie von »den Besserverdienenden«, »den Reichen«, »den Spekulanten« oder »den Abzockern« sprächen. Der Trick ist, zunächst alle positive Gerechtigkeit auf »soziale Hilfe für die unverschuldet in Not Geratenen« zu reduzieren, also auf reine Solidarität beziehungsweise auf »Hilfe«. Als wohnten diese auf einer entfernten Insel, und als hätten die »Abzocker«, jedenfalls andere Marktteilnehmer, diese nicht, jedenfalls in vielen, wenn nicht den meisten Fällen, erst in Not *gebracht* (durch Entlassungen etwa), die nun eine Unterstützung moralisch notwendig macht. Ursachengerechter wäre natürlich der Verzicht der »Abzocker« darauf, alles auszunutzen, was sich ausnutzen lässt. Aber gerade diese Option soll ja aus dem Blick geraten.

Sodann wird der schwache Verbindlichkeitsgrad der Solidarität hervorgekehrt: Die Unterstützung wird als »freiwillig« klassiert und damit an Präferenzen beziehungsweise Geschmacksfragen angeglichen. Und da sich die Fairness angesichts des Wettbewerbs, wie wir noch sehen werden, nicht nur individualethisch, sondern auch ordnungsethisch vollziehen muss, wird alle Sozialstaatlichkeit als Ausdruck von »Zwangssolidarität« diffamiert. Diese stehe doch der »wahren Solidarität« eigentlich entgegen. In den Worten von Schwarz: »Anonymität und Bürokratie des Staates sind kälter als Caritas und Mitmenschlichkeit.«

Wer diese Gerechtigkeitskonzeption (und dieses Staatsverständnis) vertritt, bezeichnet sich in der Regel als einen »Liberalen«. Damit allerdings wird der Freiheitsgedanke in unzulässiger Weise okkupiert. Wer Freiheit auf Gewaltfreiheit reduziert und allen darüber hinausgehenden moralischen Pflichten die Verbindlichkeit abspricht, argumentiert nicht »liberal«, sondern libertär. Abgesehen von der impliziten Beifallssalve fürs unbedingte Vorteilsstreben auf Märkten, fürs »Abzocken«, wenn man will, sollte, wer diese Konzeption vertritt, doch bitte gleich sagen, dass er Arbeitslosen- und Sozialhilfe durch Nachbarschaftshilfe ersetzen möchte – je demütigender, desto besser, von der Aussichtslosigkeit ganz zu schweigen.

## Das Moralprinzip

Dem einen oder anderen Leser mag die Frage durch den Kopf gegangen sein: Wenn Fairness doch eine »unnachlassliche« Pflicht ist, dann wird man doch wohl auch sagen können, was fair ist. Sind zwei Millionen Euro Vorstandsvergütung nun unfair oder gerechtfertigt? Oder sind Stundenlöhne von 4,35 Euro und die vielen Überstunden dazu nun unfair oder fair? Wenn die (Wirtschafts-) Ethik auf solche Fragen keine Antworten geben kann, dann ist sie reichlich sinnlos.

Die Ethik beziehungsweise die Wirtschaftsethik kann auf solch konkrete Fragen in der Tat keine Antworten geben, jedenfalls nicht mit Verbindlichkeitsanspruch. Ansonsten hätten wir den oben zurückgewiesenen Normenkatalog, der nur noch anzuwenden wäre. Der Punkt ist: Mit der gleichen Verbindlichkeit, mit der sich sagen lässt, *dass* es sich hier um Fairnessfragen handelt (und es hierbei nicht bloß um eine vergleichsweise unverbindliche Angelegenheit der Solidarität mit »Bedürftigen« geht), lassen sich solche konkreten Fragen mit Blick auf alle möglichen Situationen nicht beantworten. Dies bedeutet keineswegs, dass solche Fragen Sache der Willkür wären, was zur Folge hätte, dass jeder tun und lassen dürfte, was er oder sie will beziehungsweise was man zum eigenen Vorteil durchsetzen kann. Entscheidend ist: Die Einsicht in die »Unnachlasslichkeit« der Fairnessfrage ändert die Art und Weise, wie wir über solche Fragen denken und sprechen. Und sie erlaubt die Zurückweisung von Positionen, die hier gar keinen Handlungsbedarf erblicken, jedenfalls keinen, für den sich Verbindlichkeit reklamieren ließe.

Die Beurteilung der konkreten Situation vor Ort durch die Beteiligten soll durch die ethische Reflexion, die wir hier betreiben, nicht erübrigt, sondern orientiert werden. Eine moderne Ethik ist keine Rezeptethik, sondern eine Reflexionsethik. Sie klärt den Charakter der ethischen Fragestellung und begründet das Moralprinzip.

## Der kategorische Imperativ

Immanuel Kant hat, wie ich meine, das Moralprinzip im Kern geklärt, und zwar in der *Grundlegung der Metaphysik der Sitten* (1785). Der Ausgangspunkt und Sinn des Unterfangens ist dabei deutlich lebenspraktischer, als die verbreiteten Vorurteile über Kant nahelegen. Es geht schlicht darum, an der »gemeinen [allgemein bekannten und uns von Kindesbeinen an vertrauten] Idee der Pflicht« anzusetzen und sodann kritisch zu klären, »was wir dadurch denken und was dieser Begriff sagen wolle«.

Mit dem Begriff der Pflicht haben wir bereits anerkannt, dass es da ein »oberstes praktisches Prinzip« geben müsse – eben das Moralprinzip (»praktisch« heißt hier: aufs Handeln bezogen, dessen Legitimität in Frage steht). Dieses klärt, was letztlich den Ausschlag geben beziehungsweise was maßgeblich sein soll und damit Verbindlichkeit beanspruchen kann.

Im Begriff der Pflicht ist auch eingeschlossen, dass dieses Prinzip »kategorisch«, also unbedingt, gelten muss. Was richtig ist, darf nämlich nicht von »zufälligen« Präferenzen abhängig gemacht werden. Dann hätten wir es lediglich mit »hypothetischen Imperativen« zu tun. »Hypothetische Imperative« sind technische Regeln oder Rezepte, die sich in Wenn-dann-Aussagen fassen lassen: Wenn ich A will, muss ich B tun. Diese gelten ethisch gesehen nur unter der »hypothetischen« Bedingung, dass die angenommen Zwecke legitim sind. Diese Frage, die Legitimitätsfrage, die Frage danach, welche Zwecke und damit welche Handlungen legitim sind, muss als solche angegangen werden. Wir dürfen sie nicht von unseren Eigeninteressen abhängig machen. Das ist die Botschaft hier. Denn um die Klärung der Legitimität der Interessen, darum geht es ja gerade. Kant gibt drei Fassungen des kategorischen Imperativs beziehungsweise des Moralprinzips. Die berühmteste ist die erste Formulierung:

*»Handle nur nach derjenigen Maxime, durch die du zugleich wollen kannst, dass sie ein allgemeines Gesetz werde.«*

Dieses Prinzip, der Universalisierungsgrundsatz beziehungsweise das Prinzip der Verallgemeinerungsfähigkeit, markiert zunächst einmal, dass eine Handlung oder Unterlassung nur dann als legitim auszuzeichnen ist, wenn an *alle* gedacht ist. Jede andere Position wäre als partikularistisch zurückzuweisen. Was dies genau heißt, ist damit natürlich noch nicht gesagt. Und so hat der Universalisierungsgrundsatz dann auch zu vielen Missverständnissen Anlass gegeben. Es geht dabei nicht darum, dass wir alle den gleiche Normen beziehungsweise Regeln (»Gesetzen«) folgen müssten. Warum es darum nicht gehen kann, zeigt die folgende Überlegung. Vielleicht kämen wir dann nämlich zu dem Ergebnis, dass »das Gesetz in seiner erhabenen Gleichheit ... es Reichen wie Armen verbietet, unter den Brücken zu schlafen, auf den Straßen zu betteln und Brot zu stehlen.« So weist Anatole France (1925, S. 116) das Ansinnen einer mechanischen Gleichbehandlung aller, die damit über einen Kamm geschoren würden, zurück.

Der Prinzip der Universalisierbarkeit muss vielmehr als Prinzip der Begründbarkeit gelesen werden: Was richtig ist und Verbindlichkeit beanspruchen kann, muss von jedem »Vernunftwesen« (Kant) als richtig anerkannt und eingesehen werden können. Ansonsten ist es eben nicht richtig. Damit sind wir jedem Menschen, »allem, was Menschenantlitz trägt« (Habermas), zumindest virtuell gegenüber verpflichtet, und sei es nur in der Weise, dass unsere Handlungen (oder Unterlassungen) auch ihm oder ihr gegenüber rechtfertigungsfähig sein müssen, um als legitim gelten zu können beziehungsweise um gültig zu sein. Damit gebe ich dem kategorischen Imperativ eine diskursethische Deutung. Diese findet sich bereits bei Kant angelegt, etwa darin, dass Kant (1781, S. 640) Vernunft definiert als »die allgemeine Menschenvernunft, worin ein jeder seine Stimme hat«.

Kant kündigt ausdrücklich nur die Formulierung eines »einzigen« kategorischen Imperativs beziehungsweise Moralprinzips an. Was ja auch logisch ist, denn ansonsten könnte es Konflikte geben zwischen den Prinzipien, und diese müssten dann wieder nach Maßgabe eines höheren, letztlich maßgeblichen Prinzips entschieden werden. Darum kann nur ein einziges Moralprinzip Verbindlichkeit beanspruchen. (Darum kann es übrigens auch keine »Metaethik« geben. Denn damit würde es irgendwie höher anzusiedelnde Überlegungen geben, die der Ethik Vorschriften machten, ohne selbst Teil der Ethik zu sein, womit das logische Primat der Ethik verletzt würde. Die üblicherweise unter der Überschrift »Metaethik« verhandelten Fragen sind vielmehr selbst der ethischen Reflexion, das heißt der Begründung und der Explikation des Sinns des Moralprinzips, zuzurechnen.)

Dennoch finden sich zwei weitere Formulierungen. Dies ist so zu verstehen, dass hiermit verschieden Aspekte ein und desselben Moralprinzips formuliert werden. Die zweite Fassung des kategorischen Imperativs lautet:

*»Handle so, dass du die Menschheit, sowohl in deiner Person, als in der Person eines jeden andern, jederzeit zugleich als Zweck, niemals bloß als Mittel brauchest.«*

Das ist die sogenannte Zweckformel. Mit ihr ist das Verdinglichungsverbot ausgesprochen. Menschen dürfen nicht wie Dinge beziehungsweise wie Objekte behandelt werden. Mit anderen Worten: Andere dürfen uns nicht nur in ihren Wirkungseigenschaften beziehungsweise in ihrer Nützlichkeit (also »als Mittel«) interessieren. Ihnen gebührt vielmehr Achtung und Anerkennung »als Zweck«, das heißt als Zweckwesen beziehungsweise als Individuen, die einen eigenen Kopf haben. Wenn wir menschlich miteinander umgehen, dann tun wir genau dies.

Man sieht, die oben dargestellte Handlungslogik des Homo oeconomicus verletzt das Moralprinzip frontal. Und dies soll dann auch noch »rational« sein beziehungsweise mit den Weihen der Vernunft ausgestattet werden. Die Differenz markiert Kant folgendermaßen:

*»Im Reiche der Zwecke hat alles entweder einen Preis, oder eine Würde. Was einen Preis hat, an dessen Stelle kann auch etwas anderes als Äquivalent gesetzt werden; was dagegen über allen Preis erhaben ist, mithin kein Äquivalent verstattet, das hat eine Würde.«*

Das »Reich der Zwecke«, das ist die menschliche Gesellschaft, universalistisch verstanden. Diese wird zu einer unmenschlichen Gesellschaft, wenn uns am anderen nur sein »Preis«, das heißt seine nach Kosten und Gewinnen berechneten Wirkungseigenschaften, interessieren. Dann wären die Menschen austauschbar und nicht mehr einzigartig. Jemand anderer könnte kommen, der uns den gleichen oder vielleicht gar einen höheren Nutzen erbringt. Und schon wäre uns der andere als Individuum egal. Uns darf schon auch sein »Preis« interessieren. Dies aber darf nicht den Ausschlag geben. Und dies gibt genau dann nicht den Ausschlag, wenn wir nach der Fairness der Preise fragen.

Die dritte Formel, die Autonomieformel, ist nicht so hübsch wie die anderen beiden als Imperativ formuliert. Das »dritte praktische Prinzip«, von dem ausdrücklich die Rede ist, betrifft die Frage, wer das Subjekt des Moralprinzips ist. Wir sind es nämlich selbst. Der Mensch ist vernünftigerweise »nur seiner eigenen und dennoch allgemeinen [das heißt moralisch begründungsfähigen] Gesetzgebung unterworfen«. Und zur »Idee der Würde eines vernünftigen Wesens«, zu denen wir Menschen zweifelsfrei zählen, gehört,»keinem Gesetz zu gehorchen als dem, das es [sich] zugleich selbst gibt.«

Wir selbst sind es ja, die einsehen, was das ethisch Richtige sei, was moralische Gültigkeit beanspruchen kann. Und diese Einsicht ist Ausdruck unserer Autonomie beziehungsweise unserer Freiheit. Auch dies ist in der »gemeinen Idee der Pflicht« bereits enthalten. Pflichten sind nämlich keine Zwänge. Bei ihnen geht es nicht ums Müssen, sondern ums Sollen.

Das Müssen betrifft hypothetische Imperative. Wir müssen B dann tun, aber nur dann, wenn wir A vermeiden wollen. Ein Beispiel: Wir müssen (als Schüler in einem reichlich autoritären Elternhaus) unsere Hausaufgaben machen, wenn wir uns nachher mit Freunden treffen wollen. Das Sollen, die Annahme einer Pflicht, ist hingegen als ein qualifiziertes Wollen zu begreifen. Das unqualifizierte Wollen, das sind die Präferenzen, das ist die Willkürfreiheit. Es kommt aber darauf an, unseren Willen zu begründen. Nur dann entspricht dem Willen ein legitimer Wille. Kant ging sogar noch weiter: Nur dann sind wir autonom, nur dann sind wir wahrhaft frei.

## Diskursethik und die Begründung des Moralprinzips

Das Verdienst der Diskursethik, die von Jürgen Habermas und Karl-Otto Apel begründet wurde, besteht vor allem darin, das Moralprinzip beziehungsweise den kategorischen Imperativ begründet und zugleich besser geklärt zu haben. Leider besteht eine Vielzahl von Missverständnissen über die Diskursethik, so dass sie, obwohl sie meines Erachtens die fortgeschrittenste Fassung des Moralprinzips bietet, nicht mehr so hoch im Kurs steht, wie es ihr eigentlich gebührte.

Ausgangspunkt der Diskursethik ist die Intuition, dass sich die Moral im Argumentieren festmachen lässt. Jürgen Habermas (1980, S. 42) spricht von der »der Rede immanenten Sittlichkeit«. Die Rede, das ist das Kommunizieren, vor allem das begründete Kommunizieren, die Argumentation, der Diskus. Den einen oder anderen mag es wundern, dass im Argumentieren die Moral aufgefunden und festgemacht werden können soll. Argumentieren, das heißt doch Sich-streiten. Im Englischen bedeutet »we had an argument«: Wir haben uns gestritten.

Nun, man muss im Argumentieren keine Freundschaften bilden. Aber man muss auch sehen, dass die Kontrahenten sich beim Argumentieren, so es wahrhaftig und sachlich geschieht, an einer gemeinsamen Sache orientieren. Nämlich daran herauszufinden, was denn das bessere Argument sei, welche Auffassung Gültigkeit für sich beanspruchen kann. In theoretischen Diskursen über empirische Zusammenhänge (das Sein) streiten wir darüber, was wahr oder falsch ist. In praktischen Diskursen streiten wir uns über das Sollen beziehungsweise darüber, welche Handlungen richtig (legitim, verantwortungsvoll, fair und so weiter) sind und welche als falsch zu beurteilen sind.

Dabei haben wir, wenn wir es uns recht überlegen, unsere Argumentationspartner (oder auch: unsere »Argumentationsgegner«) »als Zweck« (Kant) anerkannt. Wir mögen mit ihnen distanziert umgehen, doch sind es eben Personen, deren Meinung uns interessiert und die etwas zu sagen haben. Sie interessieren uns nicht in ihren Wirkungseigenschaften. Sollte dies der Fall sein, dann führen wir vielleicht strategische Verhandlungen und versuchen dabei, die andere Seite über den Tisch zu ziehen. Sollte dies der anderen Seite nicht klar sein, tun wir bloß so, dass wir an ihrer Meinung interessiert wären, was in der Regel für uns vorteilhaft ist, da sie dann eher zu Zugeständnissen bereit ist. Ethisch gesehen sind wir mit ihr »fertig« (Hegel).

In wahrhaftigen Argumentationen zählt nicht die Macht der Beteiligten, nicht ihre Zahlungsfähigkeit oder Produktivität, sondern allein der »eigentümlich zwanglose Zwang des besseren Arguments« (Habermas). Gute Argumente sind irgendwie, nämlich in der Sache, »zwingend«. Sie überzeugen uns, und wenn wir ehrlich zu uns selbst sind, nehmen wir sie an, auch wenn wir vorher anderer Meinung waren. Diskursethisch lässt sich der kategorische Imperativ daher so fassen: Nicht Macht, sondern gute Gründe sollen zählen.

Mehr noch. Wir haben im Argumentieren, ja selbst bereits beim Denken beziehungsweise Nachdenken darüber, was denn richtig, wahr oder vernünftig ist, nicht nur unsere unmittelbaren Argumentationspartner als Personen gleicher Würde anerkannt, sondern letztlich alle »Vernunftwesen« (Kant), zu denen sicher »die Menschheit, sowohl in meiner Person, als in der Person eines jeden andern« (Kant) gehört. Denn gute Gründe müssen, wenn es denn tatsächlich gute Gründe sind, jeden überzeugen können. Und was wahr beziehungsweise richtig ist, müsste von jedem, der Verstand hat, eingesehen werden können. Nichts anderes bedeutet ja Wahrheit beziehungsweise Gültigkeit: die von niemandem mehr bestreitbare Meinung. Darum haben wir im Argumentieren auch das Prinzip der Universalisierbarkeit anerkannt. Das Argumentieren ist eine universalistische Angelegenheit. Argumente, die nur für »uns« gelten, denen andere aber ihre Zustimmung von vornherein nicht gegeben können, sind keine guten Argumente.

Der Diskurs ist ein spezifisch modernes Phänomen: Wir nehmen nicht mehr einfach hin, was da so gesagt wird, sondern hinterfragen den Common Sense kritisch. Wir folgen dabei nicht blind fremden Autoritäten, sondern allein unseren Einsichten, unserer Vernunft. Und diese Vernunft anerkennt »keinen anderen Richter …, als selbst wiederum die allgemeine Menschenvernunft, worin ein jeder seine Stimme hat« (Kant, 1781). Somit lässt sich auch die Autonomieformel des kategorischen Imperativs in der Diskursidee auffinden.

Aber ist dies nicht alles vollkommen fruchtlos, mag sich der eine oder andere denken. Der Streit um die Moral ist doch letztlich unausfechtbar beziehungsweise, wie es Weber formulierte, »unaustragbar«. Moral, das ist doch schlussendlich eine Sache der persönlichen Gewissensentscheidung jedes Einzelnen. Jeder hat da so seine eigenen Ansichten. Moralische Verbindlichkeit, dies kann es gar nicht geben. Individualpsychologisch ließe sich sagen: Die Erschütterung des Konventionalismus führt bei vielen dazu, das ethische Projekt, dass es eine Moral gibt, ganz zu verwerfen.

Die Zurückweisung dieses Projekts wird als »Non-Kognitivismus« bezeichnet. In der Ethik, so sich von ihr dann überhaupt noch sprechen lässt, gebe es nichts zu erkennen, sondern allenfalls etwas zu entscheiden (Dezisionismus), ohne dass sich hierfür eine Begründung angeben ließe. Entscheidungen sind also von vornherein stets Willkürentscheidungen. Freiheit ist nie etwas anderes als Willkürfreiheit. Andere Formen dieser Position sind der Relativismus (Jede Kultur und Epoche hat ihre eigene Moral) oder der Emotivismus (Moral ist Gefühlssache).

Der Non-Kognitivismus scheitert, sobald er beginnt, für sich zu argumentieren, etwa indem er behauptet: »Es gibt keine Moral.« Damit übersieht der Ethikskeptiker, dass auch er, wenn er es sich recht überlegt, gerade dadurch, dass er argumentiert, das Moralprinzip anerkannt hat. So setzt er, ohne sich dessen bewusst zu sein, voraus, dass unsere Argumentationspartner als Wesen gleicher Würde zu achten sind – und nicht etwa »bloß als Mittel« (Kant) von Interesse sind. Wir können also das Moralprinzip nicht bestreiten, ohne es im Bestreiten wiederum selbst vorauszusetzen. Darin liegt die Begründungspointe der Diskursethik. Karl-Otto Apel spricht in diesem Zusammenhang von der »Letztbegründung« der Ethik. Dies hat der Diskursethik den Ruf des Rigorismus, sozusagen der Besserwisserei, eingetragen. Immerhin lässt sich die oben skizzierte Begründung des Moralprinzips immer wieder exerzieren. Damit lässt sich Orientierungskraft und eine gewisse Sicherheit gewinnen, die wir ja so sehr suchen (und manch einer in einer Rückkehr zu religiösen Glaubensgewissheiten zu finden können meint, für die oder gegen die sich dann allerdings nicht mehr argumentieren lässt).

Doch was wird da eigentlich begründet? Eben »nur« das Moralprinzip. Dies ist nichts, was sich da draußen in der Welt abspielt, nichts, was sich beobachten ließe. Wir können nur seinen Sinn verstehen und uns an ihm orientieren. Und wir müssen dies, wenn unser Handeln den Qualitätsstempel »ethisch vernünftig« erhalten soll. Dies ist nicht nichts. Wir können damit verfehlte Auffassungen zurückweisen, etwa den Homo oeconomicus als Inbegriff von Rationalität (wo er doch im Gegenteil den Inbegriff ethischer Irrationalität markiert). Oder Auffassungen, die meinen, man käme ohne Begründungen aus und es reiche aus, sich auf seine »Gefühle« zu verlassen, was im Klartext heißt: auf seine Vorurteile. Ebenso solche, die meinen, es käme nur darauf an, was »für uns wichtig« sei, was einer partikularistischen statt universalistischen Moralkonzeption entspricht. Ebenso lässt sich der Non-Kognitivismus zurückweisen. Das als argumentativ unhintergehbar zu klassierende Diskursprinzip ist kein Rezept, auch kein »Verfahren«, welches man nur »anwenden« oder »umsetzen« müsste, und als Ergebnis käme dann das ethisch Richtige dabei heraus. Die Diskursethik verlangt auch nicht, dass wir ständig »Diskurse« führen oder Vollversammlungen durchführen müssten, obwohl sie natürlich eine im Kern demokratische Gesellschaftsordnung zu begründen vermag. Sie verlangt vielmehr die praktische Orientierung am Prinzip der Begründbarkeit. Dies tun wir ja ohnehin schon. Etwa bereits dann, wenn wir denken beziehungsweise nachdenken. Denn Gedanken sind zum Teilen da.

Aber wir orientieren uns nicht mit der nötigen Klarheit und nicht im vollen Bewusstsein am Diskursprinzip. Sonst wüssten wir beispielsweise bereits, dass das Konstrukt des Homo oeconomicus – also eines Menschen, den an anderen nur interessiert, ob sie »als Mittel« (Kant) taugen, nicht, ob sie vielleicht Recht haben könnten – nicht zum Inbegriff der Vernunft taugt.

Kurzum, die Diskursethik hilft uns, unsere moralischen Intuitionen, die »gemeine Idee der Pflicht« (Kant), besser zu verstehen und damit Orientierungskraft zu gewinnen. Aber aus dem Prinzip lässt sich keine einzige Norm ableiten. Dafür müssen wir schon selbst Diskurse führen, und zwar ganz praktisch.

# 5 Warum Wirtschaftsethik? – Weil das Wirtschaften nicht neutral ist

Geht es in der Wirtschaft mit rechten Dingen zu? Und wie müsste es zugehen, damit das Wirtschaften als legitim und verantwortbar gelten kann? Dies sind die Ausgangsfragen der Wirtschaftsethik. Wir berühren sie ständig, weil es nicht möglich ist, über das Wirtschaften zu sprechen, ohne es zumindest in bestimmten Aspekten sei es zu rechtfertigen oder zu kritisieren. Ich möchte mich im Folgenden auf die Rechtfertigungsversuche konzentrieren. Denn diese, zumeist implizit vertretenen Versuche sind es ja, die uns den Blick auf die wirtschaftsethische Kernfrage, wie mit den Wettbewerbsverlierern umzugehen ist, vernebeln.

Wirtschaftsethik macht die implizite Ethik der Markttheorie explizit, um diese beurteilen zu können. Grundsätzlich gibt es drei Möglichkeiten, das Verhältnis von Ethik und Wirtschaft zu bestimmen. Es handelt sich dabei um typische Denkweisen, die uns in verschiedenen Zusammenhängen immer wieder begegnen. Wenn wir die korrespondierenden typischen Fehler vermeiden möchten, müssen wir diese Denkmuster oder Paradigmata verstehen. Zwei der im Folgenden dargestellten Konzepte, der Separatismus und der Ökonomismus, sind marktapologetischer Natur. Das heißt, sie rechtfertigen die Marktlogik mehr oder minder pauschal. Der Separatismus implizit, der Ökonomismus explizit. Demgegenüber steht der dritte Ansatz, die integrative Wirtschaftsethik (Ulrich, 2008; Thielemann/Ulrich, 2009), der die Fehler der beiden anderen Konzepte vermeidet.

## Ökonomismus: Der Glaube in die höhere Vernunft des Marktes

### Funktionalismus als Ethik ohne Moral

Wie ähneln sich doch die Erklärungen zur »gesellschaftlichen Verantwortung« der Unternehmen. Die Credit Suisse formuliert:

> *»Unsere grösste Verantwortung gegenüber der Gesellschaft besteht darin, unser Unternehmen erfolgreich zu führen. Das kommt unseren Kunden, Aktionären und Mitarbeitenden sowie der Gesellschaft insgesamt zugute.«[2]*

Auch der Vorsitzende des Vorstandes der Deutschen Bank, Josef Ackermann, sieht keinen Konflikt zwischen dem »eigenen Wohl« der Bank (beziehungsweise dem ihrer Shareholder) und dem »Wohle der Allgemeinheit«. Um das »eigene Wohl« ist es dabei umso besser bestellt, je erfolgreicher »nachhaltiger Mehrwert« geschaffen wird (Leitbild der Deutschen Bank) beziehungsweise je eher man zu den weltweit »führenden« Finanzinstituten zählt.

> *»Unsere wichtigste soziale Verantwortung sehen wir darin, international wettbewerbsfähig zu sein, profitabel zu wirtschaften und als Unternehmen zu wachsen. Nur so können wir langfristig Wert schaffen für unsere Aktionäre, Kunden, Mitarbeiter und für die Gesellschaft als Ganzes.«[3]*

Wie jeder Ökonomiestudent meint auch Josef Ackermann (2008) zu wissen, dass »der Wettbewerb um höhere Renditen die Menschheit weiter gebracht hat«, womit offenbar auf den »Wohlstand« abgestellt wird, zu dem auch und gerade die Banken »viel« beigetragen hätten. Deshalb möchte er die Renditevorgabe von 25 Prozent auch nicht als »Gier« verstanden wissen, sondern als Ausdruck des Strebens nach »Erfolg« – wenn denn da überhaupt ein Unterschied bestünde.

Die »soziale Verantwortung der Unternehmen ist es, die Gewinne zu steigern«, so hatte Milton Friedman Anfang der 1970er Jahre dieses Credo unternehmensethisch auf den Punkt gebracht. Horst Albach (2005), ein Doyen der deutschen Betriebswirtschaftslehre, hat die Konsequenzen gezogen:

> »Die Beschäftigung mit Unternehmensethik ist überflüssig ... Betriebswirtschaftslehre ist [bereits] Unternehmensethik«.

Die Aufgabe der Betriebswirtschaftslehre sieht Albach dabei darin aufzuzeigen, wie »der Kapitalwert des Unternehmens zu maximieren« ist, was ziemlich genau der gegenwärtigen Lehrpraxis entsprechen dürfte, mit der der Managementnachwuchs in die Unternehmenspraxis entlassen wird. Mit der Gewinnerzielung und nur damit soll sich das Management beschäftigen, nicht mit »Unternehmensethik«. Dies wäre nur störend. Und für etwas anderes bliebe ja auch definitionsgemäß kein Platz mehr. Aber warum sollte »die Beschäftigung mit Unternehmensethik« »überflüssig« sein? Und wofür ist sie »überflüssig«?

Die »Beschäftigung mit Unternehmensethik« bestünde praktisch gesehen darin, dass sich die Akteure fragen, ob das eigene Handeln legitim ist, ob die eigenen Geschäftspraktiken verantwortbar sind und so weiter. Der gute Wille dazu, kurzum Moral beziehungsweise Moralität oder Integrität, erklärt Albach und mit ihm der gesamte Ökonomismus für *ethisch* überflüssig. Man muss nicht wollen und selber dafür sorgen, dass bei der Geschäftstätigkeit alles mit ethisch rechten Dingen zugeht. Dafür hat schon eine andere Kraft gesorgt, nämlich die unsichtbare Hand des Marktes in ihrer unergründlichen Weisheit. Und diese wirkt eben nur, oder gar um so besser, je konsequenter sich die Akteure auf die Steigerung des Gewinns und sonst gar nichts konzentrieren. Die Ethik ist, jedenfalls im Ergebnis, eine Funktion der Marktlogik (darum die Bezeichnung Funktionalismus).

Es handelt sich hierbei um eine Ethik ohne Moral. Da wird also eine ethische Behauptung aufgestellt, nämlich dass die Geschäftstätigkeit sich im Ergebnis legitim und verantwortungsvoll vollzieht. Aber es bedarf dazu, so wird behauptet, keines Akteurs, jedenfalls keines menschlichen, der dies wollen und herbeiführen müsste. Ein übermenschlicher Akteur hat dies schon bewerkstelligt: »der Markt« beziehungsweise der Wettbewerb.

Eine solche Konzeption, die sich selbst vermutlich für modern hält, ist durch und durch metaphysisch, das heißt vormodernem und voraufklärerischem Denken verhaftet. Metaphysik ist die Annahme, dass es da eine über uns stehende Kraft gebe, die das Vernünftige sowohl bestimmt als auch sicherstellt. Diese quasigöttliche Kraft und Instanz, das ist hier der Markt. Der Glaube an diese Kraft, das ist die Marktgläubigkeit, das ist der Ökonomismus.

Tatsächlich spricht Friedrich August von Hayek (1983, S. 135), der Guru aller Marktgläubigen, dem Wettbewerbsprozess eine »überindividuelle Weisheit« zu. Wie Unmündigen bleibt uns nur noch, uns dieser »Weisheit« demütig zu fügen und alles zu akzeptieren, was der Marktgott entschieden hat. Und diese »Demut« vor dem Wettbewerb, von der Hayek (1975, S. 21) tatsächlich spricht, üben wir ja dann auch, wie wir im Einzelnen noch sehen werden (indem wir es nämlich hinnehmen, zunehmend ein Leben als Unternehmer unseres eigenen Humankapitals zu führen).

Dies alles kann allenfalls nur verfangen, weil sich hinter der »unsichtbaren Hand«, die der Ökonomismus als Hand einer »höheren« Vernunft deutet, nichts anderes als die Instanzlosigkeit des Wettbewerbsprozesses verbirgt. »Unsichtbar« sind vor allem die ursächlichen Akteure der Zerstörungswirkungen des Wettbewerbs. Diese Unsichtbarkeit hat Hans-Werner Sinn (2007a) so verdeutlicht:

> *»Zu den schrumpfenden Sektoren gehören … die arbeitsintensiven Vorstufen der Industrieproduktion, die ihre Arbeitsplätze unspektakulär, für die Kunden nicht erkenntlich und in der Direktinvestitionsstatistik nicht erfasst auf dem Wege des Outsourcing ans Ausland verlieren.«*

»Unspektakulär« ist das für diejenigen, die ihren Job verlieren, ganz sicher nicht. Allerdings ist es wahrscheinlich, dass sie keinen Akteur finden, den sie zur Verantwortung ziehen können. Offenkundig gibt es Wettbewerbsverlierer. Damit ist der Ökonomismus, der ja substantiell vor allem auf das »Allgemeinwohl«, den Wohlstand für alle, abstellt, schon einmal widerlegt. Vor allem aber handelt es sich deswegen um ein verfehltes Konzept, weil es denknotwendig metaphysischer Natur ist. Denn wenn wir es nicht sind, die autonom das ethisch Richtige bestimmen und gewährleisten können sollen, wie der Ökonomismus behauptet, dann muss eine überpersönliche Macht unterstellt werden. Jede Ethik ohne Moral ist im Kern metaphysisch.

Dass dies alles nicht bloß relevant ist für ein, in der heutigen Landschaft eher exotisch anmutendes, geisteswissenschaftliches Proseminar über »Die normativen Hintergrundannahmen der Ökonomik« im Elfenbeinturm der Wissenschaften (sollte man die Wissenschaften denn als eine vom realen Leben abgesonderte Veranstaltung verstehen), sondern dass die Metaphysik des Marktes das Handeln der Akteure ganz praktisch und tatsächlich leitet, zeigt sich nicht nur in den bereits zitierten, sondern auch in der folgenden, firmenoffiziell abgesegneten Stellungnahme – diesmal der UBS (2000), als einer weiteren Schweizer Großbank:

> »*Indem wir für unsere Aktionäre Mehrwerte schaffen, schaffen wir auch Mehrwerte für alle anderen Ansprechgruppen.*«

»Mehrwerte schaffen« für »unsere« Aktionäre, dies ist das »eigene Wohl« (Josef Ackermann), gemessen in Gewinnen beziehungsweise Kapitaleinkommen (vielleicht auch in Boni). Und da hier keine Grenze der »Schaffung von Mehrwert« ersichtlich ist, wird hier offenbar von Gewinnmaximierung ausgegangen und diese praktisch betrieben. Zugleich wird man dabei, davon ist das Management der Bank offenbar überzeugt, »von einer unsichtbaren Hand geleitet, um einen Zweck zu fördern, den zu erfüllen« die Bank »in keiner Weise beabsichtigt hat«, nämlich »das Allgemeinwohl« zu fördern (Adam Smith) beziehungsweise »Mehrwerte für alle anderen Ansprechgruppen« zu schaffen (UBS), mithin allen legitimen Ansprüchen gerecht zu werden.

»An*sprech*gruppen«? Ist das nicht ein Druckfehler? Normalerweise spricht man doch von An*spruchs*gruppen (englisch: *stakeholder*), womit all diejenigen gemeint sind, die gegenüber dem Unternehmen legitime Ansprüche haben könnten. Die weltweit größte Vermögensverwalterin, die die UBS ist, meint auch gleich die Größe zu haben, die Begriffe umdefinieren zu dürfen. Das ist kein Zufall. Gemeint ist damit nämlich: Die Stakeholder (Kunden, Mitarbeiter, Zulieferer, Staatsbürger, Öffentlichkeit) haben gegenüber der UBS keine Ansprüche zu stellen. Sich damit auseinanderzusetzen sei ja »überflüssig« (Albach). Sie können die UBS aber ruhig »ansprechen« – denn das tun sie im Falle einer derart öffentlich exponierten, die Lebensverhältnisse vieler beeinflussenden Großbank ja sowieso. Und dann werden sie genau mit der Botschaft versorgt, die das Mantra der Marktgläubigen bildet: Was für den Homo oeconomicus gut ist, ist auch gut für alle. Mit Max Frisch: »Vernünftig ist, was rentiert.«

Damit weiß man sich auf dem richtigen Weg. Und der Weg lautet: Nutze »sämtliche verfügbaren Möglichkeiten, um für die Aktionäre … Mehrwert zu schaffen« (UBS, 2001). Maximiere den Gewinn beziehungsweise den Shareholder-Value. Tue alles, damit die Aktionäre so reich wie irgend möglich werden. Man nennt dies auch »effiziente Kapitalbewirtschaftung« (UBS) oder spricht, statt von »Profitmaximierung«, was immer etwas unseriös klingt, von der Sicherung oder Steigerung der »Wettbewerbsfähigkeit« des Unternehmens. Kurzum, damit wird die unbedingte Orientierung an maximalen »Returns on Investment« mit den Weihen einer höheren Ethik ausgestattet. Noch ein Beispiel gefällig?

»Die Kapitalbewirtschaftung [wie sie die UBS betreibt] wirkt sich direkt auf die Entwicklung des Aktienkurses aus [und zwar positiv] – eine ineffiziente Kapitalallokation hätte eine strukturelle Überkapitalisierung zur Folge. [»Über …« von was auch immer ist immer schlecht. Hier bedeutet es: Wir denken in Opportunitätskosten und legen das Geld woanders an, falls dort eine höhere Rendite zu erwarten ist als im eigenen Hause. Und dann kommt's:] Deshalb berücksichtigt die einfache Kapitalbewirtschaftungsstrategie die Interessen aller Ansprechgruppen.« (UBS, 2001).

Man muss dies gar nicht mehr eigens begründen. Ein hoher Aktienkurs, der sozusagen den ultimativen Markterfolg markiert, ist ein Zeichen dafür, dass man alles richtig gemacht hat – richtig im Sinne einer universalistischen Ethik, die die legitimen Ansprüche eines jeden berücksichtigt. Der Wettbewerb, in dem sich zeigt, was sich zum eigenen Vorteil durchsetzten lässt, wird so zu einem »Entdeckungsverfahren« (Hayek). Und »entdeckt« wird, was »vernünftig« ist, das heißt ethisch vernünftig. Natürlich interessiert die Akteure dies gar nicht. Darin besteht ja gerade der Witz der Marktmetaphysik. Doch ist es gelegentlich ganz nützlich, sich dieser Theorie zur Rechtfertigung der eigenen Gewinnmaximierung zu bedienen. Insofern besteht dann doch wieder kein Widerspruch im Konzept einer Ethik ohne Moral. Nur ist es dann keine Ethik mehr, sondern eine Strategie zur Sicherung der eigenen Interessenorientierung.

### Ethik zahlt sich langfristig aus – stimmt das?

In einen Widerspruch mit sich selbst gerät der Ökonomismus allerdings dann, wenn seine marktharmonistische Botschaft nicht mehr beim Publikum verfängt. Sich »ansprechen« lassen und bloß mit der frohen Botschaft der großen Marktharmonie zurückzusprechen, das reicht nicht mehr, um die Akzeptanz zu sichern. Man stelle sich vor, eine Massenentlassung stünde an, und das Management würde verkünden: »Unsere soziale Verantwortung besteht darin, unsere Gewinne zu maximieren«, um dann sofort vom Mikrofon abzutreten und schnellstmöglich mit der Gewinnmaximierung fortzufahren. Dies wäre wohl ein PR-Desaster. Von einem solchen lässt sich wohl etwa im Falle Nokias sprechen, als es nur an die »Darstellbarkeit« seines Handelns gegenüber dem Kapitalmarkt dachte (vergleiche Kapitel 3). Sahen vor der Entlassungsankündigung lediglich normale acht Prozent der befragten Deutschen das Unternehmen in einem »schlechten Licht«, so waren es neun Monate später fünfunddreißig Prozent (*Capital*, 2008). Vielleicht auch darum sank der Anteil am Handymarkt von vormals vierundvierzig auf sechsunddreißig Prozent, was nach Berechnungen des Magazins *Capital* einem Ertragsausfall von 220 Millionen Euro entspricht.

Hat man vielleicht den Gewinn nur »kurzfristig« maximiert, also eigentlich verfehlt?

Hilfe bei der Rechtfertigung des Gewinnmaximierungsstrebens kann vielleicht eine andere Theorie bieten, die auf den ersten Blick wie die Antithese zum Funktionalismus aussieht: »Ethik« ist nun nicht mehr »überflüssig« (Albach), sondern im Gegenteil notwendig. Wofür? Natürlich für den Gewinn. Die Annahme, dass sich »Ethik« langfristig auszahlt, beherrscht beinahe die gesamte Diskussion um die Unternehmensethik. Sie ist aber auch außerhalb des Unternehmenszusammenhangs weit verbreitet. »Ethik zahlt sich langfristig aus«, dies ist eine Art »moderne« (tatsächlich halb-moderne) Volksweisheit. Man müsse nur langfristig genug denken. Das findet etwa auch Bundesjustizministerin Brigitte Zypries (2009):

*»Jeder weiß doch, dass es sich für ein Unternehmen auszahlt, wenn es sich langfristig gut positioniert [das heißt, sich hin zu einer »modernen Wirtschaftsethik« bewegt] und nicht nur am schnellen Erfolg interessiert ist.«*

Das »wissen« auch die Manager, praktisch alle, mit kaum einer Ausnahme. »Langfristig ist Erfolg ohne Ethik nicht möglich«, da ist sich Bernd Pischetsrieder, bis 2006 Vorsitzender des Vorstandes der Volkswagen AG, sicher. Und Henning Schulte-Noelle, amtierender Vorsitzender des Aufsichtsrats der Allianz AG, findet:

*»Nachhaltiger Erfolg ist nur zu erreichen, wenn die legitimen Interessen aller Stakeholder berücksichtigt werden.«*

»Die legitimen Interessen aller Stakeholder«? Wirklich aller? Da streiten sich die Philosophen und erst recht wir in Politik und Lebenspraxis, was denn die »legitimen Interessen« von Beteiligten und Betroffenen seien, und Henning Schulte-Noelle kennt sie alle. Wie findet er das heraus? Ganz einfach, indem er den »Erfolg«, das heißt den Shareholder-Value beziehungsweise den Gewinn, »nachhaltig« steigert. »Nachhaltig« nicht im Sinne höherer ethischer Werte (wie sie etwa die Rio-Konferenz von 1992 vorgeschlagen hat), sondern im Sinne der langfristigen beziehungsweise dauerhaften Durchsetzbarkeit des Erfolgsstrebens. Wenn es sich auszahlen soll, ethisch verantwortungsvoll zu handeln, dann kann man beim Streben nach dem »Sich-auszahlen« ja eigentlich nichts falsch machen. Genau wie andere Dinge auch, etwa Marketing, Buchhaltung, Human-Ressource-Management und so weiter, gehört »Ethik« zum Instrumentenkasten der erfolgreichen Selbstbehauptung im Wettbewerb.

Erneut haben wir es mit einem Versuch der Pauschallegitimation des Gewinnstrebens beziehungsweise von Gewinnmaximierung zu tun. Und insofern unterscheidet sich diese Konzeption, der Instrumentalismus, nicht vom Funktionalismus. Nach wie vor sollen sich die Unternehmen, überhaupt alle Marktakteure, am Gewinn und an sonst gar nichts orientieren. Was sich ändert ist lediglich die Annahme über die erfolgsstrategisch notwendigen Rezepte dafür, *wie* sich Gewinne erzielen beziehungsweise steigern lassen (wozu die Vermeidung unnötiger Verluste natürlich auch gehört). Nun gehört »Ethik«, wozu dem Anspruch nach die Erfüllung aller legitimen Ansprüche gehört, zum Instrumentenkasten der Gewinnerzielung.

Mit dem Funktionalismus teilt der Instrumentalismus auch die Ansicht, dass dafür, dass bei der Geschäftspolitik alles mit ethisch rechten Dingen zugeht und mit allen Anspruchsgruppen fair umgegangen wird, auf die Integrität der Geschäftsleitung eigentlich verzichtet werden kann. Zwar ist Integrität für den Instrumentalismus nicht schädlich, aber auch nicht unbedingt erforderlich. Man muss dazu nur seine eigenen Interessen (beziehungsweise die Interessen der Kapitaleigentümer) konsequent, das heißt langfristig, verfolgen.

Warum eigentlich sollte sich »Ethik« erst langfristig und nicht bereits kurzfristig auszahlen? Komischerweise glaubt die halbe Welt und beinahe das gesamte Management der Unternehmen dieser Welt, dass es da einen »business case for ethics« gebe (dass man also mit »wirtschaftlichen« Argumenten für »Ethik« eintreten kann). Aber niemand hat bislang, zumindest soweit mir bekannt ist, diese Frage auch nur gestellt, geschweige denn beantwortet. Klären wir zunächst einige Missverständnisse. (Es sind genau zwei.) Immer wieder ist von einer »kurzfristigen Gewinnmaximierung« die Rede, der man dann sofort eine Absage erteilt. Gewinnmaximierung betreibe man selbstverständlich nur langfristig, was offenbar eine Rechtfertigung sein soll. Wer so spricht, hat nicht verstanden, was Gewinnmaximierung heißt. Wer heute etwas tut, um morgen für sich gigantische Gewinne einzufahren, die gerade deshalb übermorgen zu noch gigantischeren Verlusten führen, der mag »kurzfristig«, genauer: kurzsichtig gehandelt haben, aber sicher hat er nicht Gewinnmaximierung betrieben, sondern sein Eigeninteresse gerade verfehlt (siehe Grafik nächste Seite). Denn sein Gewinn ist ja insgesamt tiefer, als er hätte ausfallen können. »Kurzfristige Gewinnmaximierung« ist darum ein Widerspruch in sich. Und »langfristige Gewinnmaximierung« ist ein Pleonasmus, so etwas wie ein »weißer Schimmel«. Gewinnmaximierung ist *in sich* bereits langfristig ausgelegt. Ansonsten wären die Gewinne ja auch nicht *insgesamt* so hoch wie möglich.

Natürlich kann man sich darüber streiten, wie lange »langfristig« ist. Fünf Jahre, zehn Jahre oder fünfzig Jahre? Schließlich leben wir nicht ewig. Aber Unternehmen bestehen doch, zumindest teilweise, ganz schön lange und werden zuweilen älter als ein Menschleben misst. Doch um Unternehmen geht es bei der »Langfristigkeit« letztlich nicht. Hierin liegt das zweite Missverständnis. In der Logik des instrumentalistischen Arguments geht

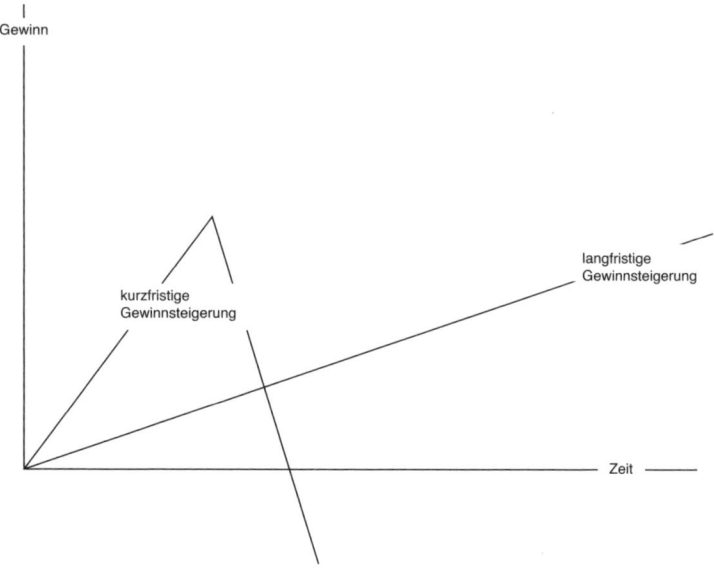

es nämlich nicht um den dauerhaften Bestand eines Unternehmens, in das man gerade mehr oder minder zufällig investiert hat. Für den Investor ist das Unternehmen nur ein austauschbares Investitionsobjekt neben vielen. Und natürlich wandert der Renditemaximierer zum nächsten Unternehmen ab, wenn dort höhere Gewinnchancen lauern. Dass der »langfristige« Unternehmensbestand irrelevant ist, zeigt sich auch darin, dass es manchmal vorteilhaft ist, ein Unternehmen zu zerschlagen oder zu »filetieren«.

Die Langfristigkeit bezieht sich nicht auf das Unternehmen. (Dessen dauerhaftes Bestehen mit all seinen Mitarbeitern und Geschäftsbeziehungen stellt ja im Übrigen bereits in sich einen, allerdings zu relativierenden, ethischen Wert dar, etwas Schützenswertes also, weshalb es keinen Sinn macht, dieses Bestehen mit »der Ethik« ins Verhältnis zu setzen, denn dann wären wir ja bereits bei der Ethik.) Vielmehr bezieht sie sich auf die langfristige, die »nachhaltig« durchsetzbare Erfolgsbilanz der Investoren. Es geht um das Eigeninteresse des Kapitals, das einmal hier und einmal dort investiert, Finanzmittel einbringt und wieder abzieht, stets auf der Suche nach »Mehrwert«, stets im Bestreben, so viel Geld wie möglich zu scheffeln (Simons/Mintzberg/ Basu, 2002).

Die Betonung der »Langfristigkeit« verweist also im Grunde auf die besonders radikale und strikte Verfolgung eigener Interessen. (Es sei denn, mit der »Langfristigkeit« würde auf den Erhalt eines Unternehmens abgestellt. Dann sollte man dies aber auch klipp und klar sagen.) Und gerade diese radikale, nicht eine moderate Form der Eigeninteressenverfolgung soll nun mit den Weihen des Legitimen ausgestattet sein? Was ist hier los?

Nun, hier tobt der Kampf. Wenn eine Unternehmung etwas tut, durch das sich andere ungerecht behandelt fühlen, dann werden diese sich in der Regel wehren. Und dies benötigt üblicherweise eine gewisse Zeit. Die Ökologiebewegung hat ziemlich lange gebraucht, um sich zu formieren. Heute ist sie eine Kraft, an der Unternehmen nicht so ohne weiteres vorbeikommen. Ebenso die Menschenrechtsbewegung, die heute zunehmend Unternehmen bedrängt. (Man werfe einen Blick auf die Website www.business-humanrights.org.) Wenn sich Mitarbeiter ungerecht behandelt fühlen, dann setzen sie sich nicht so sehr für das Unternehmen ein, als sie es tun könnten. »Risiko!«, sagt da der Gewinnmaximierer. Vielleicht schlucken sie es zunächst (»kurzfristig«) und wandern erst nach einer gewissen Zeit in die innere Kündigung. Oder sie kündigen tatsächlich, je nach Arbeitsmarktlage, versteht sich. Oder sie könnten einen Betriebsrat gründen. Vielleicht könnte etwas »Ethik« sie davon abhalten? Und auch die Konsumenten üben sich nicht sofort in Kaufabstinenz, wenn sie als Bürger zur Ansicht gelangen, dass man die als verantwortungslos befundenen Praktiken des Unternehmens nicht länger unterstützen möchte. Zudem müssen sie überhaupt davon Kenntnis haben. Die Medien müssen über den Missstand berichten, und aus der lokalen Meldung muss ein öffentlicher Skandal werden. Vorsicht, Risiko. Genauer:»Reputationsrisiko!«, sagt sich das Management. Auf jeden Fall braucht dies alles Zeit – wenn der Fall denn die Schwelle zu einer breiten öffentlichen Wahrnehmung überhaupt überschreitet.

Der Unterschied zwischen einer bloß kurzfristigen und der langfristigen Eigeninteressenverfolgung besteht also einzig in der Zeit, die potentiell machtvolle Gegenspieler benötigen, um ihre Macht wirksam werden zu lassen. Dies bedeutet im Umkehrschluss: Wer keine Macht hat, der hat in diesem Konzept auch keine Rechte. Wer keine Einflussmöglichkeiten hat, der hat hier nichts zu melden (es sei denn, er verschafft sie sich). Seine Anliegen bleiben unberücksichtigt, auch wenn sie eigentlich berechtigt sind. Anders formuliert: Der Instrumentalismus läuft auf eine»Ethik« des Rechts des Stärkeren hinaus.

Die Maßgabe der Berücksichtigung von Anliegen ist hier also die Rentabilität, nicht die Legitimität.»Ethik zahlt sich langfristig aus« muss also übersetzt werden in:»Wir betreiben diejenige ›Ethik‹, die sich langfristig auszahlt.« Mit anderen Worten:»Wir berücksichtigen diejenigen Ansprüche, die mit der Macht ausgestattet sind, uns in unserem Bestreben der Gewinnmaximierung zu behindern.«

Erstaunlicherweise wird dies von den Advokaten des Instrumentalismus, als die sich auch und gerade zahlreiche Unternehmen outen, mehr oder minder verklausuliert auch ausgesprochen. Da ist etwa von den»relevanten Anspruchsgruppen« die Rede.»Relevant« wofür? Natürlich für den Unternehmenserfolg. Alle anderen Akteure sind also»irrelevant«.

Die»relevanten« Anspruchsgruppen vergeben, so wird gerne formuliert, die»License to Operate«, sozusagen die Betriebsbewilligung. Und wann erhält man diese? Wenn es dem Unternehmen gelingt,»die Erwartungen jener Stakeholder zu befriedigen, welche die Macht haben, die Gesamtleistung und mitunter sogar die Existenz der Unternehmung zu beeinflussen«.[4] Dass die Maßgabe des Umgangs mit den Anspruchsgruppen, mit Mitarbeitern, Kunden, Bürgern und so weiter, von der Rentabilität abhängig gemacht wird, verrät implizit auch die Telekom auf ihrer Website zum Thema»Verantwortung«: Dass»Wettbewerbsfähigkeit [gemeint ist der»langfristige unternehmerische Erfolg« beziehungsweise der»Konzernwert«, der permanent zu steigern ist] und gesellschaftliche Verantwortung ... Hand in Hand« gehen, ist kein Zufall. Denn»die Übernahme und Steuerung von Verantwortung dient einem gemeinsamen [und also einzigen] Zweck, nämlich, den Unternehmenswert nachhaltig zu steigern.«

Die»gesellschaftliche Verantwortung« wird hier also genau so betrieben, dass»der Unternehmenswert« gesteigert wird. Und so findet die Telekom im»Corporate Responsibility Bericht 2007« auch nichts dabei, dass»mit Hilfe« von»Corporate Responsibility« als einem»Managementkonzept«»Ressourcen gespart, Kosten reduziert und die in unserer Wertschöpfungskette verborgenen Risiken [für den Unternehmenswert] minimiert« werden können und sollen. Zur Erinnerung: Kosten, auch und gerade Personalkosten, sind immer Einkommen für andere. Kostenreduktionen sind also nicht, wie die Telekom hier offenbar unterstellt, irgendwie gut für alle. Dies haben die Telekom-Mitarbeiter im Arbeitskampf von 2007, bei dem es um Lohnsenkungen um bis zu vierzig Prozent bei gleichzeitig hohen, Milliarden schweren Gewinnausschüttungen ging, ganz praktisch erfahren müssen.

Hier zeigt sich eine Umdefinition der Werte, die innerhalb des Instrumentalismus nur konsequent ist. Denn diesem zufolge »beruht die Legitimität der Ansprüche der Stakeholder auf dem (Gegen-)Interesse der Unternehmungsführung an den Stakeholdern beziehungsweise an den von ihnen gelieferten Ressourcen« (Schaltegger, 2004, S. 172). Welche Ansprüche als »legitim« gelten, wird hier also dadurch definiert beziehungsweise umdefiniert, inwieweit die Stakeholder etwas Nützliches anzubieten haben – natürlich im Vergleich zu funktional mindestens gleich profitablen Konkurrenzangeboten. In dieser Umdefinition, darin besteht letztlich der Ökonomismus.

Fassen wir zusammen. Eine Unternehmung kann nicht beides zugleich, Gewinnmaximierung betreiben und ethisch verantwortungsvoll agieren. Davon geht allerdings die Siemens AG in ihrer »Vision« aus: Man möchte ein Unternehmen sein, »das seinen Aktionären größtmöglichen Wert schafft« und zugleich »ein Unternehmen mit einem anspruchsvollen Wertekodex: Humanität, Chancengleichheit, strikte ethische Standards im Geschäftsleben.« Das eine ist mit dem anderen nicht vereinbar. Die instrumentalistische, allgemein: die ökonomistische Harmoniethese darf als gescheitert gelten. Eine »Ethik im Dienst der Unternehmensführung« (Thomas/Hattler, 2008) ist keine Ethik, jedenfalls keine, die den Namen verdient. Wer hierfür den »rauchenden Colt« sucht, also den empirischen Tatbeweis dafür, dass sich »Ethik« eben doch nicht langfristig auszahlt, muss allerdings weitgehend enttäuscht werden. (Das gilt auch für den umgekehrten Fall.) Denn diese würde ja voraussetzen, dass die fragliche Norm, deren Einhaltung sich nun annahmegemäß nicht auszahlt, bereits eindeutig definiert und alle komplexen Abwägungsfragen eindeutig zu Gunsten dieser Norm ausgefallen wären. (Beispiel: War die Schließung des Werkes Bochum durch Nokia unzweifelhaft unverantwortlich? Die Geschäftsleitung hat jedenfalls in nachträglichen Interviews eine Notlage geltend gemacht. Weitere Aspekte wären ins Feld zu führen, etwa die geschaffenen Arbeitsplätze in Rumänien.) Überdies müsste man auch klar sagen können, dass die Verletzung der fraglichen Norm, vorausgesetzt, diese wurde geklärt, das Unter-

nehmen weniger gekostet hat, als die Einhaltung ihm einge-
bracht hätte. (Sind die 220 Millionen Euro Umsatzverlust, die
*Capital* berechnet, und die 200 Millionen Euro, die Nokia für den
Sozialplan aufwenden musste, nun größer oder kleiner als der
Vorteil, der Nokia aus der Produktionsverlagerung erwuchs?
Wir wissen es nicht. Und selbst wenn wir alle Zahlen hätten,
ließe sich möglicherweise entweder sagen: Es war das »Reputa-
tionsrisiko« wert oder eben nicht wert.)

Hier aber zumindest eine empirische Evidenz: Der durch viele
Skandale gebeutelte, aber (oder darum?) höchstprofitable Ölmulti Shell (Reingewinn im Jahre 2008: 26 Milliarden Dollar)
hatte sich bislang dadurch hervorgetan, dass er seine Verantwortung für das Klima erkannte und begann, erhebliche Sum-
men in erneuerbare Energien zu investieren. Vollmundig lässt
der CEO des Unternehmens, Jeroen van der Veer, auf der Website verlauten: »Für unser Unternehmen ist die wissenschaftliche Debatte über den Klimawandel abgeschlossen. Die Frage
lautet nun, was wir gegen den Klimawandel tun können.« In den
letzten fünf Jahren hat Shell dann 1,7 Milliarden Dollar in erneuerbare Energien gesteckt. Das ist ein hoher Betrag, wenn er
auch nur knapp zwei Prozent der gesamten Investitionssumme
des Konzerns entspricht (*Handelsblatt*, 18.03.2009).

Im März 2009 kündigte Shell für viele überraschend den Rück-
zug aus dem Bereich erneuerbarer Energien an. Investitionen in
alternative Energien seien für den Ölmulti »kein Wert an sich
mehr«, interpretiert das *Handelsblatt*. Denn wie die Spartenche-
fin Linda Cook erklärt, werden Investitionen in erneuerbare
Energien von nun ab nur noch dann vorgenommen, wenn deren
Rendite mit den übrigen Investments, vor allem im Bereich Öl
und Gas, mithalten kann. Ansonsten würde man ja »Investi-
tionschancen«, das heißt Rentabilitätschancen, verpassen. Der
ökonomische Radikalismus des Opportunitätskostendenkens
lässt grüßen.

Auf seiner Website verkündet der Konzern, er sehe »keinen Gegensatz zwischen wirtschaftlicher sowie sozialer und ökologischer Verantwortung«. Er sollte diesen Satz, der offenkundig dem ökonomistischen Harmonismus entspringt, streichen. Immerhin ist dem Konzern zugutezuhalten, dass er auch »effektive politische Rahmenbedingungen zur Steuerung des Ausstoßes von $CO_2$ und anderer Treibhausgase« befürwortet. Gibt es da also doch einen Konflikt zwischen Rentabilität und Legitimität? Und Konzernchef Jeroen van der Veer sekundiert: «Eine Regulierung von $CO_2$-Emmissionen könnte die beste Nachricht für ein Unternehmen wie Shell sein.« (*Hydrocarbon Processing,* 03.04.2009) In wohlwollender Auslegung ist damit offenbar gemeint: Für ein Unternehmen wie Shell, das Gewinne erzielen und dabei verantwortungsvoll agieren möchte.

Dann allerdings müsste sich der Konzern vom Opportunitätskostendenken verabschieden. Dann dürfte es nicht mehr »danach streben, den höchsten Wert aus allen verfügbaren Aktivposten herauszuholen« (van der Veer). Denn der Aufruf des Unternehmens an die Politik, der Mineralölbranche Fesseln anzulegen, mag ihm zwar nach wie vor Überschüsse erlauben. Doch ist kaum zu bezweifeln, dass diese insgesamt (sagen wir im Zeitraum der nächsten zwanzig bis dreißig Jahre) höher ausfallen, wenn die fossilen Energieträger weiterhin ohne Beschränkungen ausgeschöpft werden können. Insofern ist der Aufruf van der Veers ein »Opportunitätsschaden«.

Ziehen wir ein Fazit. Der Instrumentalismus (und der Ökonomismus im Allgemeinen) vermittelt dem Management, ja uns allen, die Botschaft: Ihr könnt mit der Gewinnmaximierung fortfahren. »Unbändiges Vorteilsstreben« (Karl Homann) ist legitim. Denn ethisch falsch machen könnt ihr dabei nichts. Im Gegenteil. Je konsequenter, »langfristiger«, ihr eure eigenen Interessen beziehungsweise die Kapitalverwertungsinteressen verfolgt, desto besser für die Ethik. Integrität, der »gute Wille«, ist »überflüssig« (Albach). (Nicht »überflüssig« ist im Instrumentalismus im Unterschied zum Funktionalismus lediglich, etwas zu tun, das nach »Ethik« aussieht. Doch müssen wir, die Adressaten dieser Bemühungen einer Hochglanzethik, uns im Klaren sein: Nicht überall da, wo »Ethik« draufsteht, ist auch tatsächlich Ethik drin.) Dieses Konzept einer Ethik ohne Moral muss scheitern. Das Management muss Integrität mitbringen. Dies nicht nur, weil sonst nicht die Ethik den Ausschlag gibt, sondern die Macht, nicht die Legitimität, sondern die Rentabilität. Integrität, modern verstanden als die Bereitschaft, die eigene Legitimität und Verantwortbarkeit zu klären, ist vor allem auch darum notwendig, weil ja gar nicht von vornherein feststeht, was denn ein verantwortungsvolles Geschäftsgebaren sei (weshalb ja gar nicht klar wäre, was genau sich denn da »auszahlen« können sollte). Ein Unternehmen bewegt sich stets in einem hochkomplexen Konfliktfeld divergierender Interessen. Nehmen wir beispielsweise die Telekom (damals erstmals bestreikt). Der *Stern* (21/2007) fasste die Lage so zusammen:

*»Die Kunden wollen niedrige Preise und einen besseren Service. Die Aktionäre wünschen sich Kursgewinne und höhere Dividenden. Und die Arbeitnehmer möchten einen sicheren Job. Das alles ist kaum unter einen Hut zu bringen – aber Obermann scheint es noch nicht einmal zu versuchen.«*

Die Klärung der Legitimität all dieser Ansprüche ist eine höchst anspruchsvolle Aufgabe. Ohne Integrität, ohne Anerkennung des Vorrangs ethischer Gesichtspunkte vor dem Gewinn, ist diese Aufgabe nicht zu meistern.

## Das separative Verständnis von Wirtschafts- und Unternehmensethik

Die Marktapologetik muss damit aber noch nicht die Waffen strecken. Statt die Marktlogik explizit, sozusagen frontal zu rechtfertigen, kann sie diese auch einfach stillschweigend als gegeben voraussetzen. Statt zu behaupten, der Markt dient dem Wohl aller, behauptet man nun: Es muss sein, wobei »es« bedeutet: Wir müssen uns eben an die Zwänge des globalen Wettbewerbs anpassen.

Systematisch betrachtet wird hierbei einer Zwei-Welten-Konzeption gehuldigt (Ulrich, 2008, S. 109): Hier die Ethik, dort die Wirtschaft. Folglich muss das Wirtschaften als neutral, das heißt als pauschal gerechtfertigt angenommen werden. Das Wirtschaften selbst wird so der ethisch-kritischen Reflexion entzogen. Dieses Denken tritt in zwei Grundvarianten auf, für die sich jeweils betriebswirtschaftliche und volkswirtschaftliche Beispiele finden lassen.

### Spendenethik

Einige Unternehmen glauben noch immer, dass sie ihrer gesellschaftlichen Verantwortung durch Spendenaktivitäten nachkommen können. Frei nach dem Motto, das der Betriebswirt Dieter Schneider (1990, S. 870) schon vor geraumer Zeit so formuliert hat:

> »Nur wer Überschüsse erzielt hat, kann sie guten Zwecken zuführen.«

Damit wird zumindest nahegelegt, dass »nur« derjenige, der Gewinne (»Überschüsse«) erzielt, überhaupt ethisch verantwortungsvoll handeln beziehungsweise »guten Zwecken« dienen kann, denn erst dann habe man ja die Mittel dafür. Und je höher die Gewinne, desto besser für die Ethik. So schreibt die Credit Suisse in ihrem »Corporate Citizenship Report 2007«:

>*Nur wenn wir unsere Kernaufgaben im Interesse unserer Kunden und Aktionäre mit Erfolg ausüben und uns dabei an den höchsten Standards unserer Branche messen, sind wir in der Lage, allen gesellschaftlichen Anspruchsgruppen gerecht zu werden.*«

Natürlich bestehen die »höchsten Standards« der Branche in nichts anderem als im höchstmöglichen Gewinn. Erst also hübsch die Gewinne maximieren, und dann die Überschüsse wohltätigen Zwecken zuführen.

Leider besteht hier allerdings ein Denkfehler. Denn die Gewinne sind ja »langfristig« noch höher, wenn man das Geld nicht für Spenden »verschwendet«, sondern reinvestiert. Die »gesellschaftlichen Anspruchsgruppen« müssen sich also noch etwas gedulden. Wie sagte noch Keynes: »In the long run we are all dead.”

Ob nun gespendet wird oder nicht, ist also zumindest unklar. Gewichtiger ist aber ein weiterer Einwand. Mit der Konzentration der Ethik auf das Spenden wird die Aufmerksamkeit weggelenkt von der eigentlichen Geschäftstätigkeit auf das, was danach passiert – oder eben nicht passiert. Darin besteht die eigentliche Pointe einer solchen Spendenethik. Nicht die Praxis des Geldverdienens selbst, sondern »nur das, was man mit dem Geld tut, unterliegt der moralischen Wertung«, meint tatsächlich Karl-Ludwig Kamprath, Vorstandsvorsitzender der Kreissparkasse München (*SZ*, 14.10.2008). Er ist damit sicher nicht der Einzige, sondern spricht nur aus, was viele Manager denken, nämlich dass die Gewinnerzielung selbst »neutral« sei. Ethische Rücksichten müssen dabei also nicht genommen werden.

Wer ein Unternehmen so führt und Geschäftsethik auf nachträgliche Spendenethik reduziert, müsste etwa so argumentieren: »Wir haben die Hälfte unserer Stellen outgesourct, die Arbeit der verbleibenden Stellen verdichtet und Produkte, die unter der Benchmark-Rentabilität von fünfundzwanzig Prozent verbleiben, abgestoßen. Dadurch konnten wir den Gewinn verdoppeln. Dies erlaubt es uns, uns noch stärker beim Sponsoring von Sport und Kultur zu engagieren.«

Unternehmensethisch kommt es nicht auf die Größe des Gewinnkuchens an, sondern auf die ethische Qualität der Geschäftstätigkeit selbst. Es geht nicht an, die Mitarbeiter, Kunden, Zulieferer und so weiter zunächst einmal allein nach Maßgabe ihrer Nützlichkeit für die Gewinnerzielung zu behandeln, um sie dann, nach geschlagener Schlacht, mit all den Gewinnen nachträglich zu kompensieren – was sowieso unlogisch wäre und folglich auch nicht geschieht. Ein Schuh würde allenfalls daraus, wenn die Reduktion von Geschäftsethik auf Spendenethik dem Zweck dient, von der eigentlichen Geschäftstätigkeit abzulenken, was vermutlich deutlich billiger kommt, selbst wenn man Millionen für die Kulturförderung und Kinderdörfer ausgibt, um zu zeigen: Wir sind ja keine Unmenschen. Daraus würde aber kein ethisch tragfähiger Schuh. Vielmehr würde die Spendenethik in den Dienst des Instrumentalismus gestellt.

Spendenethik finden wir auch im Großen. Wir haben sie bereits oben in Kapitel 2 mit dem sogenannten Kaldor-Hicks-Kompensationskriterium kennengelernt, dessen Motto lautet: Erst den Kuchen vergrößern, dann die Verlierer kompensieren – wenn dies denn »möglich« ist. Den gleichen Gedanken finden wir etwa in der Regierungserklärung von Angela Merkel vom 30. November 2005.

Es gelte, »mehr Freiheit zu wagen«. Dann nämlich werde die »Wachstumsbremse« gelöst, womit es möglich werde, »den Widerspruch zwischen Arbeit und Kapital weiter auszugleichen und denen zu helfen, die sich heute noch auf der Schattenseite des Lebens befinden.« Nur, wahrscheinlicher befinden sich zumindest einige gerade darum »auf der Schattenseite des Lebens«, weil andere ihre »Freiheit« dazu nutzten, sie outzusourcen. Oder: »Wenn wir mehr Starke haben«, dann »können wir den Schwachen etwas abgeben« (da ja die Wirtschaft dann gewachsen ist, wie immer dies genau funktionieren soll). Gerade dadurch haben wir aber auch mehr »Schwache«, mehr relativ Wettbewerbsschwache nämlich.

Zumindest teilweise wird also der Missstand (die Arbeitslosigkeit, die relative Armut und so weiter) gerade erst durch den Mechanismus erzeugt – nämlich den Marktmechanismus beziehungsweise die »schöpferische Zerstörung« des Wettbewerbs –, der zu seiner Lösung vorgeschlagen wird. Ursachengerechte Problemlösungen sehen anders aus.

Der gleiche Denkfehler – oder zumindest die gleiche Verkürzung – findet sich auch in der von Theodor Heuss geprägten Losung: »Die beste Sozialpolitik ist eine gute Wirtschaftspolitik.« Wobei eine »gute Wirtschaftspolitik« natürlich darin besteht, einen möglichst großen Wohlstandskuchen zu erzeugen. Vielleicht aber – teilweise: systematisch! – macht eine solche »gute Wirtschaftspolitik« die Sozialpolitik überhaupt erst nötig. Denn »das Gesamtprodukt«, das »zur Verteilung zur Verfügung steht« oder stehen könnte, ist gerade »nur deshalb überhaupt vorhanden« beziehungsweise nur deshalb gewachsen, »weil die Einkommen für die verschiedenen Anstrengungen vom Markt mit wenig Rücksicht auf Wünsche oder Bedürfnisse geboten werden« (Hayek, 1996, S. 189), mit anderen Worten, weil die einen die anderen ohne »Rücksicht« auf deren »Wünsche und Bedürfnisse« unter Wettbewerbsdruck gesetzt haben.

**Keine VW**

Wir haben es hier mit dem gleichen Reflexionsstopp zu tun, der auch die Spendenethik im Kleinen kennzeichnet. Im Unterschied zum Ökonomismus gibt es hier zwar ein Subjekt der Moral – den Spender oder die Sozialpolitik, die ja in dieser Konzeption für die Nettozahler keine Investition, die sich wieder auszahlt, darstellt (etwa um den »sozialen Frieden« zu sichern; dann hätten wir es ja mit der Ethik ohne Moral des Ökonomismus zu tun). Doch wird die Marktlogik stillschweigend gerechtfertigt – einfach, indem sie, wie das »Wetter« (Nikolaus Piper), als Faktum hingenommen wird, statt dass sie selbst ethisch reflektiert würde – und natürlich entsprechend gestaltet. Im Fall des Slogans: »Erst Wachstum, **✗** dann Umverteilung«, werden die Kosten der Wohlstandserzeugung (vergleiche Kapitel 7) einfach unterschlagen. Oder es wird **✗** eine Abwägung vorgenommen – nämlich dass diese Kosten durch den erhöhten Wohlstand stets aufgewogen werden oder jedenfalls aufgewogen werden könnten –, die einem unreflektierten Vorurteil entspricht und alles andere als zwingend ist.

## Das Unmöglichkeitstheorem – und die große Sachzwangerzählung der Ökonomik

Eine weitere Manifestation des Reflexionsstopps vor der Marktlogik sind Erklärungen vom Typus: »Ihr mögt ja Recht haben, aber leider ist es uns unmöglich, euren Ansprüchen zu entsprechen.« Um ein konkretes Beispiel zu wählen: »Angesichts des zunehmenden Wettbewerbsdrucks ist es uns leider unmöglich, eure Entlassung zurückzunehmen.«

Leider ist die Erklärung der »Unmöglichkeit der Ethik« nicht durchdacht. Es kann nämlich niemals unmöglich sein, dass ethisch Richtige zu tun, sondern allenfalls schwierig. Vielleicht ist es zu schwierig, vielleicht aber auch nicht. Der Begriff der »Unmöglichkeit« hat in der Ethik nichts zu suchen. Er gehört in

*yay, genau!*

*Zit*

die Naturwissenschaften. In der Ethik bietet er eine unzulässige Pauschallegitimation des eigenen Handelns. Es geht daher nicht um die Frage, ob es »möglich« oder »unmöglich« ist, verantwortungsvoll zu agieren, sondern ob dies *zumutbar* ist oder nicht. Und das ist etwas anderes. Es ist dann nämlich eine offene Frage. Es kann sich dann nämlich herausstellen, dass das, was zunächst für »unmöglich« deklariert wurde, durchaus zumutbar ist. Und es ist eine Frage, die die Sache in ethischen Begriffen aufwirft. Es ist eine Frage nach den Rechten, die selbstverständlich auch dem Subjekt der Moral, beispielsweise der Unternehmensführung oder auch den Kapitaleigentümern, zuzugestehen sind. (Allerdings wird dem Kapital derzeit ein vollständig übertriebenes Maß an Rechten zugestanden.)

Mit Behauptungen der »Unmöglichkeit« wird diese Frage aber regelmäßig und vollkommen undifferenziert zugunsten der Eigeninteressen des Subjekts der Moral entschieden, also zugunsten derjenigen, die zum verantwortungsvollen Handeln aufgerufen sind. Sie werden damit von aller Verantwortung freigesprochen. Es ist allein deren Widerstand, deren Macht, die die »Unmöglichkeit« einer an sich richtigen Lösung, die als solche auch gar nicht bestritten wird, verursacht. Insofern wird hier dem Recht des Stärkeren (nach dem die Marktlogik, wenn sie rein betrieben wird, nun einmal funktioniert) gehuldigt.

Genau so argumentiert Hans-Werner Sinn (2007b). Wer etwa die Ansicht vertritt, so Sinn, dass »jeder von seiner Hände Arbeit leben können« müsse, dass es »nicht sein darf, dass Firmen ihre Geschäftsmodelle darauf aufbauen, dass der Staat den niedrigen Lohn, den sie zahlen, noch aufstockt« [oder wer mit Franklin D. Roosevelt der Meinung ist, dass »Unternehmen, deren Existenz ausschließlich davon abhängt, ihren Beschäftigten weniger als einen zum Leben ausreichenden Lohn zu zahlen, in diesem Land kein Recht mehr haben sollen, weiter ihre Geschäfte zu betreiben«], der »verwechselt Wunsch und Wirklichkeit«. Es gibt nämlich, so Hans-Werner Sinn, einfach »keine Möglichkeit, die Arbeitslosen ohne Zuschüsse in Lohn und Brot zu bringen«. – Als sei die Kapitalquote immer noch nicht hoch und die Lohnquote immer noch nicht tief genug.

Ökonomen sehen ihre Aufgabe zunehmend darin, diese »Unmöglichkeit« den Bürgern und der Politik vorzurechnen. Dass der Markt dem Wohle aller dient, ist ja sowieso immer weniger plausibel. Und so ist, wie Peter Dausend (2009) beobachtet, die »neoliberale Verheißungsrhetorik« aus den Reden der Politiker, etwa von FDP-Chef Guido Westerwelle, verschwunden. An die Stelle des Wohlstandsarguments (»Es ist gut für alle«) tritt das Sachzwangargument: »Uns bleibt nichts anderes übrig«.

Der Widerstand der Marktmächtigen wird dabei kurzerhand zur »Tatsache« erklärt. Und wer die »Tatsachen« nicht versteht beziehungsweise nicht akzeptiert, der wird des »Mangels an ökonomischem Sachverstand« bezichtigt – so etwa von den 243 Unterzeichnern, alles namhafte Ökonomen, des »Hamburger Appell« (Funke/Lucke/Straubhaar, 2005). Die »Tatsachen«, die nun mal einfach gegeben sind, bergen »unangenehme Wahrheiten«, etwa die folgende:

> »Eine Verbesserung der Arbeitsmarktlage [womit offenbar tiefere Arbeitslosenzahlen ohne Rücksicht auf Beschäftigungsqualitäten gemeint sind] wird nur durch niedrigere Entlohnung der ohnehin schon Geringverdienenden, also durch eine verstärkte Lohnspreizung, möglich sein. Eine Abfederung dieser Entwicklung ist durch verlängerte Arbeitszeiten, verminderten Urlaubsanspruch oder höhere Leistungsbereitschaft möglich.«

Die Leute »können« also durchaus mehr verdienen, nur müssen sie dann eben länger und intensiver arbeiten als bislang. Vielleicht hilft ein Zweitjob? Warum ist das so? Weil die Unternehmen die Leute nur dann beschäftigen beziehungsweise nicht entlassen, wenn ihnen »attraktive Gewinnmöglichkeiten« geboten werden – natürlich im Vergleich zu »anderen Standorten« (*remember*: Opportunitätskostendenken!). Bitte dies nur ja nicht kritisieren. Denn »klassenkämpferische Rhetorik«, so nennen die Ökonomen dies despektierlich, »tut ein Übriges, um Investitionen zugunsten anderer Standorte zu verdrängen.« Wie war das noch gleich mit der »freien« Marktwirtschaft? Politische Freiheit jedenfalls war damit offenbar nicht gemeint.

Strukturgleich argumentieren die Präsidenten und Direktoren der großen Wirtschaftsforschungsinstitute in einem »gemeinsamen Aufruf«, in dem sie vor der Einführung eines Mindestlohns warnen. (Warnungen setzen übrigens ganz allgemein die Akzeptanz einer Macht voraus.)

*»Auch wenn es den Unternehmen gelingt, die höheren Arbeitskosten [die dem Mindestlohn der Geringverdiener entsprächen] großenteils auf die Preise zu überwälzen, hätte dies gravierende Auswirkungen, weil die Nachfrage bei steigenden Preisen sinkt.«*
*(Blum/u.a., 2008)*

Dass die Unternehmen sich mit einer tieferen als der höchstmöglichen Rendite zufriedengeben könnten, gelangt gar nicht erst in den Horizont des »Möglichen«. Und damit genauso wenig, dass damit eine Anstellung auch zu anständigen Löhnen *möglich gemacht* werden könnte. Stattdessen wird die Gegenmacht des Kapitals beschworen:

*»Häufig sind jedoch die Möglichkeiten begrenzt, erhöhte Arbeitskosten auf die Preise zu überwälzen [was übrigens den Willen voraussetzt, diese »Möglichkeit« zu nutzen]. Dann werden die Unternehmen mit verstärkter Rationalisierung reagieren, also Arbeitskräfte durch Maschinen austauschen, oder mit der Verlagerung von Produktionsstätten.« (Blum/u.a., 2008)*

Sie »werden« reagieren. Dies ist nun einmal eine »Tatsache«, die die Ökonomen hier »wertfrei« darstellen. Genauso wie es eine Tatsache ist – um irgendein Beispiel zu wählen –, dass mein Finger blau anläuft, wenn ich mit dem Hammer darauf schlage (nur tu ich's dann immerhin selbst). Haben sich die Ökonomen in der Disziplin geirrt? Die Ökonomik ist eine Sozialwissenschaft, keine Naturwissenschaft. (In den Sozialwissenschaften geht es um Sinnzusammenhänge, um das Handeln und Interagieren von Akteuren, denen Sinn und Verstand zu unterstellen ist. In den Naturwissenschaften hingegen gibt es letztlich nur sozusagen nackte Wirkungszusammenhänge, »Tatsachen« eben.) Ja, diesem Irrtum unterliegt die Ökonomik, die sich schon lange von ihren Ursprüngen als »moral science« (Keynes) verabschiedet hat, in der Tat.

Mit der Feststellung der »Tatsachen« hat es aber nicht sein Bewenden. Das separative Denken, die Trennung von »Ethik« hier, der »Wirtschaft« als »Tatsache« dort (einschließlich jeder Form der Gier, die sich in ihr auffinden lässt), wird dabei allerdings verlassen, wie wir sehen werden. Hier ein Beispiel für das separative Denken, um den Unterschied zu markieren: Was die Managervergütungen anbelangt, so findet Oswald Grübel (2009), Ex-CEO der Credit Suisse und nun CEO der UBS (der übrigens selbst viele Jahre lang Bezüge in der Größenordnung von zehn Millionen Euro und mehr einstrich, pro Jahr, wohlgemerkt):

> »Da kann man lange von außen kritisieren, dass das nicht berechtigt sei. Natürlich war das nie berechtigt. Es hat große Übertreibungen gegeben. Aber es gibt den Markt. Da können Sie nichts dagegen machen.«

Separatives Denken liegt vor, wenn etwas als nicht möglich, nicht durchsetzbar, nicht anwendbar und so weiter dargestellt wird und man somit »nichts dagegen machen« kann, es damit aber dennoch richtig beziehungsweise »berechtigt« bleibt (hier: tiefere Managervergütungen). Der Ökonomismus hingegen geht darüber hinaus beziehungsweise er kommt zurück, wenn das, was »unmöglich« umzusetzen sei, *darum* für ethisch falsch erklärt wird.

Karl Homann hat dafür die Denkfigur des »Durchschlagens« in die Diskussion eingeführt:

> »*Unter den Bedingungen der Moderne schlägt die Implementierung einer Norm auf ihre Geltung durch.*« (Homann/Pies, 1994, S. 5)

Sollte sich also herausstellen, dass eine Norm (etwa eine faire Vergütungsstruktur) »unter den Bedingungen« des »unbändigen Vorteilsstrebens« all der Homines oeconomici (die Homann mit »der Moderne« gleichsetzt) nicht »implementiert«, das heißt nicht gegen deren Widerstand durchgesetzt werden kann, dann zeigt sich darin, dass die Norm ethisch falsch ist beziehungsweise dass sie ihre »Geltung« (gemeint ist: ihre ethisch-normative Gültigkeit) verliert. Man kann dann auch gleich sagen, dass man eine *Ethik* des Rechts des Stärkeren vertritt.

Gerhard Schwarz (2007), Chef der Wirtschaftsredaktion der *NZZ*, formuliert dies triumphierend so: Alle Versuche des »Durchlöcherns« marktwirtschaftlicher Prinzipien« werden »glücklicherweise« früher oder später »von der Wirklichkeit widerlegt«. Etwa »von der Wirklichkeit« gieriger Investoren, die die Standorte gegeneinander ausspielen. Natürlich hütet sich Schwarz, dies so zu formulieren.

»Widerlegt« wird so beispielsweise die Etablierung von Sozialstandards beziehungsweise von Arbeitnehmerrechten im globalen Maßstab – nicht etwa durch ethische Argumente (etwa auch der Unzumutbarkeit), sondern durch die ökonomischen Machtverhältnisse. Wer als »moralisch besorgter« Bürger solche

Sozialstandards vorschlägt, der müsse sich nach der »Moralverträglichkeit« seines Ansinnens fragen lassen, so der unermüdliche Freihandelsbefürworter Jagdish Bhagwati (1996, S. 1f.). »Bei genauerer Prüfung« werde sich dann nämlich herausstellen, dass diese Sozialstandards »den Armen in den Entwicklungsländern in Tat und Wahrheit eher schaden als helfen würden«. (Natürlich weil, wie Bhagwati annimmt, das Kapital dann nicht investieren beziehungsweise sein Kapital aus bestehenden Investments abziehen würde, was Entlassungen zur Folge hätte.)

Wer separativ-ethisch denkt, würde diese »Tatsache« feststellen und sein Bedauern ausdrücken. Ökonomisten ziehen aus der »Tatsache« jedoch eine andere Schlussfolgerung – was Bhagwati bereits im Begriff der »Moralverträglichkeit« andeutet. Darin zeige sich, so Bhagwati, dass die Einführung von Sozialstandards als »moralisch boshaft [morally wicked]« zu klassieren ist. Falls dies noch nicht zynisch genug ist, so kann Bhagwati gerne noch nachlegen: Die Nichtdurchsetzbarkeit der Sozialstandards sei als Indiz dafür anzusehen, dass die gegenwärtigen Verhältnisse (ohne Sozialstandards) Ausdruck der »spezifischen Kultur« in diesen Ländern seien. Die Leute *wollen* also für zwei Dollar am Tag, sechs Tage die Woche à zwölf Stunden, ohne jede rechtliche Absicherung und so weiter, das heißt ohne sozial- und arbeitsrechtliche Rahmenbedingungen leben und arbeiten. Dies sei eine »Präferenz«, Ausdruck ihrer Kultur. Die Constraints, die Restriktionen beziehungsweise die ökonomischen Machtverhältnisse selbst, werden der ethischen Reflexion entzogen – und »schlagen« sodann ungerührt auf die Präferenzen durch.

Eine beliebte Variante dieses Arguments, welches die ökonomistische »Rechtfertigungsindustrie« (Seibt, 2009) dem Publikum vorsetzt, ist die Verkehrung von Tätern und Opfern. So sei »das Versagen der Tarifparteien« – gemeint ist das Agieren der

Arbeitnehmervertreter, das beinahe definitionsgemäß als »Versagen« klassiert wird – »in den letzten Jahrzehnten vor allem zu Lasten der Geringqualifizierten« gegangen (Hamburger Appell). Als sei es nicht das Outsourcing der Unternehmen gewesen, das *ursprünglich* »zu Lasten der Geringqualifizierten« ging, und die Gewerkschaften nun, »unter den Bedingungen« (Karl Homann) der bestehenden Machtverhältnisse, gezwungen werden, sich »zumindest in äußerster Lohnzurückhaltung« zu üben.

In Verkennung der Ursache-Wirkungsbeziehungen werden so Mindestlöhne für die Arbeitslosigkeit verantwortlich gemacht – und nicht etwa die Strategien derjenigen Unternehmen, die die Beschäftigten nur zu Tiefstlöhnen anstellen beziehungsweise bei höheren Lohnforderungen entlassen.

> *»Mindestlöhne sind Gift für die soziale Marktwirtschaft, weil sie die weniger leistungsfähigen Mitglieder der Gesellschaft in die Arbeitslosigkeit treiben.« (Sinn, 2007c)*

Wer »treibt« denn da? Ja doch offenkundig nicht diejenigen, die den Mindestlohn rechtsstaatlich etablieren, sondern zumindest unmittelbar die Arbeitgeber, die ja nun schließlich die Entlassungen aussprechen. Falls die Arbeitgeber aus betrieblicher Not handelten, wären andere die ursächlich treibenden Kräfte.

»Mindestlöhne erzeugen zusätzliche Arbeitslosigkeit«, behauptet Sinn. Schließlich sei dies »durch viele ökonometrische Studien nachgewiesen worden.« Genauso ökonometrisch ließe sich, im Prinzip jedenfalls, empirisch »nachweisen«, dass es die Gier der Investoren ist, die »zusätzliche Arbeitslosigkeit« erzeugt. Doch werden diese gar nicht erst als Adressaten in den Blick genommen. Sie stellen ja auch keine Ansprüche (die Ökonomen dann auf ihre Durchsetzbarkeit hin abklopfen könnten), sondern handeln einfach. Sie erzeugen die »Tatsachen«, die dann als »Bedingung« (Homann) der Ethik hinzunehmen seien.

Sie erzeugen die »unsichtbaren« (Smith) Sachzwänge (zumindest erzeugen sie sie mit), hinter denen sie sich dann verstecken dürfen. Vielleicht erzeugen sie diese nicht allein. Ob aber die unmittelbaren Akteure, die die Entlassungen aussprechen, die Unternehmen also, aus Not oder aus Gier handeln, das kann so nicht mehr gefragt werden, weil es gar nicht erst in den Blick gerät. Ethisch seriöse Beurteilungen sehen anders aus.

Eine weitere Variante dieses Denkens, welches Ausdruck einer Ethik des Rechts des Stärkeren ist, findet sich in Behauptungen der »Kontraproduktivität« von Normen. Deklinieren wir hierzu eine bereits oben verwendete Äußerung von Hans-Werner Sinn durch:

*»Jeder Versuch, die Löhne anders zu strukturieren, als es das Gesetz der Knappheit diktiert [das heißt: als es der globale Wettbewerb »diktiert«, der aus der Eliminierung marktfremder Gesichtspunkte resultiert], endet zwangsläufig in wirtschaftlichen Verzerrungen und Arbeitslosigkeit. Wer diejenigen verteuert, denen der Markt von alleine keine hohen Einkommen verschafft, bestraft sie durch Arbeitslosigkeit.«* (Sinn, 2005c)

Er schadet ihnen also, obwohl er ihnen doch helfen will. Die Norm lässt sich also als »kontraproduktiv« und damit als ethisch falsch »entdecken« (Hayek). Doch was folgt daraus? Offenbar, dass nur solche Normen zu vertreten sind, die sich als »produktiv« erweisen, das heißt für die Gegenseite Vorteile versprechen. Man müsse sich der »privaten Wirtschaft« als »Partner« anbieten, so formuliert dies der Hamburger Appell. Dann aber verschwinden alle Normen, alle Verpflichtungsbeziehungen. Übrig bleibt der reine Vorteilstausch und das mit ihm verknüpfte Recht des Stärkeren.

In unüberbietbarer Radikalität bringt diese Logik der populäre, fast immer unbedacht verwendete Satz »Gut ist das Gegenteil von gut gemeint« zum Ausdruck, jedenfalls wenn man den Spruch wörtlich nimmt und konsequent auslegt. Damit wird nicht nur der Gedanke der »Kontraproduktivität« formuliert, sondern auch die Konsequenz gezogen: Wenn es sich so verhält, dann müssen wir nicht »gut« (das heißt ethisch verantwortungsvoll) agieren, sondern »böse«, das heißt unter Negierung aller ethischen Erwägungen. Und wir dürften dies dann. Dies sei der ethisch richtige Weg. Denn der Satz lässt sich ja übersetzen in: »Gut ist [im Ergebnis] dasselbe wie böse gemeint.« Erneut finden wir uns bei der Erklärung der ethischen (!) »Überflüssigkeit« (Albach) der Moral. Die Metaphysik des Marktes lässt grüßen.

## Der integrative Ausweg: Geschäfts- und Ordnungsethik

Was aber soll man *machen*, wenn sich das, was doch eigentlich richtig wäre, als »unmöglich« erweist? Wie gilt es dann zu verfahren?

Zunächst einmal gilt es anders zu urteilen. Was nicht durchsetzbar ist beziehungsweise für »unmöglich« erklärt wird, ist darum nicht falsch. Der Widerstand des Mächtigeren wird damit nicht stillschweigend in den Stand des Legitimen gehoben. (Explizit funktioniert das ja so oder so nicht, weil wir wissen, dass eine »Ethik des Rechts des Stärkeren« nichts anderes ist als Anti-Ethik schlechthin.) Vielmehr werden die Akteure in die Pflicht genommen. Wir fragen dann auch nicht: »Wie ist es durchsetzbar?«, weil wir wissen, dass wir dann statt Ethik eine Apologetik der bestehenden Machtverhältnisse betreiben (separatives Verständnis und impliziter Ökonomismus) oder gar früher oder später auf die schiefe Bahn des expliziten Ökonomismus geraten.

## Geschäftsethik: Wahrhaftige Integrität und verdiente Reputation

Die Akteure in die Pflicht nehmen (übrigens auch uns selbst), dies passiert jeden Tag, nämlich solange sich in den Unternehmen noch rentabilitätsfremde Gesichtspunkte finden, solange nicht *alles* der Rentabilität untergeordnet beziehungsweise geopfert wird, solange es für die paradigmatischen »Mackies« (so nennen sich die McKinsey-Berater) und ihre Auftraggeber, das Kapital, noch etwas zu »entdecken« (Hayek) gibt, das es dann zum eigenen Vorteil zu »zerstören« gilt.

Dagegen wehren sich Unternehmer und Manager zuweilen durchaus selbst – womit deutlich wird, dass sie sich in die Pflicht nehmen wollen beziehungsweise selbst in die Pflicht nehmen. Ernst Prost (2009) beispielsweise, Geschäftsführer von Liqui Moly, einem Hersteller von Additiven, Ölen und Schmierstoffen (Umsatz: 232 Millionen Euro) findet es »pervers, dass der Vorstand eines Dax-Unternehmens tausende Menschen entlässt, die Ausschüttung erhöht und der Aktienkurs nach oben schnellt. Was hat das noch mit sozialer Marktwirtschaft zu tun?« Auf solche Schelte unter »Kollegen« stößt man seit geraumer Zeit – nämlich seitdem sich die ökonomische Radikalität im Management (und auf Seiten der Investoren) breitgemacht hat, die vor allem ältere Führungskräfte ganz und gar nicht goutieren.

»Es gibt schreckliche Beispiele in der Managerkaste«, findet der frühere Daimler-Benz-Chef Edzard Reuter, »furchtbare Menschen, die in ihrer Gier sämtliche Verantwortung beiseite gelassen haben.« (*Stuttgarter Zeitung*, 29.04.2005) Der schwedische Industrielle Marcus Storch sieht im Agieren sogenannter »Risikokapitalgesellschaften« »keinen allgemeinen Nutzen«. »Es ist eine Umverteilung von Kapital [besser wohl: zum Kapital], bei der nichts Neues geschaffen wird.« (*Stuttgarter Zeitung*, 14.06.2005) »Wenn nur der Gewinn groß genug ist«, spiele »Geschäftsmoral keine Rolle mehr«, stellt der Direktor einer schwedischen Bank fest – und signalisiert damit nicht nur, dass er damit nicht einverstanden ist, sondern auch, dass es früher einmal anders war.

In seiner »ungehaltenen Rede« war Ludwig Poullain (2004), ehemaliger Chef der WestLB, mit seinen Kollegen, den »Bankern«, die nicht mehr »Bankiers« sein wollen, da sie sich nicht mehr »dem Wohl dieses Landes verpflichtet fühlen«, hart ins Gericht gegangen. »Ungehalten« war die Rede in doppeltem Sinne. Sie drückte die »Ungehaltenheit« eines »Methusalem aus dem vergangenen Jahrhundert« aus (Poullain ist Jahrgang 1919), und sie blieb »ungehalten«, weil der Veranstalter, die Norddeutsche Landesbank, Poullain nach Lektüre des Redemanuskripts wieder auslud.

Poullain sieht das »Ethos unserer Zunft«, das heißt des Bankwesens, verletzt. Die Banken hätten sich »den moralischen Rahmen ihres Handelns selber gebastelt«, und dieser besagt, »dass sie sich alles erlauben können, was nicht ausdrücklich verboten ist. Dass auch wirtschaftliches Denken und Handeln nicht wertneutral ist, scheint sie nicht zu beschweren.« Es berührt nämlich die legitimen Interessen anderer. Es berührt Fairnessfragen. Poullain erwähnt, mit spezifischem Blick auf das Banking, »Knebelungsverträge, Zinswucher, Übervorteilung, Ausnutzung von Unwissen, Verführung Unkundiger, Missbrauch von Macht gegenüber Abhängigen«. Und darum ist Moralität beziehungsweise Integrität auf Seiten des Managements unverzichtbar, so es denn als legitim und verantwortbar gelten können soll.

Das »Ethos« wirtschaftlicher Entscheidungsträger gehört zur »Sozialen Marktwirtschaft« als ihr unverzichtbares »moralisches Korsett«. Dieses Ethos ist nicht etwa funktional für etwas anderes – sei es das eigene Fortkommen oder den Aktienkurs –, sondern markiert eine innere Haltung, die man hat oder die einem eben fehlt. Heute fehlt sie, so Poullain. Zumindest häufig, vielleicht mehrheitlich:

*»Selbstkritische Gedanken scheinen einem Bankherren heute nicht mehr angemessen; das eigene Tun in Frage zu stellen – ich meine: vor sich selbst, nicht gegenüber dem Aufsichtsrat –, erscheint ihm als zinsloser Aufwand.«*

Doch darf die »Zinslosigkeit«, dürfen Kalkulationen der eigenen Vorteilsnahme und Nachteilsvermeidung, dann nicht den Ausschlag geben, wenn das Unternehmen im umfassenden Sinne gut geführt werden soll. Auch nicht der Vorteil einer einzigen Anspruchsgruppe, nämlich der Aktionäre beziehungsweise der Kapitaleigentümer. Klaus Schwab (2008), Gründer und Präsident des jährlich in Davos stattfindenden Weltwirtschaftsforums (das von Akteuren der Zivilgesellschaft regelmäßig als eine Art stille Weltregierung im Dienste des Kapitals kritisiert wird), ist der Ansicht, dass »das Management eines Unternehmens all denen dienen muss, die mit dem Unternehmen verbunden sind [inklusive derer, die von seinen Handlungen negativ betroffen sind, wäre der Vollständigkeit halber hinzuzufügen], und nicht nur den Shareholdern, also den Aktionären.«

Dann aber muss das Management der Gewinnmaximierung abschwören, und zwar nicht bloß der »kurzfristigen« zugunsten der »langfristigen« (was Schwab dadurch nahelegt, dass er die Bonussysteme der letzten Jahre darum für verfehlt hält, da sie »das Management an das kurzfristige Interesse der Shareholder gebunden« haben). Vielmehr muss der Gewinn überhaupt entthront werden. Er muss vom Status des übergreifenden *Prinzips* in den Status eines *Gesichtspunktes neben anderen* überführt werden. Vieles, vielleicht das meiste, von dem, was zu tun oder zu unterlassen als »unmöglich« erklärt wird, wird dann sofort »möglich«. Es wird nämlich möglich gemacht, vor allem durch Unterlassungen – nämlich durch den Verzicht darauf, alles auszunutzen, was sich ausnutzen lässt.

Den Unterschied hat der Leiter des Ressorts Finanzen bei der

*Süddeutschen Zeitung*, Alexander Hagelüken (2008), hübsch entlang Adam Smiths Bäcker-Zitat veranschaulicht: Wenn Smith davon sprach, dass wir unser Brot nicht »vom Wohlwollen des Bäckers erwarten, sondern davon, dass der Bäcker seine Interessen verfolgt,« so hatte Smith dabei nicht im Auge, »dass der Bäcker den Ofen erst ab fünfundzwanzig Prozent Rendite anheizt, oder nur, wenn er die Löhne der Gesellen minimieren darf.«

Die Exzesse der letzten Jahre haben einer ganzen Reihe von Managern und Unternehmern Gelegenheit gegeben, der Orientierung an höchstmöglichen Renditen eine Absage zu erteilen, die mehr oder minder klar ausfallen (zumeist Letzteres). So hält der ehemalige KLM-Manager Donald Kalff (2006) den Gewinn zwar für einen »wesentlichen Faktor«. (Es fragt sich: Wofür?) »Aber die Profitmaximierung als ultimatives Ziel und die Fixierung auf den Return on Investment der Shareholder als Hauptaufgabe des Managements sind eine gefährliche Kombination.« Es fragt sich allerdings auch hier: »Gefährlich« wofür genau? Offenbar für den »Unternehmenswert«. Eine Finanzierung über den Aktienmarkt bedeute »eine enorme Abhängigkeit und zwingt das Management, rein profitorientiert zu arbeiten. Die Stichworte sind Performance und Gewinnmaximierung. Das ist aber etwas ganz anderes als die effektive Steigerung des Unternehmenswerts.«

Zwar kauft man Kalff die andere, »europäische« Managementsicht ab, die etwa ein »partnerschaftliches« Verhältnis zu den Mitarbeitern einschließt. Doch von einer Entthronung des Gewinns kann hier noch nicht wirklich die Rede sein. Unter »Gewinnmaximierung« scheint Kalff lediglich die Orientierung am operativ messbaren Quartalsgewinn zu verstehen, nicht die Orientierung am Gewinn als der letzten Maßgabe des Managements. Damit entgehen ihm die tatsächlichen Konflikte zu den anderen legitimen Ansprüchen.

Unzweideutig ist demgegenüber die Absage ans Gewinnprinzip durch Porsche-Chef Wendelin Wiedeking (2006):

*»Ohne Gewinn geht es natürlich nicht, wer weiß das besser als ich. Aber ein möglichst hoher Gewinn kann doch nicht das einzige Ziel eines Unternehmens sein.«*

Bemerkenswert ist, dass Wiedeking – man mag über seinen Managementausweis denken, wie man will – hier nicht etwa bloß, wie sonst üblich, einer »kurzfristigen Gewinnmaximierung« eine Absage erteilt, sondern dem Gewinn beziehungsweise den Kapitaleinkommen (in welcher Form diese auch immer anfallen) als der letzten, sinngebenden Maßgabe der Unternehmensführung überhaupt. Vermutlich, da er erkennt, dass es in der logischen Konsequenz des Gewinnprinzips liegt, dass »Konzerne Rekordgewinne melden und zugleich ankündigen, dass sie Tausende von Arbeitsplätzen streichen«, was er nicht »nachvollziehen« kann, das heißt für ethisch falsch hält.

Unzweideutig ist auch die Zurückweisung, die Ludwig Poullain (2004) der Gewinnmaximierung zuteilwerden lässt. Es dürfte kein Zufall sein, dass sie von einem Wirtschaftsführer stammt, der zugleich Bildungsbürger im besten Sinne ist – und der seinen Kant gelesen hat:

*»Für Kant war die ›Maxime‹ ein Prinzip des Willens, ›unangesehen der Zwecke, die durch solche Handlungen bewirkt werden können‹. Die Maxime [höchste Regel] hat auch Eingang in die Bankersprache gefunden, als ›Gewinnmaximierung‹. Den Gehalt des Wortes ›Maxime‹ total zu verkehren und dann zum Maß aller Dinge zu machen kann nicht nur Gedankenlosigkeit sein. Dies ist auch Ausdruck der Gesinnung. Gewinnmaximierung zum Hauptziel des geschäftlichen Tuns zu erklären bedeutet die Verletzung der ethischen Pflichten des Unternehmers … [Es bedeutet nämlich die Ersetzung des Moralprinzips durchs Gewinnprinzip.] Doch warum sollte eine Bank der eigenen Profitgier Grenzen*

*ziehen, wenn das Motto ›Bereichert euch‹ ohne moralische Hemmungen öffentlich gepredigt werden kann? Warum moralisch sein, solange die Unmoral nicht mit dem Handelsgesetzbuch und dem Strafgesetzbuch kollidiert? Warum also Gutes tun, wenn Böses tun so einträglich ist? Elementare Fragen sind oft am schwersten zu beantworten.«*

Natürlich liegt die Antwort in der moralischen Autonomie, das heißt in der freien ethischen Einsicht. Verantwortungsvolles Handeln kann nicht erzwungen werden, sonst landen wir letztlich wieder beim Ökonomismus, beim »Durchschlagen« (Homann) der Macht auf die Legitimität der involvierten Ansprüche.

Poullain stellt mit Bedauern fest, dass die Gilde der Manager bislang »keine Standesregeln zu Papier gebracht« hat (was ansonsten stets Zeichen professioneller Berufsausübung ist).

*»Aber dürfen wir dennoch, ohne Schamgefühl zu empfinden, ethische Grundsätze für den eigenen Gebrauch ausschließen ... und uns dafür lieber der Gewinnmaximierung widmen?«*

Die Frage zu stellen, heißt sie zu beantworten – jedenfalls jenseits der Marktgläubigkeit, jenseits des irrationalen und vormodernen Glaubens an eine Ethik ohne Integrität, bei der man diese an die »unsichtbare Hand« (und das heißt: an die Marktmachtverhältnisse) delegiert.

Die Entthronung des Gewinns als der letztgültigen Messlatte »guten« unternehmerischen Handelns hat unzweideutig zu erfolgen. Nur dann können die legitimen Ansprüche der am unternehmerischen Handeln Beteiligten oder von ihm Betroffenen nach Maßgabe ihrer Legitimität berücksichtigt werden – statt letztlich doch nach Maßgabe der Rentabilität. Entsprechende Bekenntnisse sind wichtig, da das Management, das stets über erhebliche Handlungsspielräume verfügt, ansonsten im Stillen meinen könnte, letztlich käme es doch nur auf den Gewinn beziehungsweise den Shareholder-Value an und auf sonst nichts.

Und so ist etwa der »Schock«, den Alan Greenspan angesichts der Finanzmarktkrise empfand, kein »Schock« darüber, dass, wie die *International Herald Tribune* (23.10.08) mutmaßt, »freie Märkte fehlerhaft funktionieren« (wobei »Freiheit« hier – auch und vor allem – die Freiheit zur Gewinnmaximierung meint). Greenspan zeigt sich in einer Anhörung vor einem Ausschuss des Repräsentantenhauses nur darüber »schockiert«, dass man sich dann offenbar doch nicht so weitgehend wie bislang vermutet »auf das Eigeninteresse der Finanzinstitute [beziehungsweise ihrer Manager] verlassen« könne. Wofür? Na, einzig dafür, »die Interessen der Aktionäre zu schützen«. Dass der legitime Sinn des Wirtschaftens allein der Gewinn ist – beziehungsweise »shareholder's equity«, wie es im Englischen so schön heißt, womit ja von vornherein signalisiert wird: deren Renditeinteressen sind stets »recht und billig« –, daran lässt Greenspan keinen Zweifel. Die Kapitaldienstleister werden diese Botschaft verstehen. Ihr dürft weitermachen wie bisher und an eurer Marktgläubigkeit festhalten. Nur brauchen wir vielleicht andere (noch »bessere«?) Methoden.

Für manch einen soll an die Stelle des Gewinns die Orientierung am »Unternehmensinteresse« treten.

*»Einsetzen muss man sich für eine Unternehmensführung, die nicht an Interessengruppen orientiert ist, seien es Aktionäre oder Arbeitnehmer, sondern am Unternehmen selbst. Ziel muss das gesunde, lebensfähige Unternehmen sein.« (Malik, 2005)*

Dies ist in der Tat ein Fortschritt. Das »Unternehmensinteresse« (Malik spricht von der Orientierung »am Unternehmen selbst«) ist nämlich nicht, wie der Deutsche Corporate Governance Kodex meint, gleichzusetzen mit der »Steigerung des nachhaltigen Unternehmenswertes« (»nachhaltig« natürlich bloß im Sinne »nachhaltiger Dauer-Rentabilität«, in der bereits Max Weber die innerlich konsequente Ausrichtung der »modernen kapitalistischen Unternehmung« erblickte). So stellt der Münchener Kommentar zum Aktienrecht unmissverständlich fest, dass das »Gebot des Unternehmensinteresses mehr [oder je nachdem: weniger!] ist als die maßgebliche Beachtung der Aktionärsinteressen« (Semler, 2003, Rn. 258). Mehr noch: »Wer Aktionärsinteressen einseitig vorzieht und dabei das Unternehmensinteresse vernachlässigt, verstößt gegen das geltende Recht.« Gewinnmaximierung verstößt demnach gegen deutsches Recht.

Woran aber dann soll sich das Management orientieren? Der Kommentar zum Aktiengesetz schreibt: an der »sachgerechten Wahrnehmung der in der Gesellschaft und ihrem Unternehmen zusammentreffenden Interessen« (Hüffer, 2006, Rn. 12–15). Damit wird zunächst anerkannt, dass es da Konflikte gibt um die richtige Art der Unternehmensführung und um die Ausrichtung der Geschäfte. Aber wer soll Recht bekommen? Jedenfalls darf keine Anspruchsgruppe bevorzugt werden: »Eine bestimmte Rangfolge der maßgeblichen Interessen gibt es nicht.« Auch ist »das Unternehmensinteresse« nicht unpersönlich zu verstehen, indem »das Unternehmen selbst zum Interessenträger« gemacht und sich damit gegenüber den Beteiligten und Betroffenen »mehr oder minder verselbständigen« würde.

Aus all dem ergibt sich nur eine mögliche Schlussfolgerung für die Bestimmung guter, verantwortungsvoller Unternehmensführung: Die »Aufgabe, aber auch Recht des Vorstands« ist darin zu erblicken, »divergierende Interessen gegeneinander abzuwägen und danach zu einer Entscheidung zu gelangen.« Die gute und verantwortungsvolle Unternehmensführung besteht also darin, einen fairen Ausgleich zwischen den in der Regel (mehr oder minder stark) konfligierenden Interessen beziehungsweise Ansprüchen zu finden, die mit der Geschäftstätigkeit in Verbindung stehen.

Viel mehr lässt sich dazu vom Schreibtisch aus, also ohne Kenntnis der konkreten Umstände und Konfliktfelder, nicht sagen. Und gerade darum bedarf es ja einer verantwortungsvollen, integren Unternehmensführung – damit die unvorhersehbaren Konfliktfelder fair gehandhabt werden. Ob das Konzept des »Unternehmensinteresses« dabei der Weisheit letzter Schluss ist, darf bezweifelt werden. Denn damit ist üblicherweise »der Bestand des Unternehmens« (Hüffer) gemeint. Aber was ist das? Ist der »Bestand des Unternehmens« gewahrt, wenn dreißig Prozent der Belegschaft outgesourct und aus einem breit diversifizierten Technologiekonzern mit langer Geschichte ein Unternehmen der Telekommunikation gemacht wird (um ein nicht ganz aus der Luft gegriffenes Beispiel zu wählen), nur weil es noch den gleichen Namen trägt?

Dies mag eine verantwortungsvolle Option sein. Doch gibt es sogar Beispiele, in denen die Beendigung der Geschäftstätigkeit die verantwortungsvolle Option darstellt (man denke an die oben erwähnte Spinnerei oder, aus ganz anderen Gründen, die Asbestindustrie). Darum hilft auch »das Unternehmensinteresse« nicht weiter. Ein Unternehmen ist vielmehr als eine »pluralistische Wertschöpfungsveranstaltung« (Ulrich, 2008, S. 474) auf Zeit – vielleicht auf lange Zeit – zu begreifen. Unternehmen sind Projekte, die stets mehrere Ziele verfolgen – etwa Einkommen zu generieren, gesellschaftlich sinnvolle Produkte anzubieten.

In diesem Verständnis, das allein rechtfertigungsfähig ist, tritt der Gewinn ein Glied zurück – als angemessene Verzinsung des eingebrachten Kapitals (wobei angemessen bedeuten dürfte: weit unterhalb des heutigen Niveaus) und als Notwendigkeit, das finanzielle Gleichgewicht aufrechtzuerhalten, weil sonst die Rechnungen nicht mehr bezahlt werden können. Überschüsse größer null lautet das Motto, nicht maximal mögliche Überschüsse.

Muhammad Yunus (2008), der Mikrokredit-Unternehmer, möchte zur Etablierung einer Bewegung »sozialer Unternehmen« beitragen. Dabei würden die Unternehmen »soziale und ökologische Grundregeln« nicht nur sozusagen als Nebenbedingung einhalten, die Geschäftstätigkeit selbst aber als neutral, das heißt als ethisch nicht reflexionsbedürftig, betreiben. Vielmehr sollen »soziale Ziele Teil des Geschäftsmodells« werden. Das ist der integrativ-ethische Gedanke, der die Konsequenzen daraus zieht, dass das Wirtschaften »nicht wertneutral« (Poullain) ist, sondern der ethisch bewussten Gestaltung und Ausrichtung bedarf.

Überall in der Welt, so Yunus weiter, sollen solche »Sozialunternehmen« gegründet werden, mit ganz unterschiedlichen Projektideen, die dann zum Vorbild für andere werden sollen. »Einzige Bedingung: Diese Unternehmen müssen selbsttragend sein.« Das ist das Erfordernis des finanziellen Gleichgewichts, ohne welches wir nicht über Unternehmen, sondern über Wohltätigkeitsveranstaltungen reden würden. (Übrigens, die Unterscheidung zwischen Non-Profit-Organisationen und For-Profit-Organisationen macht wenig Sinn, da sie den gesamten Zwischenbereich, auf den es eigentlich ankommt, vernachlässigt.)

Was verantwortungsvolle und nun ja auch sinnvolle Geschäftsführung bedeutet, macht beispielsweise Robin Cornelius (2007) deutlich, Chef des von ihm gegründeten Textilunternehmens Switcher mit Sitz in Mont-sur-Lausanne (Schweiz). Keiner verkauft mehr T-Shirts in der Schweiz als Switcher. Und das alles unter dem Label »Fair-Trade«. Cornelius setzt auf »langfristige Partnerschaften«, womit nicht auf den langfristig höchstmöglichen Gewinn abgestellt wird, sondern auf dauerhafte Geschäftsbeziehungen. So unterhält Switcher nach wie vor Geschäftsbeziehungen zu der portugiesischen Fabrik, die für das Unternehmen bereits 1981 bei der Switcher-Geburtsstunde die ersten Textilien produziert hatte. Die Pfennigfuchserei, die sonst in der Textilbranche üblich ist, in der man von Fabrik zu Fabrik, von Billiglohnland zu Billiglohnland hüpft, um nur ja jede Marge im Centbereich mitzunehmen, macht Switcher nicht mit. Seit zwanzig Jahren bezieht Switcher die T-Shirts von einem indischen Partnerunternehmen. Woanders könnte es billiger sein. Doch findet Cornelius:

>*Wegen 20 Rappen Preisdifferenz ordern wir nicht in Bangladesch oder Vietnam und lassen unseren indischen Lieferanten im Stich.*«

Cornelius weiß, was er tut. Auf die Frage, ob »Ethik das Geschäft verdirbt«, antwortet er:»Vom Standpunkt der Gewinnmaximierung aus gesehen schon.« Aber um den Gewinn allein geht es ihm offenbar nicht. Das Unternehmen ist nicht bloß ein Instrument dazu. Es ist mehr als das. Vom Standpunkt der Gewinnmaximierung aus gesehen: weniger als das.

Doch wird ein Unternehmen, dessen Management sich nicht strikt an Gewinnen und sonst gar nichts orientiert, nicht vom Wettbewerb gnadenlos eliminiert? Zwar kann verantwortungsvolle Unternehmensführung niemals »unmöglich« sein, aber es könnte doch unzumutbar sein – für den Unternehmer oder die Kapitalgeber, die vielleicht ihr Vermögen schwinden sehen, für die Konsumenten, denen die Preise für das »soziale« Unternehmen dann doch zu hoch sind, und so weiter. Wenn der Unternehmer beziehungsweise Manager dann ein »guter Kapitän« ist, wenn er »Acht gibt, dass er seine Mannschaft aus der stürmischen See sicher in den nächsten Hafen führt« (Prost, 2009), könnte die »stürmische See« des Wettbewerbs nicht einmal *zu* stürmisch sein?

Die Antwort auf die Frage, ob das verantwortungsvolle Unternehmen vom Markt gefegt wird, lautet Ja und Nein. Hier zunächst das Nein.

Yunus (2008) möchte mit seiner Vision eines »Systems von Sozialunternehmen ... eine Art Parallelwirtschaft aufbauen«. Dies sei sein »Angriff auf das einseitige Gewinndenken«. Aber ist dies nicht von vornherein ein aussichtsloses Unterfangen? Nicht unbedingt. Denn so wie Yunus denken ja viele:

*»Das empfinden gerade junge Leute als attraktiv. Nur Geld zu verdienen, ist ihnen zu langweilig, das haben schon ihre Eltern gemacht. Sie fragen: Was stellen wir mit dem Geld an, wie können wir es sinnvoll einsetzen? Und dieses Modell erlaubt es ihnen, etwas Positives zu bewirken.«*

Sei es selbst als Unternehmer oder als Mitarbeiter in einem Unternehmen, in dem es anständig zugeht, in dem man fair behandelt wird und andere fair behandelt, das eine Unternehmensmission hat, die Sinn macht, statt bloß Mittel der Gewinnerzielung zu sein.

Und natürlich stellt das Engagement der Mitarbeiter eine Macht da, die auch ökonomisch relevant ist. Sie stehen anderen Unternehmen nicht mehr zur Verfügung. Und wer möchte schon bei einem »Abzocker«-Unternehmen arbeiten?

Eine weitere ökonomische Macht sind die Konsumenten. Auch diese sind in der Regel keine Homines oeconomici, die »Geiz ist geil« über alles stellen. Zumindest sind sie in der Lage, auch »marktfremde« Gesichtspunkte wie die Qualität der Produktionsbedingungen in ihre Kaufentscheidungen einfließen zu lassen. Zumindest sind sie diesbezüglich ansprechbar.

Darum spricht »Liqui Moly« in etwas trashig wirkenden (aber genau aufs Zielpublikum zugeschnittenen) Werbeaktionen die Verbraucher an. Mit Slogans wie: »Ulm statt Liechtenstein« (man zahlt Steuern am Standort Ulm) oder »Arbeitsplätze statt

Aktienkurs«. Dass ein Unternehmen damit wirbt, dass ihm die Sicherung und die Schaffung von Arbeitsplätzen »wichtiger als Rekordgewinne« sind, dürfte ein bislang einmaliger Vorgang sein. Ausdrücklich wird die Kundschaft aufgefordert: »Beim Tanken kommt niemand an den internationalen Ölmultis vorbei – beim Motorenöl haben Sie die Wahl.« Geschäftsführer Ernst Probst, mit Foto abgebildet ebenso wie einige andere zufällig herausgegriffene Mitarbeiter, erläutert: »Ethik und kluges Unternehmertum funktionieren dann im Einklang, wenn nicht allein Gewinnstreben regiert, sondern auch das Soziale seinen Stellenwert bekommt.«

Aber ist dies alles nicht einfach ein Marketingtrick? Man benutzt »Ethik« zum Zwecke der Gewinnsteigerung? Dann wären wir beim Instrumentalismus. Der Zuspruch erfolgsrelevanter Stakeholder (die in der Regel nur unvollständig informiert sind) würde sich durch Zugeständnisse, die das Unternehmen in einem ethisch günstigen Licht bloß erscheinen lassen sollen, erkauft.

Hier aber haben wir es mit etwas anderem zu tun. Vor allem kommt es auf die Denkmöglichkeit dieses anderen Verständnisses des Verhältnisses von »Ethik und Gewinn« an. Ich nenne es verdiente Reputation – die von der erschlichenen Reputation des Instrumentalismus abzugrenzen ist. Es besteht immerhin die Möglichkeit, dass ein Unternehmen gerade darum erfolgreich ist – und das heißt: Überschüsse größer null einfährt – *weil* es verantwortungsvoll agiert. Und die Stakeholder, Mitarbeiter und Kunden, dies schätzen und unterstützen – mit ihren Zahlungen (als Kunden) und ihrem Einsatz (als Mitarbeiter).

Der Unterschied besteht darin, dass im Instrumentalismus die »Ethik« von der Rentabilität abhängig gemacht wird. Im Konzept verdienter Reputation gilt hingegen der Grundsatz der Geschäftsintegrität: »Wir machen unser Erfolgsstreben von seiner Verantwortbarkeit abhängig.« Es ist dann aber eben kein reines

Erfolgsstreben mehr. Das Primat der Ethik (mit Moral) wird ein-gehalten. Läuft der Instrumentalismus darauf hinaus, »integer« zu sein, insoweit es sich auszahlt – was natürlich einem Wider-spruch in sich entspricht –, so gibt es nun zumindest die Möglich-keit, erfolgreich zu sein, gerade *weil* man integer wirtschaftet. Die Kausalität zwischen Ethik und Erfolg ist sozusagen umgedreht. Und es ist eine Kausalität, die sich nicht auf maximal mögliche Gewinne, sondern lediglich auf Überschüsse größer null be-zieht.

Möglicherweise stehen wir am Anfang einer Entwicklung hin zu einer »Moralisierung der Märkte« (Nico Stehr). Nur sollte man dabei nicht von einem Trend sprechen, der vom Himmel fällt (und den dann Trendforscher »objektiv« analysie-ren, damit wir uns daran anpassen können). Wir allein haben es in der Hand, diese Moralisierung auf den Weg zu bringen – in welcher Rolle wir auch immer als »Wirtschaftsbürger« (Peter Ulrich) im Markt agieren, sei es als Konsumenten, Mitar-beiter, Unternehmer (im nichtökonomischen Sinne) oder Füh-rungskräfte (die natürlich streng genommen auch Mitarbeiter sind) – und übrigens auch als Anleger beziehungsweise Sparer, die wir ja auch alle sind, wenn auch in mehr oder minder gro-ßen Ausmaß.

Vielleicht ist dies alles auch gar nichts Neues, sondern einfach eine Revitalisierung der sozialen Marktwirtschaft von unten, in der marktfremde Gesichtspunkte immer schon eine Rolle spiel-ten, allerdings eine kaum je systematisch thematisierte Rolle. Aus dieser Sicht handelt es sich keineswegs um sachfremde Gesichtspunkte, denn es geht ja um die ethisch verantwortungs-volle Sache guten Wirtschaftens. Vielleicht sollten wir das Wirt-schaften, das sich ja – systemische Anonymisierung hin oder her – stets zwischen realen Menschen abspielt, insgesamt so inter-pretieren beziehungsweise betreiben, dass es um die verdiente, die ethisch wohlbegründete Zustimmung zwischen den Akteuren geht. Der »Verdienst«, als der ja das Einkommen der Marktteilnehmer auch bezeichnet wird, bekäme dann eine buchstäbliche Bedeutung.

## Ordnungsethik – als Ausdruck einer wahrhaft liberalen Gesellschaft

Nun aber zum Nein. Es wäre Ausdruck grenzenloser Naivität (im günstigsten Fall) oder Ausdruck von Zynismus (im ungünstigsten Fall), wollte man bei der Moralisierung der Märkte allein auf Individualethik setzen. Individualethik ist das ethisch verantwortungsvolle Handeln eines einzelnen Akteurs – auch des Akteurs »Unternehmung«. Man spricht dann von Geschäftsethik.

Selbstverständlich bedarf es der Regulierung, das heißt der sanktionsbewehrten Regeln, die den modernen Rechtsstaat ausmachen und die auch der Wirtschaft zu geben sind. Sanktionsbewehrt heißt: Wer sie verletzt, wird bestraft (negative Sanktionen), oder er erhält weniger Vergünstigen als der, der sie erfüllt (positive Sanktionen – man denke ans Steuerrecht).

Landläufig ist eine solche Rahmenordnung des Wirtschaftens notwendig, um diejenigen, die es an einem verantwortungsvollen Verhalten missen lassen, zu sanktionieren und sie so zu einem fairen Umgang mit ihren Interaktionspartnern zu zwingen. Das Motto lautet also hier: Die Guten bestrafen die Bösen, wobei »wir« zu den Guten, andere zu den Bösen zu zählen sind.

So weisen NGOs sogenannte »freiwillige« Bestrebungen von Unternehmen zu einer sozial und ökologisch verantwortungsvollen Geschäftsführung (CSR, Corporate Social Responsibility) häufig generell zurück. (»Freiwillig« heißt hier lediglich: Die Normen sind nicht durchs Legalrecht sanktionsbewehrt.) Solche »freiwilligen Maßnahmen sind unwirksam, solange sie nicht [rechtsstaatlich] durchgesetzt, Vorschriften für Entschädigungszahlungen umgesetzt und solche Maßnahmen seitens der Unternehmen von unabhängiger Seite überwacht werden.« (Kinley/ Chambers, 2006, S. 46)»*Weil* dies gegenwärtig selten der Fall ist«, so die Autoren weiter,»geben die Unternehmen nur Lippenbekenntnisse ab« und nutzen ihre Ethikkodizes»bloß als eine PR-Übung«.

> »*Oder sie halten sich an ihre Kodizes genau so lange, bis sie merken, dass ihre Gewinne auf dem Spiel stehen … Darum ist auf die Selbstregulierung der Unternehmen kein Verlass.*«

Hier wird von vornherein gar nicht die Möglichkeit in Erwägung gezogen, dass die Unternehmen beziehungsweise deren Entscheidungsträger es tatsächlich ernst meinen könnten mit der unternehmensethischen Verantwortung, die sie für sich reklamieren. Diese Sicht ist über weite Strecken sicher realistisch – wie etwa auch Wolfgang Kaden (2008) mit Blick auf die Finanzmarktkrise aufzeigt:

> »*Entsetzt muss die Öffentlichkeit zur Kenntnis nehmen, wie es im einstmals ach so feinen Bankgewerbe heutzutage zugeht. Da werden falsche Gerüchte gestreut, um Kurse von Aktien zu drücken; die Verbreiter wollen an den fallenden Kursen (über so genannte Leerverkäufe) verdienen. Da spekuliert eine Investmentbank auf den Wertverlust von Subprime-Wertpapieren, und verkauft eben diese Papiere an ihre Kunden. Eine Analystin beschwert sich in einer Mail, dass sie das Risiko eines Papiers bewerten müsse, dazu aber mangels Durchblick in Wahrheit gar nicht in der Lage sei: ›Das könnte von Kühen strukturiert werden, und wir würden es bewerten‹.*«

Und dann die – sicher verständliche und naheliegende – Schluss-folgerung:

>>*Bei solchen Usancen wirken alle Appelle zu mehr Moral in der Wirtschaft wie Realsatire.*<<

Statt auf die Integrität der Akteure zu setzen, gehe es nun end-lich darum, dass sich die Staatengemeinschaft zusammenfindet, >>und das Geldgewerbe straffer reguliert ... Die Schäden, die die angelsächsisch geprägten Finanzmärkte bislang in den Gesell-schaften angerichtet haben, sind zu groß, als dass deren Herr-schaft nicht eingeschränkt werden müsste.<<

Dies ist wie gesagt sicher eine realistische Begründung dafür, die Akteure, die Unternehmen und die sie prägenden Mitarbei-ter, legalrechtlich härter an die Kandare zu nehmen. Doch taugt dieses Konzept leider nicht zur Begründung der Notwendigkeit der Regulierung beziehungsweise, wenn wir diese Sicht ver-allgemeinern, des demokratischen Rechtsstaates, der selbstver-ständlich auch und gerade der Wirtschaft eine Rahmenordnung zu geben hat.

Zunächst widerspricht dieses Konzept unseren Überlegungen zu einer modernen Ethik, der zufolge ethisches >>Fehlverhalten<< jedenfalls grundsätzlich als Ausdruck divergierender Auffas-sungen über das ethisch richtige Verhalten gedeutet werden sollte. Auch wenn es in den beschriebenen Fällen nun wirklich klar ist, dass die Akteure verantwortungslos gehandelt haben, so sollte man, statt sie sozusagen ethisch zu exkommunizieren, ihr Verhalten doch eben so deuten, als sei es im subjektiven Empfin-den der ethischen Richtigkeit erfolgt. Und dies ist ja auch alles andere als unwahrscheinlich. Denn in ihrem Studium wurden dem Managementnachwuchs vor allem die Marktgläubigkeit beigebracht – nach dem Motto: Es zahlt sich aus, also muss es richtig sein –, und zwar einfach dadurch, dass ihm letztlich nur

Instrumente darüber vermittelt wurden, *wie* die Gewinne zu steigern seien. Und wenn es etwas anderes gab – etwa ein Studium Generale – dann stand dieses *neben* den sogenannten Kernfächern.

Selbst wenn es sich faktisch anders verhalten sollte – wie immer dies festzustellen wäre und abgesehen davon, dass sich, wie ich behaupte, kaum jemand finden lässt, der nicht doch eine Rechtfertigungstheorie für seine »Missetaten« im Hinterkopf hat (häufig eben eine ökonomistische) –, so macht es weder Sinn noch ist es erlaubt, anderen grundsätzlich die Integrität abzusprechen, das heißt, sie nicht »als Zweck« (Kant) anzuerkennen. Abzusprechen ist ihnen vielmehr die (zumeist ja implizit) reklamierte Legitimität für ihr konkretes Handeln.

Auch »der Gestrafte« müsste »selbst gestehen [können], es sei ihm recht geschehen, und sein Los sei seinem Verhalten angemessen«, so hat Kant (1785, S. 150) diesen Gedanken (mit Blick auf elementare Fälle des Strafrechts) formuliert. Warum aber sollte dann noch eine rechtsstaatliche Regulierung notwendig sein? Natürlich ließe sich zunächst sagen: weil »der Gestrafte« eben nicht einsichtig ist, wenn er auch einsehen können müsste, dass seine Handlungsweise rechtsstaatlich zu sanktionieren ist, wenn diese denn ethisch nicht rechtfertigungsfähig ist. Damit wären wir allerdings immer noch bei der Begründung des Rechtsstaates nach dem Motto: Die Guten bestrafen die Bösen.

Selbst dann allerdings, wenn alle eingesehen haben, was verantwortungsvollerweise zu tun oder zu unterlassen wäre (was natürlich stets klärungsbedürftig ist und bleibt, weshalb wir ja eine Demokratie haben), so bedarf es dennoch des Rechtsstaates. Der tiefere Grund ist: Die *moralische Verbindlichkeit*, die unseren Einsichten entspricht, ist in großen gesellschaftlichen Gebilden zu schwach. Sie muss durch sanktionsbewerte *Rechtsverbindlichkeit* (genauer: Rechtsstaatsverbindlichkeit) ergänzt und gestützt werden. Allein diese Begründung des Rechtsstaates ist mit der Autonomieformel des kategorischen Imperativs vereinbar, »keinen Gesetzen zu gehorchen als solchen, die wir uns selbst geben«.

Nehmen wir doch ein einfaches Beispiel wie Steuern. Wenn wir eingesehen haben, dass es einen öffentlichen Ausgabenbedarf gibt, der ja nun auch zu finanzieren ist (wenn wir dies nicht könnten, wären Steuern nicht rechtfertigungsfähig), warum tun wir es dann nicht und zahlen »freiwillig« für diese Aufgaben? So argumentieren Libertäre, die Steuern für eine Art »Diebstahl« halten und den »Staat, der von der Besteuerung lebt«, für eine »riesige kriminelle Vereinigung«, die »weit größer und erfolgreicher ist als irgendeine ›private‹ Mafia in der Geschichte« – so tatsächlich der bekennende libertäre Anarchist Murray N. Rothbard (1926–1995). »Staatliche Eingriffe«, wozu natürlich auch Steuern gehören, so Robert Nef (2005), Leiter des »Liberalen Instituts« mit Sitz in der Schweiz, »zerstören mehr an tugendhaftem Verhalten als sie schaffen ... Zu viele Einschränkungen der Eigentumsfreiheit fördern im Effekt den Egoismus und untergraben das spontane soziale Verhalten.« Steuern sollen hier offenbar durch Spenden ersetzt werden.

Libertäre verkennen – in wohlwollender Auslegung – die Grenzen moralischer Verbindlichkeit. Wir mögen ja alle eingesehen haben, dass die Entrichtung von Steuern richtig ist. Doch fehlte uns, wenn es bei dieser Einsicht bliebe und die Sanktionsbewehrtheit ausbliebe, die Gewissheit, dass auch die anderen mitziehen. Denn selbstverständlich ist die Entrichtung von Steuern zwar notwendig, aber »lästig«. Würde unser Beitrag da nicht nur ein Tropfen auf den heißen Stein sein und wirkungslos verpuffen? Offenkundig genau dies. Der Witz zur Begründung des Rechtsstaates allerdings ist: Jeder könnte so denken. Im Ergebnis passierte nichts.

Ökonomen wittern hier ein »Gefangenendilemma«. Doch krankt diese Problembeschreibung daran, dass hier – wen wird es wundern? – der Homo oeconomicus beziehungsweise mindestens zwei davon vorausgesetzt werden, die im »Dilemma« stehen, ihr tatsächlich erreichbares Eigeninteresse zu verfehlen.

Des Staates bedarf es dabei nur, um den Konflikt zwischen dem bloß »kurzfristigen« Eigeninteresse und dem wahren, dem »langfristigen« Eigeninteresse zu überbrücken – damit auch ja alle »Chancen« ausgenutzt werden. Was dabei herauskommt, dürfte klar sein, nämlich eine Minimalstaatskonzeption, in der sich der Staat auf Eigentumsschutz und Vertragssicherheit beschränkt. Ein Sinn für Gerechtigkeit, der ihnen sagen ließe, dass es da einen öffentlichen Ausgabenbedarf *um der guten und fairen Ordnung von Wirtschaft und Gesellschaft willen* gibt, geht den beiden Eigeninteressemaximierern ja definitionsgemäß ab. Sie verstünden gar nicht, was das ist: moralische Verbindlichkeit.

Die mit dem Autonomiegebot vereinbare und sich aus ihm ergebene Begründung des Rechtsstaates im Allgemeinen und der rechtsstaatlichen Rahmenordnung für die Wirtschaft im Besonderen ist eine andere: Der Verantwortungsbewusste soll nicht der Dumme sein. Und er wäre es selbst dann, wenn alle verantwortungsbewusst wären, eben weil die moralische Verbindlichkeit zu schwach ist.

Darum steht der moderne demokratische Rechtsstaat auch nicht im Gegensatz zur Freiheit (verstanden als Autonomie), sondern ist im Gegenteil ihr Ausdruck. Wer dies nicht versteht, der hat den modernen Rechtsstaat, der auch als liberaler (nicht: libertärer, denn dies wäre ein Widerspruch in sich) Rechtsstaat zu bezeichnen ist, nicht verstanden. Es verwundert, dass eine große deutsche Volkspartei, die CDU, ihren Generalsekretär ins Rennen schicken kann, um das neue Programm mit dem peinlichen Slogan an den Mann und an die Frau zu bringen: »Mehr Freiheit und weniger Staat«, ohne dass sich besonnene Parteimitglieder sogleich zur Richtigstellung veranlasst sehen. Es scheint noch viel rechtsstaatliche Aufklärungsarbeit nötig zu sein.

Selbstverständlich ist der liberale demokratische Rechtsstaat als Projekt (das heißt: nicht in jeder aktuellen, vielleicht ja korrekturbedürftigen Ausprägung) Ausdruck unserer moralischen und politischen Freiheit. Nur rechtsstaatliche Laien sprechen von ihm in der dritten Person – als handele es sich um eine dritte, fremde Macht (»Der Staat zwingt uns«) und nicht, zumindest der Idee nach, um das notwendige Regelungsgefüge, welches *wir uns selbst* geben.

Ein solches Regelungsgefüge ist insbesondere für das Wirtschaften notwendig. Denn hier ist es nicht nur die Unsicherheit darüber, dass auch die anderen mitziehen, welches das moralische Subjekt in eine *unzumutbare* Situation bringt, sondern zusätzlich der Wettbewerb. Dieser sorgt – je intensiver er abläuft umso mehr – dafür, dass es alle vom Gesichtspunkt der Wettbewerbsfähigkeit abweichende Relevanzen schwer haben. Sie dennoch zu beachten wird dann ziemlich bald unzumutbar.

Hier ein Beispiel. In einem »beispiellosen Aufruf« im Oktober 2007 hat der Branchenverband der amerikanischen Edelsteinproduzenten (»Jewelers of America«) den US-Kongress dazu aufgerufen, die Einfuhr von Edelsteinen aus Burma so lange vollständig zu verbieten, bis dort demokratische Reformen auf den Weg gebracht werden.[5] Diese Edelsteine stützen nämlich das dortige Regime und tragen damit dazu bei, die Demokratiebewegung in Burma weiterhin zu unterdrücken. Der Verband bittet also selbst darum, doch endlich reguliert zu werden, um nicht Komplize bei der Aufrechterhaltung eines Unrechtsregimes zu sein.

Warum fordert er nicht seine 11000 Mitglieder dazu auf, vom Kauf burmesischer Edelsteine abzusehen? Nun, vermutlich hat er all diese Mitglieder nicht im Griff. Für viele dürfte die Versuchung zu groß sein, eine entsprechende Branchenvereinbarung zu unterlaufen. Überdies haben die großen bekannten Marken wie Tiffany & Co, Bulgari und Cartier bereits »freiwillig« auf Einkäufe aus Burma verzichtet – oder nicht ganz so freiwillig, da sie als »Logo«-Unternehmen von den NGOs unter Druck gesetzt worden sein dürften (»Igitt, ihr habt Blutdiamanten im Angebot«).

Und sie sehen sich nun von den vielen namenlosen »No-Logo«-Unternehmen unter einen gewissen Wettbewerbsdruck gestellt, da diese ihnen zumindest einige lukrative Geschäfte abluchsen. Doch selbst unter Berücksichtigung dieser strategischen Überlegungen, die für den Aufruf an den Kongress eine Rolle gespielt haben dürften, handelt es sich um einen bemerkenswerten Vorstoß, der, vielleicht nur mit einigem Wohlwollen, als Ausdruck der liberalen Rechtsstaats- beziehungsweise Rahmenordnungsidee zu deuten ist, die auf der Erkenntnis basiert, dass die moralische Verbindlichkeit (»Freiwilligkeit«) gerade in Wettbewerbszusammenhängen zu schwach ist. (Das Problem, hier von »liberal« zu sprechen, besteht darin, dass die meisten, die sich heute »Liberale« nennen, in Wahrheit Libertäre sind, die den Rechtsstaat abschaffen oder allenfalls auf einen Minimalstaat zurechtstutzen wollen.)

Ein weiteres Beispiel liefert Klaus Zumwinkel (2007) – nun ja, wieder ein in Integritätsdingen vielleicht etwas fragwürdiger Kandidat, aber hier geht es um den Zumwinkel als Chef der Post. Als dieser hatte er den Mindestlohn verteidigt, der tariflich zwischen dem von der Post dominierten Arbeitgeberverband Postdienste und der Gewerkschaft Verdi vereinbart und dann qua Entsendegesetz für allgemeinverbindlich erklärt wurde. (Das Oberverwaltungsgericht Berlin-Brandenburg hat den Post-Mindestlohn im Dezember 2008 allerdings für rechtswidrig erklärt.)

Zumwinkel erinnerte dabei – zumindest zwischen den Zeilen – an das Versprechen der sozialen Marktwirtschaft, Wohlstand für alle zu erzeugen, was Lohnsenkungen bislang zumindest ausschloss (übrigens trotz Wettbewerbsdynamik):

*»Die Bundesrepublik ist gerade wirtschaftlich groß geworden in der Nachkriegszeit durch Flächentarifverträge, die es eben sich zum Ziel gesetzt haben, dass man nicht über den Lohn, nicht über niedrige Löhne miteinander im Wettbewerb steht. Sondern man zahlt eben die gleichen Löhne in der Automobilindustrie, in der Chemieindustrie, und man konkurriert über die besseren Produkte, über die bessere Qualität, wer die pfiffigeren Ideen hat. Und ich sage mal: Wer 30 Prozent geringere Löhne als die Post zahlt und dann nicht Wettbewerb machen kann, der hat es auch nicht verdient, dass die Kunden ihm die Umsätze bringen, wenn er es dann nicht schafft [trotz Mindestlohn im Markt zu bleiben].«*

Zumwinkel plädiert also, und dies darf als Ausdruck von Geschäftsintegrität gewertet werden, für einen fairen Wettbewerb – wobei sich natürlich darüber, was dies konkret bedeutet, demokratisch streiten lässt. Der faire Wettbewerb ist etwas anderes als sozusagen der blanke, »freie« Wettbewerb. Es ist ein in bestimmter Hinsicht beschränkter Wettbewerb. Und dieser muss durch eine rechtsverbindliche Rahmenordnung sichergestellt werden (wozu Mindestlöhne zählen können oder nur schon die Allgemeinverbindlichkeitserklärung von Tarifabschlüssen). Der Idee nach nicht darum, weil die »Guten« die »Bösen« bestrafen, sondern weil jeder einsehen können müsste, dass es, um auf Zumwinkel zurückzukommen, falsch ist, »bei 800 Euro netto in Deutschland in einem Ballungsraum ... seine Familie materiell und spirituell ernähren« zu müssen und, da dies »nicht geht« beziehungsweise unzumutbar tief ist, den Lohn durch Hartz IV aufgestockt zu bekommen, was einer »Lohnsubvention« entspricht, die eigentlich zu vermeiden sei. Da davon auszugehen ist, dass verantwortungsvolle Unternehmen, die auch ohne rechtliche Verbindlichkeit als »anständig« zu bezeichnende Löhne zahlen wollen, vom Markt gefegt würden, liegt die Regulierung in ihrem *ethisch* wohlverstandenen Eigeninteresse. In den Worten von SPD-Generalsekretär Hubertus Heil (AP, 07.05.2007):

> *»Es liegt im Interesse anständiger Unternehmen, dass die Regierung einen fairen Wettbewerb organisiert.«*

Gute Regulierung macht im Idealfall die individualethische oder auch die geschäftsethische Verantwortungsübernahme nicht überflüssig, sondern stützt diese. Wie wir sehen werden, besteht der Königsweg dabei in der Reduktion des Einflusses des Kapitals auf das Management der Unternehmen. Um dies kurz anzudeuten: Soeben war davon die Rede, dass der Wettbewerb, jedenfalls der denkbar intensivste Wettbewerb, alle vom Gesichtspunkt der Wettbewerbsfähigkeit abweichende Relevanzen eliminieren würde. Was die »Wettbewerbsfähigkeit« eines Unternehmens ist, dies ist im Grunde genauso schwierig zu benennen wie der »Bestand eines Unternehmens«. Darum kann dies nur als Heuristik dienen. Klarer zu benennen ist demgegenüber die Rentabilität. Und diese steht allen marktfremden – oder eben: den rentabilitätsfremden – Gesichtspunkten viel eindeutiger und radikaler gegenüber als die ominöse »Wettbewerbsfähigkeit«. Just diese Orientierung an Rentabilität und sonst gar nichts wird den Unternehmen jedoch vom Kapitalmarkt als dem »Markt für Unternehmenskontrolle« aufgezwungen. Wenden wir uns daher dem Kapital zu, dessen Rolle selten verstanden wird.

# 6 Die unverstandene Rolle des Kapitals

## »Vorfahrt für Arbeit« heißt Vorfahrt fürs Kapital

Die »Schaffung von Arbeitsplätzen« ist ein, wenn nicht das Kernanliegen praktisch aller politischen Kräfte. »Sozial ist, was Arbeit schafft«, so lautet konsequenterweise das Motto. Diese »Maxime« bildet etwa für die CDU die »oberste Richtschnur« ihres Handelns. »Alles was Arbeit gefährdet, bremst oder einschränkt darf keine Chance haben«, so erläutert Ronald Pofalla, Generalsekretär der CDU, dieses »zentrale Leitbild« seiner Partei (01.05.2008).

Den gleichen Gedanken hatte Bundespräsident Horst Köhler (2005) mit dem Slogan »Vorfahrt für Arbeit« gefasst:

>»Angesichts der Lage auf dem Arbeitsmarkt brauchen wir in Deutschland jetzt eine politische Vorfahrtsregel für Arbeit. Was der Schaffung und Sicherung wettbewerbsfähiger Arbeitsplätze dient, muss getan werden. Was dem entgegensteht, muss unterlassen werden. Was anderen Zielen dient, und seien sie noch so wünschenswert, ist nachrangig ... Wenn die Vorfahrtsregel wirklich beherzigt wird, dann können die Arbeitslosenzahlen bald wieder sinken. Und zwar dauerhaft.«

Formeln wie diese mögen zunächst nach Wohltaten für die gebeutelten Arbeitslosen klingen. Endlich wird den »Bürgerinnen und Bürgern« geholfen, die auch an den Bundespräsidenten gelangen und ihm »verzweifelt von ihrer Suche nach einem Arbeitsplatz berichten«. »Unser ganzes Handeln muss den Arbeitsplätzen *für die Menschen* dienen«, so erläutert Horst Seehofer (2009) den Sinn der Formel »Sozial ist, was Arbeit schafft«. Und entsprechend hatte anfänglich auch eine Gewerkschaft wie die IG Metall (2003) den Slogan »Vorfahrt für Arbeit« benutzt – allerdings ergänzt um: »… und soziale Gerechtigkeit«.

Zwischenzeitlich wurde klar, was »Vorfahrt für Arbeit« bedeutet, nämlich Vorfahrt fürs Kapital. Denn schließlich »schaffen« ja die Unternehmer beziehungsweise die Unternehmen (die vom Kapital bestimmt werden) die Arbeitsplätze – zumindest wenn wir von »Ich-AGs« beziehungsweise dem Gang in die Selbstständigkeit absehen. Folglich lässt sich die Unbedingtheit der »Vorfahrtsregel für Arbeit«, die diese in den Stand eines kategorischen Imperativs der Politik erhebt, übersetzen in die Unbedingtheit, den Wünschen des Kapitals zu gehorchen. Die Folge ist eine Politik, die sich selbst dem Primat des global vagabundierenden Kapitals unterwirft.

*»Deutschland muss das Unternehmerkapital hofieren, weil nur dadurch Innovationen, Wachstum und Arbeitsplätze gewährleistet sind.« (Sinn, 2005b)*

Genau dies hat Deutschland – ebenso wie andere Länder – ja dann auch getan. So wurde das Kapital immer weniger steuerlich belastet. Nach Berechnungen des Steuerexperten – und dem schärfsten Kritiker dieser Entwicklung – Lorenz Jarass (2008) liegt die tatsächliche Steuerbelastung von Einkommen aus Unternehmertätigkeit und Vermögen im Jahre 2008 bei deutlich unter zwanzig Prozent.

Die Arbeitnehmer und ihre Interessenvertreter, die Gewerkschaften, wurden zur »Lohnzurückhaltung« aufgerufen, denn nur bei tiefen »Lohnkosten« hätten »die Menschen ... noch eine Chance auf einen Arbeitsplatz« (Köhler, 2005). Zwar kann der Bundespräsident (der übrigens später (2008) davor warnte, diese Zurückhaltung könne auch »ausgenutzt« werden) solche Aufforderungen aussprechen. Die Politik hingegen muss und soll ihren normativen Vorstellungen durch rechtsverbindliche Maßnahmen Befolgung verschaffen.

Das Kernstück der Reform »Agenda 2010« bestand in der Senkung des sogenannten »Reservationslohns«. Dies ist in der ökonomischen Fachsprache sozusagen die »Reserve«, auf die man in der Not, also im Falle der Arbeitslosigkeit, zurückgreifen kann. Er benennt, im Sinne eines Opportunitätskostenkalküls, die »nächstbeste« (beziehungsweise die um einen minimalen Grad schlechtere) Alternative zu einer bestehenden Beschäftigung, die gewählt werden kann, falls das Beschäftigungsverhältnis aufgelöst wird und auch keine weiteren Beschäftigungsmöglichkeiten ersichtlich sind. Wenn wir uns einen Zustand ohne jegliche sozialstaatliche Absicherung vorstellen, dann könnte der »Reservationslohn« etwa in Zuwendungen der Verwandtschaft bestehen oder im Betteln in Fußgängerzonen oder darin, dass man zurück aufs Land geht (falls solches frei verfügbar ist oder man noch irgendwo ein Stück Land hat – vielleicht der eigene Garten?) und Subsistenzwirtschaft betreibt.

Dies sind natürlich alles absurde Alternativen. Darum wird der »Reservationslohn« in einer modernen, sozialen Marktwirtschaft durch die sozialen Sicherungssysteme bestimmt. Hartz IV hat die Bezugzeit des Arbeitslosengeldes verkürzt, so dass die Arbeitslosen rascher aufs Sozialhilfeniveau abgleiten. Das, worauf sie zurückgreifen können, ist also tiefer als bislang. Der Sinn besteht dabei nicht nur und nicht primär darin, dadurch die Lohnnebenkosten zu senken (die die Gewinne schmälern), sondern vor allem darin, die »Bereitschaft« derer, die aktuell über keine Beschäftigung verfügen, dafür zu erhöhen, eine solche (wieder) anzunehmen.

Man kann natürlich genauso gut von Zwang sprechen, eine Beschäftigung anzunehmen, die einem vielleicht gar nicht passt, die aber immerhin ein höheres Einkommen verspricht als das recht tief angesetzte (und durch alle möglichen Bedingungen demütigend gestaltete) Transfereinkommen. Der Druck wird so ungebremster als bislang an die Beschäftigten weitergereicht – sei es der Druck, der vom größeren Wettbewerbszusammenhang ausgeht (»Strukturwandel«) und den die Arbeitgeber, so nehmen wir einmal an, darum weiterreichen, da eine Weiterbeschäftigung für sie und für die verbleibenden Beschäftigten unzumutbar wäre, oder sei es der Druck, der von der unstillbaren Gier der Investoren und ihrer Agenten (dem Management) nach Gewinnen und Boni gespeist wird.

Solche Differenzierungen werden allerdings nicht vorgenommen. Vielmehr wird dies alles in den Topf der »Tatsachen« (Hamburger Appell) geworfen, die nun einmal gegeben seien. Statt von Druck oder Zwang ist in dieser entmoralisierenden Logik daher von »Anreizen« die Rede, nämlich vom »Anreiz für die Aufnahme von Arbeit« (Schröder, 2003), der durch die Senkung des Reservationslohns erhöht wird – schließlich bleibt den Betroffenen ja nichts anderes übrig, als im Notfall auch eine prekäre Beschäftigung anzunehmen. (Der »Anreiz« ergibt sich aus der Senkung der Vergünstigungen, ist also im Kern ein »Abreiz« beziehungsweise das Gegenteil einer Wohltat.) Oder es ist euphemistisch von der Steigerung der »Chancen derer, die arbeiten können und wollen« (Schröder, 2003) die Rede – gemeint ist die Erhöhung der Wahrscheinlichkeit dafür, dass diese irgendeine Beschäftigung annehmen und damit aus der Arbeitslosenstatistik verschwinden. Denn natürlich *müssen* die »Chancen«, wie es der Begriff im Kern bereits besagt, *selbst* ergriffen werden.

Die Politik der Agenda 2010, überhaupt eine Politik der »Vorfahrt für Arbeit« beziehungsweise der Erhöhung der »Chancen« für die »Schaffung von Arbeitsplätzen« lässt sich als Beispiel des oben beschriebenen ethischen Reflexionsstopps vor der Marktlogik begreifen – und kritisieren. Darin eingeschlossen ist die naturalisierende Hinnahme der (sehr wahrscheinlichen) Möglichkeit des »unbändigen Vorteilsstrebens« (Homann) der Akteure, das heißt unter anderem und vor allem: des ungebremsten Rentabilitätsstrebens der Investoren und des von ihnen bestellten Managements.

Darum soll es im Folgenden jedoch nicht gehen – und insofern ist die voranstehende Passage bloß eine exemplarische Erläuterung des separativen Konzepts und seiner Reflexionsstopps. Es soll auch nicht um die Kostenseite der Gewinnerzielung gehen (und zu den Kosten zählen nun einmal die Löhne und Gehälter), nicht darum, dass es da eine neue Radikalität des Managements gibt, welches zu mehr oder minder sichtbaren »Zerstörungen« (Schumpeter) im Inneren der Unternehmen führt (Kostensenkungen durch Entlassungen oder andere Formen des Drucks ohne Not; dies war das Thema von Kapitel 3). Vielmehr soll es im Folgenden um eine andere problematische, noch stärker »vergessene« Seite des Kapitals gehen: die in der Regel unsichtbar ablaufenden Zerstörungen irgendwo draußen, durch Umsatzsteigerungen nämlich, und zwar gerade *durch* die Schaffung von Arbeitsplätzen.

Diese Zerstörung ist in der Diskussion um die »Schaffung von Arbeitsplätzen« vollständig unbeachtet geblieben. Ansonsten könnte der Applaus für die »Schaffung von Arbeitsplätzen« nicht so ungeteilt und unzweideutig ausfallen, als es gegenwärtig der Fall ist. (Ich kenne, abgesehen vielleicht von ökologischen Einwänden gegen Wachstum hier und da, kaum eine Ausnahme.) Was offenbar an der mangelnden ökonomischen Alphabetisierung über die Funktionseigenschaften von Märkten liegt beziehungsweise mit den Wohlstandsmärchen, die Ökonomen erzählen, zusammenhängt. Hier ein Beispiel:

> »Wenn dank der hohen (Manager-)Vergütungen Arbeitsplätze geschaffen werden, über die Familien ernährt werden, die den Geschäftsleuten Kunden und den Gemeinwesen Steuern einbringen, die sogar Arbeitslosen wieder eine Berufschance bieten und die die Sozialhilfe großzügig bemessen lassen, wird sich kein Vernünftiger beschweren.« (Höffe, 2009)

Ob die Arbeitsplätze nur »dank« hoher Managervergütungen geschaffen werden, oder auch nur »dank« hoher Gewinne, weshalb das Kapital zu »hofieren« sei, soll uns hier nicht interessieren. Die Frage ist vielmehr, ob »kein Vernünftiger« einen Einwand vorbringen kann, *wenn* denn diese Arbeitsplätze geschaffen wurden.

Wir kennen die Antwort im Kern bereits: Die Schaffung von Arbeitsplätzen entspricht der Generierung eines neuen Einkommensstroms – der beispielsweise »Familien ernährt«, wie es Höffe ausdrückt. Es ist aber nicht möglich, einen neuen Einkommensstrom zu erzeugen, ohne die Einkommensposition anderer zu gefährden, seien diese anderen nun Angestellte oder Selbstständige. Mehr noch, die »Schöpfung« des einen Einkommensstroms besteht gerade in der »Zerstörung« des Einkommensstroms eines anderen. Der Strom wird einfach umgeleitet. Die Konsumenten kaufen jetzt keine Schampoos der Marke X mehr, sondern solche der Marke Y. Oder sie geben überhaupt weniger Geld für Schampoos aus, dafür mehr für – sagen wir – Pedelecs.

Die »Schaffung von Arbeitsplätzen« treibt schlicht den Wettbewerb, die »schöpferische Zerstörung« voran. Hier werden also Arbeitsplätze geschaffen, dort aber zerstört. Zu einer gesamthaften »Schaffung« von Arbeitsplätzen beziehungsweise von Einkommensströmen, zu Wachstum also, kommt es erst dann, wenn die unter Druck geratenen Schampoohersteller beziehungsweise die in der Schampooproduktion Beschäftigten neue Einkommensquellen erschließen – sich umschulen, Weiterbildung betreiben, vielleicht auf die Produktion von Pedelecs umsatteln.

Mit den »Kosten« dieses Prozesses – dem Zwang zum Unternehmertum –, die nirgends thematisiert werden, werden wir uns noch beschäftigen (Kapitel 7). Hier soll es um die Frage gehen: Welche Rolle spielt das Kapital dabei? Nun, es verschärft den realwirtschaftlichen Wettbewerb zwischen den Leistungsanbietern, also den abhängig oder selbstständig Beschäftigten, und zwar wesentlich.

Die »Funktion« des Kapitals besteht elementar betrachtet darin, eine Art Überbrückungsfinanzierung zu leisten. Dies geschieht unabhängig von der rechtlichen Form des Kapitals, also unabhängig davon, ob es sich um Eigenkapital oder Fremdkapital handelt. Stellen wir uns dafür irgendeinen Pionierunternehmer vor. Das ist jemand, der eine Idee für ein neues Produkt hat, von dem er glaubt, dass sich dafür viele Käufer finden lassen. Damit würde ein Einkommensstrom generiert, Wertschöpfung betrieben.

Nun besteht hier aber ein Zeitproblem. Denn die Umsätze fließen erst morgen. Und auch das ist noch ungewiss. Während der gesamten Produktentwicklung muss der Pionierunternehmer aber von irgendetwas leben. Vielleicht hat er ja Ersparnisse. Normalerweise braucht er aber auch Mitarbeiter, die ihm helfen und die das hoffentlich irgendwann serienreife Produkt herstellen. Und er braucht normalerweise Maschinen. Ohne Kapital müsste er den Maschinenhersteller bitten, doch schon einmal die passenden Maschinen zu produzieren und zu liefern. Mit dem Bezahlen müsse er aber noch etwas warten, bis die Rechnungen aus den Umsätzen, die hoffentlich in naher oder ferner Zukunft fließen werden, beglichen werden können.

Dies ist selbstverständlich eine ganz und gar unrealistische Versuchsanordnung. Doch verdeutlicht sie, dass die Marktwirtschaft, jedenfalls eine wachsende Marktwirtschaft, ohne Kapital nicht zu haben ist. Und auch im soeben gezeichneten Szenario haben ja die Beteiligten – etwa der Maschinenhersteller – dem Pionierunternehmer bereits eine Art Kredit gegeben beziehungsweise ihm die Zeit zwischen der Produktidee und den später voraussichtlich sprießenden Umsätzen überbrückt. Mit dem Kapital werden also zunächst einmal die Löhne und Gehälter sowie die Maschinen bezahlt. Wenn sich die Produktidee als eine erfolgreiche »Innovation« herausstellt, erhalten die Kapitalgeber einen mehr oder minder großen Anteil aus der Wertschöpfung. Die kreditgebende Bank erhält Zinsen und Tilgung, der Aktionär eine Dividende. Natürlich läuft dieser Prozess alles andere als schmerzfrei ab, da der Erfolg ja bedeutet, dass irgendwo anders im komplexen Marktgeschehen ein Geldstrom auf den Pionierunternehmer (und die Kapitalgeber) umgeleitet wurde. Das Ganze funktioniert natürlich auch bei einer kleineren Produktinnovation, ohne dass gleich ein ganz neues Unternehmen entstehen müsste.

Nun werden die Kapitalgeber jedoch – je »gieriger« sie sind, desto mehr – ihr Kapital vorzugsweise denjenigen »Pionierunternehmern« geben, die besonders »fit« und willig darin sind, anderen ihren Einkommensstrom streitig zu machen. Sie geben es den besonders wettbewerbsfähigen und -willigen Marktteilnehmern, denjenigen, die am rigorosesten marktfremde Gesichtspunkte eliminieren, um Kosten zu sparen und Preise senken zu können und so noch mehr Käufer anzulocken beziehungsweise von woanders wegzulocken. Sie geben es denjenigen, die am besten beziehungsweise am skrupellosesten sind im »Wettbewerb um die Dollars der Käufer« (Mises, 1963, S. 278). Damit gibt das Kapital den »Pionierunternehmern« einen Hebel in die Hand, den sie sonst niemals hätten. Sie potenzieren sozusagen deren Wettbewerbsfähigkeit. Die Pionierunternehmer können dadurch nur geringfügig weniger wettbewerbsfähige oder -willige Konkurrenten aus dem Rennen werfen beziehungsweise in viel stärkerem Ausmaß dazu zwingen, ihnen nachzueifern. Was sie tun müssen – um nicht einkommenslos zu werden oder um ihrerseits die Gunst des Kapitals zu erhalten.

Und dies alles gelingt dem Kapital mit Leichtigkeit. Denn Kapitaleinkommen sind »arbeitslose Renteneinkommen« (Conrad, 1934, S. 57). Sie fallen Leuten zu, »die sich selbst von der unternehmerischen Herausforderung ausnehmen« (Choi, 1999, S. 252). Vielleicht wurde irgendwann früher einmal dafür gearbeitet. Oder man hat geerbt. Wenn man aber einmal ein paar Milliönchen auf der hohen Kante hat, fällt das Sparen, fällt der »Konsumverzicht« ziemlich leicht. Bereits aus dieser Leichtigkeit heraus ergibt sich die Hebelwirkung des Kapitals. Es muss ja gar nichts tun, sondern nur darauf verzichten, das ganze Vermögen für den eigenen Konsum auszugeben.

Im Ergebnis spielt das Kapital dadurch die Einkommensbezieher (selbstständig oder unselbstständig Beschäftigte) gegeneinander aus, ob es dies will oder nicht. Insofern ist das Kapital die »Peitsche« der Realwirtschaft – allerdings eine unsichtbare, da es im komplexen Marktgefüge in der Regel nur schwer erkennbar ist, von wem der Druck ausgeht.

Macht also das »Hofieren« (Sinn) des Kapitals durch die Politik Sinn? Das ist, neben der Frage der Fairness des Prozesses, die »kapitalistische« Gretchenfrage. In einer globalisierten Welt verhält es sich natürlich häufig so, dass die »Schöpfung« im eigenen Land anfällt, die Arbeitsplätze also etwa in Deutschland geschaffen werden oder zumindest geschaffen werden sollen, die »Zerstörung« sich aber in anderen Ländern vollzieht – oder vollziehen soll. Die Nationen lassen sich so auf einen Wettbewerbskampf ein, dessen Sinn und Fairness nur aus der Perspektive jenseits dieses Kampfes hinterfragt werden könnte.

Da diese Zusammenhänge unverstanden blieben, hat die Politik in jüngerer Zeit einen beispiellosen Souveränitätsverlust erlitten – und bis vor kurzem noch toleriert. Formal mag »alle Staatsgewalt« noch »vom Volke« ausgehen. Doch steht diese »Staatsgewalt« beziehungsweise steht die Politik unter einer bestimmten Direktive, nämlich derjenigen der Sicherung der »Attraktivität« des je eigenen Landes als »Standort« für das global zirkulierende Kapital. Auch heute noch, jedenfalls bis vor kurzem, dürfte die Auffassung von Hans Tietmeyer (*FAZ*, 03.02.1996) zutreffen, dass »die meisten Politiker sich immer noch nicht darüber im klaren sind, wie sehr sie bereits heute unter der Kontrolle der Finanzmärkte stehen und sogar von diesen beherrscht werden.« Als damaliger Präsident der Deutschen Bundesbank und späterer Berater der Politik hatte Tietmeyer sicher Gelegenheit aufzuzeigen, wie notwendig es doch sei, sich dieser Herrschaft zu fügen.

Die Folge war eine Politik im Modus des Muss.

*»Die großen Trends der Veränderung erfassen die ganze Welt. In ihnen muss sich unser Land bewähren. Globalisierung heißt Vergleichbarkeit und Wettbewerb nicht nur für Waren und Dienstleitungen. Sondern auch für Länder und Regionen. Darauf muss die deutsche Politik sich einstellen. Das heißt, der Staat muss flexibler und unbürokratischer werden. Vor allem auch schneller in seinen Entscheidungen.« (Merkel, 2001)*

Die Rede Angela Merkels, in der sie, damals als CDU-Vorsitzende, »Für eine neue Soziale Marktwirtschaft« warb, ist eine einzige Tirade des Müssens. Das Verb »müssen« wird auf den knapp 15 Textseiten siebzig Mal verwendet. Dies entspricht einer Rate von fünf Nennungen pro Seite. Von Freiheit war auch die Rede. Etwa von der Freiheit der Hochschulen, die »ihre Rechtsform frei wählen können ... *müssen*« – um über die Handlungsspielräume zu verfügen, sich den wettbewerblichen Vorgaben möglichst vorausschauend anpassen zu können, versteht sich. Online ist die Rede übrigens nicht mehr verfügbar.

Unbemerkt ist dieser Souveränitätsverlust wohl auch darum geblieben, weil der zu beobachtende Aktivismus politische Autonomie immerhin vortäuscht. Schließlich habe »der Standortwettbewerb die Handlungsmöglichkeiten der Staaten nicht generell eingeschränkt, sondern«, wie aus ökonomistischer Sicht bemerkt wird, »lediglich eine schlechte Wirtschaftspolitik erschwert« (Schwarz, 1997). Was eine »schlechte« oder eben eine »gute Wirtschaftspolitik« sei, das lasse sich dieser Auffassung zufolge im globalen Wettbewerb der Standorte »entdecken« (Hayek). Die Macht des Kapitals, welches die Standorte gegeneinander ausspielt, »schlägt« so auf die Definition guter Politik »durch« (Homann) – und wir haben die politische Entmündigung nicht bemerkt.

Triumphierend feiern die Marktgläubigen das Ende der politischen Freiheit als »Disziplinierung der nationalen Wirtschaftspolitik [überhaupt aller Politik] durch die internationale Kapitalmobilität« – so der lange Jahre politisch einflussreiche Ökonom Horst Siebert (1998, S. 50f.), der von 1990 bis 2003 dem Sachverständigenrat zur Begutachtung der gesamtwirtschaftlichen Entwicklung angehörte. Selbstverständlich handelt es sich dabei um eine »Disziplinierung« in die »richtige« Richtung.

An die Stelle des Primats demokratischer Politik, an die Stelle der Volkssouveränität, ist das Primat des Marktes und letztlich das Primat des Kapitals getreten, denn dieses, und nicht etwa »der Konsument«, ist der letzte, souveräne Käufer. Wer der nächste US-amerikanische Präsident werde, so der ehemalige Vorsitzende der US-Notenbank, Alan Greenspan (2007) während des US-Vorwahlkampfes, sei gar nicht so wichtig.

»Wir haben das Glück, dass die politischen Beschlüsse in den
USA dank der Globalisierung größtenteils durch die weltweite
Marktwirkung ersetzt wurden. Mit Ausnahme des Themas der
nationalen Sicherheit spielt es kaum eine Rolle, wer der nächste
Präsident wird. Die Welt wird durch Marktkräfte regiert.«

Um ein »Glück« handelt es sich allerdings dabei nur für diejenigen, die sich nichts sehnlicher als eine Marktgesellschaft wünschen, in der ein jeder des anderen Kunde geworden ist und wir
uns wechselseitig als »Humankapital« begegnen. Und natürlich
handelt es sich um ein »Glück« für die Interessen des Kapitals.
Um eine »wohlgeordnete Gesellschaft« handelt es sich dann allerdings ebenso wenig wie um eine politisch freie Gesellschaft.
Denn diese wie jene wird, so Rawls (1979, S. 21) treffend, »von
einer gemeinsamen Gerechtigkeitsvorstellung wirksam gesteu-
ert« – und nicht von den mehr oder minder anonymen Markt-
kräften.

## Die Finanzmarktkrise als Konsequenz der »Hofierung« des Kapitals

»It's the economy, stupid.« – mit diesen Slogan hatte Bill Clinton
die Präsidentschaftswahl im Jahre 1992 gewonnen. »Klar Mann,
es geht um die Wirtschaft, es geht um Jobs.« Das war damit gemeint. Und wie schafft man Jobs? »Klar Mann, indem man denjenigen, die die Jobs schaffen, das Leben erleichtert und nicht
etwa erschwert.«
   Zu dem Programm zählten nicht nur Steuersenkungen für Unternehmen und auf Kapitalgewinne, sondern auch das »Ende
des Sozialstaates, wie wir ihn kennen« – womit der »Neue De-
mokrat« Clinton »New Labour« (Tony Blair) beziehungsweise
die »Neue Mitte« (Gerhard Schröder) vorwegnahm. Natürlich

freut sich das Kapital über einen tiefen Reservationslohn, wie ihn Programme »aktivierender Arbeits- und Sozialpolitik« (»welfare to work«) vorsehen. Die vielleicht wichtigste Neuerung bestand allerdings in einer Politik tiefer Zinsen. Clinton hatte Alan Greenspan als Chef der US-Notenbank von seinem Vorgänger, George H. W. Bush, übernommen. Während einer Frühstückspräsentation im Weißen Haus ganz zu Anfang der ersten Amtszeit Clintons hatte Greenspan dem Präsidenten eine Grafik gezeigt (Hage/Collins, 1993). Darauf war zu erkennen, dass jedes Mal dann, wenn die Banken die Zinssätze um ein Zehntelprozent gesenkt hatten, die Wirtschaft um zehn Milliarden Dollar gewachsen war. Die Erklärung, die Greenspan gab, lautete, dass tiefe Zinsen Investitionen anregen und diese wiederum Arbeitsplätze schaffen.

»Wenn wir wollen, dass die Wirtschaft funktioniert«, und sie »funktioniert« natürlich nur dann gut, wenn sie wächst und Arbeitsplätze geschaffen werden, »dann muss das amerikanische Banksystem aufgetaut werden«, so Greenspan rückblickend (Reuters, 13.09.2007). »Dies macht es erforderlich, dass die Zinssätze einigermaßen tief gehalten werden.« Diese Theorie hatte sich auch Clinton (1996, S. 23 f.) zu eigen gemacht. Für ihn war keine Frage, dass durch das »Herunterbringen der Zinssätze« die »privaten Investitionen angeregt werden«, wodurch »die stagnierende Wirtschaft befeuert wird.« Darum galt es auch das Staatsdefizit zu beseitigen, denn dies »bringt die Zinssätze nach unten, so dass sich mehr Amerikaner Häuser und Autos leisten können [offenbar auf Pump, aber hey Mann, das schafft Arbeitsplätze], ein Unternehmen gründen können [womit natürlich Arbeitsplätze geschaffen werden], eine Hochschule besuchen können [um vermarktbare Fähigkeiten zu erwerben] und so eine bessere Zukunft für sich und ihre Familie aufbauen können.«

Die Theorie ist ganz einfach: Wenn mehr Geld im Spiel ist –

und durch tiefe Zentralbankzinsen wird Geld geschöpft – dann kann ja, wie aus dem Nichts, mehr investiert werden, und dann können mehr Arbeitsplätze geschaffen werden. Ökonomen liefern dazu dann die Statistiken, die etwa besagen, dass »ungefähr vier Dollar an Krediten benötigt werden, um einen Dollar an Wachstum zu erzeugen« (Boston Consulting Group, 2008). Also her mit den Dollars, werden sich Politiker wie Clinton gedacht haben. Als sei der soziale Interaktionsnexus *Wirtschaft* eine Art (ethisch neutrale) Maschine, die es nur mit den richtigen Tricks »anzufachen« gilt. Und wer dies kann, dem wird dann »Wirtschaftskompetenz« beschieden.

Und sie wird mit Geld angefacht, auch und gerade durch Gewinne, die vom Himmel geholt zu werden scheinen. Zu viel davon kann es eigentlich nicht geben.

> *»Wann wird Geld zum Götzen? Bei einer Rendite von 25 Prozent oder schon bei zehn? [Womit offenbar gesagt sein soll: Da sich hier keine objektive Maßzahl angeben lässt, ist alles erlaubt.] Geld hebt den Güterhandel auf die Ebene mathematischer Abstraktion; der örtlich und zeitlich begrenzte Tausch der Dinge wandelt sich in den Tausch der Versprechen und Erwartungen, Verbindlichkeiten und Forderungen. Ist das moralisch verwerflich? Nein, denn Liquidität erweitert den Wirtschaftskreislauf und die Teilhabe am Wohlstand.«* (Schubert, 2009)

Einen »erweiterten Wirtschaftskreislauf« – sprich: mehr Arbeitsplätze und ein größeres Bruttoinlandsprodukt – erhofften sich offenbar auch die großen deutschen Volksparteien durch eine Förderung des Kapitals. Im Koalitionsvertrag vom November 2005 geben die beiden großen Volksparteien ihrer Überzeugung Ausdruck, dass ein »international wettbewerbsfähiger ›Finanzplatz Deutschland‹ … eine der wichtigsten Voraussetzungen für Wirtschafts- und Beschäftigungswachstum ist.« Statt von Greenspan war man hierbei offenbar von Josef Ackermann inspiriert. Der Deutsche-Bank-Chef hatte ja immer wieder betont, wie wichtig es sei, in Deutschland eine (oder vielleicht auch mehrere) »weltweit führende« Banken zu haben.

Ein solcher »international wettbewerbsfähiger ›Finanzplatz Deutschland‹«, so die simplizistische Beschäftigungs- und Wachstumstheorie der Koalitionäre beziehungsweise ihrer wirtschaftspolitischen Berater, die nur Schöpfung, nicht Zerstörung kennt, sei nämlich erforderlich, um eine »gute sowie kostengünstige Kapitalversorgung der Wirtschaft« sicherzustellen. Damit mehr Kapital ins Spiel kommt, das dann investiert wird und Arbeitsplätze schafft – aber niemals zerstört. Und wenn, bitte nicht in Deutschland. (Allerdings denken und agieren ja alle Staaten so.)

Hierzu wurden verschiedene Maßnahmen vorgeschlagen, etwa die »Integration des europäischen Finanzbinnenmarktes«, was offenbar automatisch dem »Nutzen aller Marktteilnehmer, Verbraucher wie Unternehmen« diene. Generell gelte es, auch gerade im Finanzsektor alle »überflüssigen Regulierungen abzubauen« – auf dass die Finanzmarktakteure so viel Kapital wie möglich ins Spiel bringen, denn dies ist ja stets zum »Nutzen aller Marktteilnehmer«. Als besonderes Schmankerl haben sich die Koalitionäre dann noch den »Ausbau des Verbriefungsmarktes« ausgedacht.

Heute wissen wir, dass es gerade die Verbriefungen waren, also die Umwandlung von ursprünglich nicht handelbaren Forderungen zwischen einem Kreditnehmer und einem Kreditgeber in handelbare Wertpapiere, die die Finanzmarktkrise ermöglicht haben. Was war da los, und wie ist es ethisch einzuordnen und zu beurteilen?

Die Finanzmarktkrise, die im Sommer 2007 begann und durch die Insolvenz von Lehman Brothers im September 2008 eskalierte, ist im Grunde ein unvermuteter Vorgang. Überraschend jedenfalls für all diejenigen, die nicht entweder beim »Verpacken« von minderwertigen Subprime-Krediten mitgemischt haben (und dadurch reich geworden sind) oder die die gigantische Ausweitung der Geldmenge professionell beobachtet haben und Alarm hätten schlagen sollen.

Im Grunde sollte uns, so wir da nicht mitgemacht haben, diese Krise, das Platzen der Blase also, kalt lassen. Denn eigentlich handelt es sich dabei tatsächlich um ein Casino-Spiel. Und wer ins Casino geht, der sollte wissen, was er tut. Was selten erkannt wird: Es gibt zwei Möglichkeiten, Kapitaleinkommen zu erzielen. Entweder handelt es sich um Anteile an der realökonomischen Wertschöpfung: Das Kapital stattet die außerordentlich wettbewerbsfähigen und -willigen Marktteilnehmer mit Hebelwirkungen aus. Und von der Umleitung der Einkommensströme auf das Pionierunternehmen oder auch aus der laufenden Wertschöpfung ohne Umleitung erhält es einen Anteil, sei es in Form von Dividenden, beziehungsweise Gewinnausschüttungen, oder in Form von Kreditzinsen. Möglicherweise belohnt es auch ein Management, das sich besonders radikal für die Senkung von Kosten einsetzt, und erhält einen Extragewinn daraus.

Mit Blick auf das Verhältnis zwischen Realwirtschaft und Kapital ist es eigentlich dies, was am Kapital ethisch problematisch ist. Geht es dabei fair zu? Übt das Kapital zu viel Druck aus? Erhält das Kapital einen zu großen Anteil an der Wertschöpfung, zu der es ja einen zwar notwendigen, aber doch auch leistungsfreien Beitrag beigesteuert hat? Auch ließe sich fragen, ob die Kapitaleinkommen Ausdruck von Wertschöpfung oder von Abschöpfung sind. Dies sind die Fragen, die uns bislang beschäftigt haben. Sie sind sicher schwer und ganz sicher nicht pauschal vom Schreibtisch aus zu beantworten. Aber man muss sie überhaupt einmal stellen, was nur gelingt, wenn man eingesehen hat, dass der Einfluss des Kapitals auf die Realwirtschaft nicht einfach »gut« ist.

Die zweite Möglichkeit hat mit der Realwirtschaft zunächst gar nichts zu tun. Hierbei erhält man den Gewinn nicht von den Akteuren der Realwirtschaft, also von denjenigen, die durch ihre Arbeit Dinge erschaffen, die andere kaufen, beziehungsweise von eben diesen Käufern (sagen wir: von Shampoos). Man wird vielmehr von anderen Anlegern bezahlt, von solchen nämlich, denen man ein Wertpapier, etwa eine Aktie oder einen verbrieften Kredit, verkauft.

Um einen Gewinn handelt es sich natürlich nur dann, wenn das Wertpapier im Wert gestiegen ist. Wer früh eingestiegen ist, sich über eine Kursralley freuen konnte, aber rechtzeitig ausgestiegen ist, der kann sich vom Kursgewinn vielleicht einen Sportwagen leisten. Das Geld bekam er von einem der letzten, vielleicht »blöden« Anleger, der auch dann noch die Aktie kaufte, als eigentlich klar war, dass der Titel schon lange überwertet war und das Kurs-Gewinn-Verhältnis in absehbarer Zeit keine nennenswerten Renditen erwarten lassen dürfte.

Natürlich handelt es sich hierbei um ein reines Nullsummenspiel, bei dem die finanziellen Gewinne der einen exakt so hoch ausfallen wie die finanziellen Verluste der anderen. Schließlich bezahlen die einen ja die anderen. Mit der Realwirtschaft, in der sich allein die Wertschöpfung vollzieht, hat dies nur insofern zu tun, als die Verkäufer die Käufer glauben machen, dass es sich um ein Positivsummenspiel handelt und die Kurssteigerung irgendwann einmal mit einer realen Wertschöpfung korrespondieren wird, aus der dann die Dividenden gespeist werden. Um eine Blase handelt es sich dann, wenn diese Dividenden illusionär bleiben.

Im Jahre 2000 betrug der Gesamtpool der weltweit gehandelten Obligationen 35 Billionen Dollar. Um auf dieses Niveau zu gelangen, hat die Welt Hunderte von Jahren gebraucht, wie die Analysten der Boston Consulting Group (2008) anmerken. Dieser Betrag verdoppelte sich jedoch innerhalb von nur sechs Jahren. Allerdings ist das Weltsozialprodukt in diesem Zeitraum »nur« um 53 Prozent gewachsen. Noch ein bemerkenswerter Größenvergleich: Die Summe aller Finanzanlagen dieser Welt, also aller Aktien, Anleihen, Kredite oder Hypotheken, war bis in die 1980er Jahre hinein in etwa gleich groß wie das Weltsozialprodukt. Es handelte sich hierbei noch weitgehend um »Ansprüche an realen Dingen« (Morris, 2008, S. XII). Bis 2007 ist die Gesamtsumme aller Finanzanlagen in einem Maße gewachsen, dass sie je nach Quelle dreieinhalb bis viermal mal so groß ausfällt wie das Weltsozialprodukt (Morris, 2008; Farrell/Fölster/ Lund, 2008). Die Summe der Derivate, die wiederum einen Anspruch auf die Finanzanlagen markieren, ist sogar zehnmal so groß wie der Wert der auf der Welt insgesamt jährlich abgesetzten Waren und Dienstleistungen (Morris, 2008, S. XII).

Wer diese Entwicklung beobachtet hatte, musste sich eigentlich fragen: Woher, bitte schön, sollten die Renditen stammen, die diesem »Tsunami aus Dollars« (Charles R. Morris) korrespondieren? Es gibt drei Möglichkeiten, wobei zwei mit der Realwirtschaft zusammenhängen. Die erste ist, dass der Druck auf die Realwirtschaft weiter zunimmt und das Kapital seinen Dienst tut als »Peitsche« der Beschäftigten. Es »befeuert« (Clinton) den Wettbewerb, spielt die Akteure gegeneinander aus, schafft Arbeitsplätze hier und zerstört sie dort und zwingt die Wettbewerbsverlierer so zu weiteren produktiven Anstrengungen, wodurch das Weltsozialprodukt weiter wächst. Wenn sich das Weltkapital verdoppelt und die Aufteilung zwischen Kapital und Arbeit gleich bleibt, müsste sich das Weltsozialprodukt verdoppeln. Dies aber schafft die zunehmend erschöpfte Realwirtschaft offenbar nicht, und sie soll es wohl auch nicht schaffen, weil die nichtmonetären »Kosten« dieses Prozesses ziemlich sicher zu hoch ausfallen dürften, wie wir noch sehen werden. Der zusätzliche Stress für die Beschäftigten wäre immens.

Die zweite Möglichkeit ist, dass es zu einer weiteren Umverteilung von der Realwirtschaft zum Kapital kommt. Davon hatten wir schon eine ganze Menge: So sank die Lohnquote, also der Anteil der Einkommen aus nichtselbständiger Arbeit am Volkseinkommen, in Deutschland von 70,8 Prozent im Jahr 2003 auf 64,7 Prozent im Jahre 2007 (Statistisches Bundesamt, 2008). Entsprechend stiegen die Unternehmens- und Vermögenseinkommen um 6,1 Prozent. (Hierin enthalten sind allerdings nicht nur Kapitaleinkommen, sondern etwa auch die Einkommen von selbstständig Erwerbenden, die natürlich zur Realwirtschaft zu zählen sind.) In den OECD-Staaten ist die Lohnquote (Selbstständige eingeschlossen) zwischen 1980 und 2006 um zehn Prozentpunkte gesunken. Sie liegt in Deutschland gemäß OECD übrigens bei nurmehr 55 Prozent (OECD, 2008, S. 35).

Und noch eine Zahl: Zwischen 2001 und 2006 wuchs das Volkseinkommen in Deutschland um 202 Milliarden Euro. Von diesem Wohlstandszuwachs erhielten die Bezieher von Unternehmens- und Vermögenseinkommen 171 Milliarden Euro beziehungsweise 84,5 Prozent. »Mehr Umverteilung geht nicht«, titelte die *Frankfurter Rundschau* (15.08.2006). Vielleicht doch? Würde der Trend zur Steigerung der Gewinnquote anhalten, so würden, wie die *Financial Times* (30.06.2006) für die USA errechnet hat, die Einkommen bei einem mittleren Wachstum von 3,5 Prozent in hundert Jahren nur noch aus Gewinnen bestehen.

Der »Tsunami aus Dollars« dürfte einer Mischung aus beidem entsprechen: mehr Druck auf die Realwirtschaft und daraus ein Wachstum der volkswirtschaftlichen Wertschöpfung einerseits, Abschöpfung aus der bestehenden Wertschöpfung andererseits. Es gibt aber noch eine dritte Möglichkeit. Und diese dürfte den größten Anteil bei der Erklärung des Zuwachses des global zirkulierenden Finanzkapitals haben: Es handelt sich um eine gigantische Blase, das heißt um eine Inflation, die in die Berechnung der Inflationsrate nicht einfließt. »Vermögenspreisinflation« lautet der Fachbegriff.

Es ist zu viel Kapital im Spiel. Die Realwirtschaft kann und will es nicht so verzinsen, wie es die Anleger – also Leute, die das Geld nicht konsumieren wollen beziehungsweise müssen und es stattdessen anlegen – normalerweise oder auch überschwänglicherweise erwarten. So war es bereits bei der Weltwirtschaftskrise Anfang der 1930er Jahre.

»1929 waren die Reichen ganz besonders reich«, schrieb John Kenneth Galbraith (1954, S. 216) in seiner Analyse des »Great Crash«. Es war die Zeit der Räuberbarone und Spekulanten, literarisch verewigt in Francis Scott Fitzgerald Roman *The Great Gatsby* (1925). Die wohlhabendsten fünf Prozent der Bevölkerung erhielten dreißig Prozent der volkswirtschaftlichen Wertschöpfung. Sie wussten gar nicht, wohin mit dem ganzen Geld. So viel Luxus kann es gar nicht geben. Oder es macht irgendwann keinen Spaß mehr. Und außerdem fühlt es sich doch einfach gut an, reich zu sein, auch wenn man das Geld gar nicht ausgibt. Also gab man es den Banken, auf dass es sich vermehre. Irgendwann besaß das oberste 0,1 Prozent der Amerikaner fast vierzig Prozent des gesamten Vermögens. Die Banken gaben das Geld in Form von Krediten an Firmen, die es investierten. Das ging eine ganze Zeit gut, doch bald zeigten sich erste Absatzschwierigkeiten. Denn wer sollte all die Produkte kaufen? Das Gros der Bevölkerung blieb ja arm. Ein Ausweg schien der Aktienmarkt zu bieten.

Spätestens dies war der Beginn der Blase. Die Spekulanten konnten sich eine ganze Zeit dem Glauben hingeben, dass sie reich sind und immer reicher werden. Es reicht ja aus, dass es immer wieder ein paar »Blöde« gibt, die den Aktienkurs noch etwas mehr in die Höhe treiben, indem sie die bereits überteuerten Aktien kaufen, obwohl die realökonomischen »fundamentals« dies eigentlich gar nicht mehr hergaben. Irgendwann schwante es einer Reihe von Aktienbesitzern, dass dies alles auf Sand gebaut war und die Realwirtschaft die erwarteten Verzinsungen niemals wird produzieren können. Jetzt aber rasch verkaufen, dachten sie sich. Das sahen andere und taten es ihnen gleich. Das Ergebnis waren die massenhaften Panikverkäufe am 24. Oktober 1929, der als »Schwarzer Donnerstag« (es war kein Freitag) in die Geschichte einging.

Seit geraumer Zeit hat sich die Einkommens- und Vermögensverteilung in den komplexen Volkswirtschaften ähnlich entwickelt wie in den 1920er Jahren. Viele Leute wissen nicht wohin mit dem Geld. Es »muss« investiert werden. Die Analysten der Citibank charakterisieren die US-amerikanische Volkswirtschaft als eine »Plutonomie« (Kapur/u.a., 2005). Das kommt von Plutokratie, Herrschaft der Reichen, und Ökonomie. Die Volkswirtschaft ist geradezu auf die Bedürfnisse und Interessen der »super rich« ausgerichtet.

*»Da gibt es die reichen Konsumenten, gering an der Zahl, aber unverhältnismäßig in dem gigantischen Stück aus Einkommen und Konsumwohlstand, das sie sich nehmen. Und dann gibt es da den Rest, die ›Nicht-Reichen‹, die zahlreichen Vielen, die nur erstaunlich kleine Happen vom Wohlstandskuchen abbekommen.« (Kapur/u.a., 2005, S. 2)*

Diese Beschreibung dürfte für die allermeisten reifen Volkswirtschaften zutreffen, wenn vielleicht auch nicht ganz in dem Ausmaß wie in den USA. Denn überall wurde ja das Kapital »hofiert« – etwa durch Steuererleichterungen. Wie hatte George W. Bush noch gleich während des Wahlkampfes (2000) vor seiner ersten Präsidentschaft in einer Veranstaltung zur Beschaffung von Wahlspenden an das anwesende, ausnahmslos wohlhabende Publikum gesagt?

*»This is an impressive crowd: the Have's and Have-more's. Some people call you the elite. I call you my base.«*

Was Georg W. dann ja auch durch zahlreiche Steuererleichterungen, die vor allem Wohlhabenden zugutekamen, in die Tat umgesetzt hat.

Mehr Kapital kam auch dadurch ins Spiel, dass man dazu übergangen ist, die Altersversorgung vom Umlage- aufs Kapitaldeckungsverfahren umzustellen. Vermutlich glaubt man dabei, dass der Wohlstand vom Himmel fällt, wenn nur mehr Kapital im Spiel ist. Man vergisst dabei, dass der Konsum für die Nichtmehr-Erwerbstätigen so oder so von den aktuell Erwerbstätigen erwirtschaftet werden muss. Und man vergisst dabei, dass die »akkumulierten Ersparnisse und Rentenversprechen Zwang auf die Produktionstätigkeit ausüben« (Dembinski, 2008). Und die Realwirtschaft hält diesem Zwang offenbar nicht stand. Sie soll ihm auch nicht ausgesetzt sein, jedenfalls nicht unbegrenzt. Sonst kommt es zu »sinnlosen Katastrophen«, wie Schumpeter (1950, S. 172) noch wusste.

Und dann kam es wie in den 1920er Jahren. Es gab diesen gigantischen Zuwachs an Finanzkapital. Und wir wissen nicht, ob es sich dabei noch um realwirtschaftlich gedecktes oder bereits um Blasenkapital handelt. Vermutlich um eine Mischung aus beidem. Jedenfalls war irgendwann »doppelt so viel Geld für Investitionen da, aber es gab nicht doppelt so viele gute Investitionsmöglichkeiten.« (Blumberg/Davidson/Glass, 2008)

Dann gab es eine »Innovation«. Es wurden »mortgage backed securities« erfunden, eine besondere Form von Derivaten, Forderungen auf Forderungen, komplexeste Vertragsgebilde, die offenkundig dem einzigen Zweck dienen, einen Bezug zur Realwirtschaft, in der ja allein Wertschöpfung generiert wird, erstens zu suggerieren und zweitens zu vertuschen, dass dieser gar nicht besteht.

Die Finanzgemeinde war begeistert. Der Geschäftsführer des Bereichs Eigenheimfinanzierung bei der Investmentbank Morgan Stanley, Mike Francis, erinnert sich:

*»Es war unglaublich. Wir konnten kaum genug [solcher Ver-*
*tragskonstruktionen] produzieren, um den Hunger der Investo-*
*ren zu stillen. Sie riefen an und fragten: ›Haben Sie noch mehr?‹.*
*Für uns sah es so aus: Da draußen sitzen Leute mit viel Geld. Wir*
*müssen alles daransetzen, dass sie nur in unsere Wertpapiere*
*investieren.«*

An dieser Stelle griffen die Boni. Die Bankangestellten wussten
genau, dass das, was sie taten, falsch war und Standards professioneller Berufsausübung widersprach. Berühmt ist das E-Mail
eines Analysten an einen anderen:

*»Lass uns hoffen, dass wir alle reich und pensioniert sind, wenn*
*dieses Kartenhaus zusammenbricht.«*

Der altgediente Chef einer Hypothekenbank hasste dieses neue
Geschäft (Blumberg/Davidson/Glass, 2008), vor allem die
»NINA«-Hypotheken. NINA steht für »no income, no assets«.
Trotzdem bekamen die Leute eine Hypothek, auch wenn dies al-
len professionellen Standards widersprach. Mike Francis be-
zeichnet sie als »Lügenkredit«.

Die Bedenken, die noch in der Branche vorherrschen moch-
ten, wurden im Bonusregen ertränkt. Es ist schon verdammt
schwer, Nein zu sagen, wenn man sieht, wie die Kollegen ne-
benan im eigenen Hause oder die Kollegen anderer Banken
Millionäre werden, obwohl sie doch über die gleichen finanz-
technischen Qualifikationen verfügen wie man selbst.

Mit den Boni haben sich die Banker ihre Integrität und Profes-
sionalität abkaufen lassen. Und falls da noch ein Zweifel war,
konnte ihn die Marktgläubigkeit, die jeder Wirtschaftsstudent
und noch mehr jeder Banker im Studium einsaugt, ausräumen.
Hey, wir verdienen Geld, sehr viel Geld. Das muss doch letztlich
gut sein, gut für alle. Je mehr es ist, desto besser. Schließlich

zeigt das viele Geld doch an, dass wir den Wohlstand steigern. »Ich glaube an Gott. Und ich glaube an freie Märkte«, hatte Kenneth Lay (2001) gesagt, als er mit Enron ein ähnliches, Milliarden messendes Lügengebäude aufbaute. Mit solchen, offenkundig marktmetaphysischen Sprüchen machte man sich, jedenfalls bis vor kurzem, in den USA nicht lächerlich. Hierzulande kommt die Marktgläubigkeit ohne expliziten Bezug zu Gott aus.

Mit jedem Verpacken und Umpacken der Forderungen – je weiter weg von der Realität, je komplexer, undurchschaubarer und je atemberaubender die Gewinnversprechen desto besser – konnten die Investmentbanker ihr Gehaltskonto aufbessern, so es ihnen gelang, den »Finanzmüll« weiterzuverkaufen, was jedes Mal, den Anreizsystemen sei Dank, Bonuszahlungen auslöste. Dies dürfte einer der Hauptgründe dafür sein, warum der Nominalwert all dieser Papiere immer weiter wuchs und kaskadenartig zu einer gigantischen Blase anschwoll.

Natürlich ist dann das Kartenhaus irgendwann zusammengekracht. Kein Problem, müssten wir Außenstehenden eigentlich sagen. Wer ins Casino geht, muss wissen, dass es ein Nullsummenspiel ist, bei dem die Gewinne der einen exakt den Verlusten der anderen entsprechen. Vermutlich war dem einen oder anderen nicht klar, dass das Spiel nach der »greater fool theory« funktioniert, bei der jeder glaubt, die anderen noch etwas leichter hinters Licht führen zu können, als man selbst hinters Licht geführt wurde. Zu den »Idiotischeren« gehörten offenbar die Landesbanken. Diese kauften auch dann noch die vollständig überteuerten Titel, als clevere Banken wie etwa die Deutsche Bank intern längst auf den Verfall des Marktes spekulierten (Böll/Papendick, 2008). Und zwar kauften sie die Titel just auch von der Deutschen Bank. Als deren Analysten Alarm schlugen und klar wurde, dass da offenkundig massive Überbewertungen stattfinden, erlaubte die Geschäftsleitung der Deutschen Bank ihren Investmentbankern, nur noch dann Subprime-Papiere zu kaufen, wenn sie dafür einen Käufer finden, an den die heißen Kartoffeln gleich weiterzureichen seien – was auf beiden Seiten Boni ausgelöst haben dürfte.»Intelligente Gier traf auf borniert Dummheit«, so kommentierte ein ungenannt bleibender Topbanker diese Geschäftsbeziehung.

Gierige haben Gierige abgezockt – und zwar sehr erfolgreich. So schätzt René Zeyer (2009), dass die Banker durch ihr kaskadenartiges Umpacken von NINA- und ähnlich Krediten allein in den USA in den letzten fünf Jahren insgesamt eine Summe von tausend Milliarden an Boni für ihre»klammen Aktivitäten« abgezweigt haben. Für die Banker ging die Rechnung damals auf. Für das Kapital geht die Rechnung in gewisser Weise erst jetzt auf.

Denn dies alles wird ja erst dadurch zum»größten Bankraub der Weltgeschichte« (René Zeyer), weil die Banken die Gemeinwesen in eine Art Geiselhaft genommen haben. Die Banken betreiben ja nicht bloß Spekulationsspiele mit Luftgeld, sondern stellen vor allem den Zahlungs- und Kreditverkehr zur Verfügung, der auch für den laufenden Normalbetrieb der Wirtschaft unerlässlich ist. Darum dürfen sie nicht pleitegehen oder auch nur schon ihre Eigenkapitalbasis deutlich vermindert sehen, da sie dann keine Kredite mehr vergeben können, was gerade in Zeiten der Rezession um der Überbrückung willen notwendig ist. Jetzt aber belasten Milliarden an Schrottpapieren die Bilanzen der Banken. Dies sind keine»Risiken«, wie überall zu lesen ist, sondern Gefahren beziehungsweise Gefährdungen, die anderen aufgebürdet werden, nämlich dem Steuerzahler, der für die Sicherheiten, die die Regierungen den Banken gewähren, geradestehen muss. Und dem Gemeinwesen, das sich über Jahrzehnte verschulden muss und dessen Ausgaben- und Gestaltungsspielräume damit schrumpfen.

Ob der Steuerzahler für den Schaden, den andere angerichtet haben, tatsächlich geradestehen muss (zumeist über Staatsgarantien), dies wird allerdings bezweifelt. Von Georges Soros, dem Hedge-Fonds-Zampano, der jedes Jahr so um eine Milliarde Dollar verdient, aber ausdrücklich gegen Marktgläubigkeit wettert, stammt der Vorschlag, die Banken aufzuspalten und die »toxischen« Papiere den Eigentümern zu überlassen. Damit bekäme der Begriff des »Risikos«, für das die Entscheider eben selbst einzustehen haben, wieder einen Sinn. Und vor allem würde das Blasenkapital seiner angemessenen Verwendung zugeführt, es würde nämlich vernichtet. Es würde genauso verpuffen, wie es vorher aus dem Nichts trickreich entstanden ist. Es würde einfach eine Reichtumsillusion zerstört.

Die derzeitigen Lösungsmodelle setzen allerdings darauf, dass die Realwirtschaft irgendwann einmal die gigantischen Zuwächse an Nominalkapital erwirtschaften können wird – und erwirtschaften soll. Von Nominalkapital, das entweder in ausgelagerten sogenannten »Bad Banks« zwischengelagert ist und damit »auf die schlechte Bank geschoben« wird (Jost/Szarek, 2009), oder in der riesigen Geldmengenausweitung liegt, die gedacht ist, um den Brandherd gleichsam zu löschen, die hohen Schulden durch noch höhere Schulden zu decken und »eine Art Geldmaschine ewig in Schwung zu halten« (Sornette, 2009). Diese Abfolge von Blasen – vor der Immobilienblase war es die Dotcom-Blase –, ihr Platzen und die »Rettung der Spekulanten« durch Geldmengenausweitung, ist seit geraumer Zeit zu beobachten. Die Entstehung einer neuen Blase ist damit stets vorprogrammiert. »Es ist ein übler Teufelskreis« (Hamilton, 2008).

Aber nicht für die Investoren beziehungsweise ihre Berater. Diese reiben sich bereits die Hände und rufen etwa dazu auf, »unser Kapital so anzulegen, dass wir von dieser Blase profitieren« (Hamilton, 2008). Als »nächster heiße Sektor« sind die Rohstoffe ausgemacht. Möglichst jetzt dort investieren, bevor es die »Mainstream-Investoren« tun, die Preise wachsen sehen, was »die meisten schocken« wird (etwa da sie die Lebensmittelpreise nicht mehr zahlen können), möglichst im Peak der Blase, in Zeiten »noch nie da gewesener Hochs«, mit riesigen Gewinnen verkaufen oder darauf warten, dass die Zentralbanken einen retten.

Diese zynische Vision der Abschöpfung des Wohlstands und seiner Umverteilung von den Ahnungslosen zu den Cleveren (und Finanzstarken und ihrer Agenten) ist aber ganz sicher nicht ethisch tragfähig. Dies dürfte auch für die Hoffnung gelten, dass das Blasenkapital irgendwann durch realwirtschaftliches Wachstum, erzwungen von der »Peitsche« des Kapitals, gedeckt werden könnte. Die einzige Alternative zu beiden Optionen ist die Kapitalvernichtung (übrigens auch dadurch, dass es endlich wieder anständig besteuert würde).

*»Es ist unumgänglich, im Finanzsektor eine rapide Deflation durchzuführen beziehungsweise Luft aus der Finanzsphäre abzulassen.«* (Sornette, 2009)

Dies ist die definitive Absage an die Markt- beziehungsweise an die Kapitalgläubigkeit. Dass zu viel Kapital im Spiel sein könnte, dies stellt für implizit und explizit Marktgläubige eine Provokation dar, eine bislang nicht erwogene Denkmöglichkeit, den Bruch eines Tabus. Auch heute noch hält Hans-Werner Sinn (2009) daran fest, dass es da nie ein Zuviel an Kapital geben könne, denn schließlich sei »Wachstum seit jeher aus massiver Kapitalakkumulation entstanden.« Warum es zu viel sein könnte, wollen wir im Folgenden erkunden.

# 7 Die Kosten des Wachstums: Der Zwang zur unternehmerischen Lebensform

In einem Interview hatte der ehemalige Generaldirektor des GATT, der Vorgängerorganisation der WTO, Peter Sutherland (2004), seinem »Glauben« Ausdruck verliehen, dass »Wettbewerb effizient« sei, was bedeutet, dass er »die Basis für den Wohlstand« bilde. Auf die Frage des Journalisten, dies klinge »wie aus dem Lehrbuch«, in der Realität aber gebe es doch nicht nur Gewinner, sondern auch Verlierer der Globalisierung, antwortete Sutherland:

> »Die Verlierer werden zu Verlierern, weil sie daran gehindert werden, am Freihandel teilzunehmen.«

Ökonomen oder der Marktgläubigkeit verfallene Personen lassen sich leicht in Verlegenheit bringen, wenn man sie mit dem Umstand konfrontiert, dass der »Freihandel« und damit der Wettbewerb nicht nur »schöpferisch« Gewinner produziert, sondern auch »Zerstörung« bringt, also Verlierer schafft. Heraus kommen gelegentlich Sätze wie der obige, die eher kakophonisch als logisch klingen. Nicht also werden die Verlierer zu Verlierern, weil sie von wettbewerbsstärkeren Marktteilnehmern und vom Kapital verdrängt beziehungsweise entlassen werden, sondern weil sie »daran gehindert werden« (durch »Protektionis-

mus« nämlich), im »Freihandel« ihrerseits neue Einkommensquellen zu erschließen und sich so, wie es ein anderer Ökonom
formuliert, »selbst von der Verliererkategorie zur Gewinnerka-
tegorie zu bewegen« (Wood, 1994, S. 6). Ja, der Wettbewerb erzeugt »Schäden«, so Wood weiter, aber diese werden »durch
den stärkeren Anreiz, den dieser Verlust bei den Leuten erzeugt,
automatisch beseitigt.« Der Wettbewerb muss nämlich nicht zu
messbaren Verlusten führen (etwa zu Arbeitslosigkeit oder Ein-
kommensminderungen), über die man dann klagen könnte.
Schließlich gehe mit dem Wettbewerb ja der »Anreiz« einher, genauer: der Zwang, »sich die nötigen Fähigkeiten anzueignen«,
um auch unter wachsendem Druck weiterhin wettbewerblich fit
zu sein und ein Einkommen erzielen zu können.

»Automatisch« ist daran allerdings nur, dass die Ökonomen
die Kosten und das Leid einfach verschweigen, das mit der Erhaltung, und das heißt: der lebenslangen Steigerung der je individuellen Wettbewerbsfähigkeit verbunden ist. Sie definieren
diese Kosten aus ihren komplizierten Rechnungen heraus, wo-
hingegen die Betroffenen – wir alle, die wir durch unsere Arbeit
ein Einkommen erzielen müssen – den Wettbewerbsdruck täglich und in wachsendem Masse am eigenen Leibe verspüren.
Letztlich genau darum gibt es diese Diskrepanz zwischen den
Ökonomen als den »konsequentesten Fürsprechern des Marktes« und dem »Rest der Bevölkerung« (Breyer, 2008, S. 130). Die
Ökonomen sehen im Markt nur »wohltuende Wirkungen«. Die
Bevölkerung spürt ganz praktisch, dass der globale Wettbewerb
zunehmend genau das Gegenteil von »wohltuenden Wirkungen« erzeugt.

Wir haben gesehen: Der Wettbewerb zwingt zum Unternehmertum, dazu, uns genau diejenigen »Fähigkeiten anzueignen«,
deren Beherrschung notwendig ist, um nicht auf die wettbewerbliche Verliererstraße zu geraten. Er bürdet uns »Kosten« auf. Worin bestehen diese von den Ökonomen negierten Kosten? Und

wiegt der wachsende (aber auch zunehmend ungleicher verteilte) Wohlstand diese Kosten noch auf? Dies sind, ethisch-pedantisch formuliert, Fragen einer teleologischen Ethik, Fragen nach dem guten Leben, nach der Lebensqualität, die verloren zu gehen droht. Tabufragen für Ökonomen. Wir wenden uns ihnen im Folgenden zu. Sodann ist aber auch zu fragen: Wer bürdet uns diese Kosten auf? Wir uns selbst? Es ist leider viel komplizierter. Diese deontologisch-ethischen Fragen werden im Anschluss diskutiert.

## Warum das Leben immer stressiger wird

Im globalen Wettbewerb sind »vor allem Selbstdisziplin, Leistung, Marktorientierung und eine härtere Arbeitskultur« nötig, schrieb vor einigen Jahren ein Schweizer Banker (Doerig, 1996). Manche – wie wohl den Banker selbst – begeistert dies. Sie finden in der unbedingten »Marktorientierung« Halt und Orientierung. Umso besser, wenn diese vom Wettbewerb »unerbittlich« eingefordert wird. Die zunehmend »härtere Arbeitskultur« wird jedoch von vielen als Belastung empfunden, die ihre Lebensqualität beeinträchtigt.

Angestellte berichten von einem »Dauergefühl angespannter Überforderung«, von einem Druck, der seit Jahren nicht mehr nur stoßweise anfällt, sondern chronisch ist, von der »bohrenden Intensität, ja Totalität, mit der die Arbeit immer mehr Lebenszeit« beansprucht und »immer tiefer in die Innenwelt« eindringt (Grefe, 2003).

Die WHO hat die neue Volkskrankheit Stress zu einer der größten Gesundheitsgefahren des 21. Jahrhunderts erklärt. Nach einer repräsentativen Umfrage des Magazins *Apotheker Rundschau* vom Februar 2008 fühlen sich drei Viertel der Deutschen übermäßiger Belastung ausgesetzt. Zudem hat fast jeder

Vierte den Eindruck, der Stress nehme ständig zu. Die Europäische Agentur für Sicherheit und Gesundheitsschutz am Arbeitsplatz hält fest, dass Stress das zweithäufigste arbeitsbedingte Gesundheitsproblem ist.[6] Zugleich nimmt sie an, dass die Anzahl der Arbeitnehmer, die unter arbeitsbedingtem Stress leiden, »wahrscheinlich weiter steigen wird«. Warum? Etwa weil sich immer mehr zu einer »härteren Arbeitskultur« aus freien Stücken entschließen werden? Davon ist im Bericht der Agentur nicht die Rede. Vielmehr spricht sie von »Veränderungen der Arbeitswelt«, die offenbar zurechnungslos vom Himmel fallen. Diese stellen nun einmal »erhöhte Anforderungen an die Arbeitnehmer«. Es sei eben eine Tatsache, dass »Stellenabbau und Auslagerungen eine größere Flexibilität hinsichtlich der Funktionen und Fähigkeiten« erforderten, was beispielsweise »zu einem vermehrten Einsatz von zeitlich befristeten Verträgen, zu höherer Arbeitsplatzunsicherheit und Arbeitsintensivierung« führe – und das alles führt zu mehr Stress.

Mit dem Wettbewerb hört das »ruhige Leben« auf, wie Hayek (1981, S. 110) genugtuend feststellt. An dessen Stelle tritt das hektische Leben. Der Wettbewerb verändert das individuelle und gesellschaftliche Leben andauernd bis hinein in seine feinsten Verästelungen. Und zwar ohne dass wir dies wollten. Sicher, damit steigern wir das Sozialprodukt. Doch wiegt der Konsumwohlstand die Anstrengungen, den Stress und vor allem die Umstellung des Lebens auf Unternehmertum noch auf – wo doch kaum mehr Zeit zum Genießen, zur Muße bleibt? Übrigens ist die effektiv geleistete durchschnittliche Erwerbsarbeitszeit zwischen 2003 und 2007 um fast zehn Prozent gestiegen (Schiltz, 2008). Brauchen wir tatsächlich mehr Güter?

Von denjenigen, die sich professionell mit dem Wirtschaften beschäftigen, stellt niemand die Frage, ob sich der Aufwand noch lohnt. Dafür müsste man nämlich eine wahrhaft volkswirtschaftliche und heute eine weltwirtschaftliche Perspektive einnehmen, und das ist, oder war bis vor kurzem noch, tabu. Stattdessen wird diese Frage, die nur wir, die Weltgemeinschaft, gemeinsam beantworten und praktisch angehen könnten, auf die Individuen abgewälzt. Womit sogleich unterstellt wird, dass sie mit Ja zu beantworten sei. Dies geschieht etwa bereits dadurch, dass der Stress als ein »Gesundheits*risiko*« beziehungsweise, in den Worten der Europäischen Agentur für Sicherheit und Gesundheitsschutz am Arbeitsplatz, als ein »psychosoziales *Risiko*« bezeichnet wird. Als hätten sich die Betroffenen den Stress selbst zuzuschreiben. Denn genau dies bedeutet es ja, wenn man von »Risiko« spricht. Risiken sind Kosten, die in der Zukunft liegen, weshalb ihre genaue Höhe unklar ist. Sie sind in einem ökonomischen beziehungsweise egoistischen Kalkül gegen die »Chancen«, die zukünftigen Vorteile, abzuwägen. Risiken sind eine Privatangelegenheit. Bei Kosten, die einem von *anderen* aufgebürdet werden, sprechen wir hingegen von Gefahren beziehungsweise von einer Gefährdung, vielleicht gar von einer Nötigung.

*»Das, was dem Entscheider als Risiko erscheint, ist für den Betroffenen eine Gefahr.«* (Niklas Luhmann)

Mit der gewählten Begriffsstrategie, Stress als ein »Risiko« zu bezeichnen, wird von vornherein ein unternehmerischer, ein »eigenverantwortlicher« Umgang mit dem Problem unterstellt. Die Antwort auf den Stress lautet dann auch nicht: Wettbewerbsbegrenzung, sondern: Stressmanagement. Tausende von Angeboten finden sich im Internet. Es gelte, den Stress »besser zu bewältigen« – und nicht etwa: an seinen Ursachen anzusetzen. Auf einer der vielen Seiten mit entsprechenden Angeboten zum »Coaching« – Motto: »Stress gelassen meistern« – finden wir etwa:

*»Arbeitsverdichtung und hohe Belastungen sind Realität. Dies muss nicht zwingend zu Stress führen. Das Seminar vermittelt die nötigen Einstellungen und Techniken.«*

Da hätten wir sie wieder, die »Tatsachen« (Hamburger Appell) beziehungsweise die »Realität« (die Constraints), die nun einmal bestehen und nicht zu ändern seien. Diese fraglos hinzunehmen und sich an sie anzupassen, darin besteht das Unternehmertum, natürlich nicht nur im Bereich Stress, sondern in jeder erdenklichen Dimension des Lebens, die die Wettbewerbsfähigkeit der Leute positiv oder negativ beeinflussen könnte. Entsprechend sieht auch die EU-Agentur im Stress nur insofern ein Problem, als er die Beschäftigten weniger »produktiv« machen könnte, als sie sein könnten. (Offenbar ist auch diese Agentur auf die Lissabon-Strategie der EU eingeschworen, die darin besteht, aus der EU den »wettbewerbsfähigsten und dynamischsten wissensgestützten Wirtschaftsraum der Welt« zu machen.) Eine Unterstützung bei der Bewältigung von Stress (mehr ist sowieso nicht drin) ist von dieser Seite also nur insofern zu erwarten, als dies die Produktivität steigert. Oder anders formuliert: Die Agentur zielt nur insofern darauf ab, die Arbeitsplätze in der EU »gesünder und produktiver zu machen«, als »gesünder« auch »produktiver« heißt. Dabei gilt es allerdings auch zu berücksichtigen, dass »stressgeplagte Arbeitnehmer möglicherweise während ihrer Arbeitszeit mehr leisten als andere« (*NZZ*, 14.01.2009), was selten ausgesprochen wird. Sie tragen dann mehr dazu bei, dass sich die EU als eine Art Unternehmung im Großformat gegen ihre »Hauptkonkurrenten« (Barroso) – gemeint sind andere »Standorte« – besser durchsetzen kann.

Der Wettbewerb zwingt allerdings nicht unbedingt zur Hinnahme von mehr Stress. Vielleicht ist das Coaching ja erfolgreich darin, die Stresstoleranz weiter nach außen zu verschieben, so dass es gelingt, »besser und effizienter mit Stress *umzugehen*«, wie es etwa das Schweizer Staatssekretariat für Wirtschaft (SECO) – ebenfalls ganz im Dienste der »Standortattraktivität« – wünscht. Und vor allem: Das Stressmanagement besteht ja gerade darin, die »Einstellungen« zu verändern – nämlich hin zum Unternehmertum, genauer, zum »Lebensunternehmertum« (Lutz, 1995).

Seit geraumer Zeit hat sich eine Ratgeberliteratur etabliert, die nicht nur praktische Tipps dafür gibt, wie man wettbewerbsfähig bleibt, sondern vor allem erzieherische Aufgaben übernimmt. Typische Titel lauten etwa *Kein Job? Selbst schuld!* oder *Die Entscheidung liegt bei dir!* Arbeitslosigkeit ist aus dieser Sicht Ausdruck eines »Einsichts-Defizits« (Berg, 1997, S. 7f.). Und die Einsicht besteht darin, dass »Glück auf Dauer nur noch der Tüchtige« hat. Um zu vermeiden, auf die Seite der Verlierer zu geraten, gilt es der Maxime zu folgen: »Selbst ist der Mann/die Frau!« Denn »wir sind doch alle immer auch selbst schuld, wenn wir keinen Job haben.«

*»Nur wer mehr über seine Stellung im sozialen Netzwerk erfährt [das heißt weiß, wie es um seine Wettbewerbsfähigkeit bestellt ist] und gleichzeitig die großen globalen Wirtschaftszusammenhänge erkennen kann (akzeptieren muss er sie sowieso!), der wird auch fähig sein, sein Arbeitsleben und seine Zukunft verantwortlicher [nämlich eigenverantwortlich] und erfolgreicher in die eigene Hand zu nehmen.« (Berg, 1997, S. 25)*

Weil die Constraints, die »großen globalen Wirtschaftszusammenhänge«, »sowieso« hinzunehmen seien, bleibt nur noch eine Alternative übrig: die »eigenverantwortliche« Anpassungen an die Zwänge des globalen Wettbewerbs.

Darum wird Bildung immer wichtiger. Kaum ein Parteiprogramm, in dem nicht die Bildung einen zentralen Baustein bildete. »Im globalen Wettbewerb wird Bildung zur entscheidenden Quelle für Wohlstand«, sagte etwa Kultusministerin Annette Schavan (13.10.2004). Damit ist allerdings nicht Bildung im humanistischen Sinne gemeint – das wäre ja auch eher Verschwendung oder könnte gar gefährlich werden, weil die Leute den Reflexionsstopp bemerken könnten. Es ist vielmehr allein Ausbildung der nötigen Skills gemeint, um im globalen Wettbewerb der Standorte auch morgen noch kraftvoll zubeißen zu können. Bildung heißt hier: Ausbildung von »Humankapital« und sonst gar nichts.

Dies hat »lebenslang« zu erfolgen – da sich ja der Wettbewerb auch lebenslang verschärft und die Wettbewerbszwänge ungebremst wirken. Natürlich muss man aufpassen, dass dabei nicht die »falschen« Bildungsgehalte vermittelt werden. Darum ist auf die Nähe zu Unternehmen zu achten. Darum werden Forschungsanträge zuweilen nur dann bewilligt, wenn die Antragsteller – eigentlich ja Wissenschaftler – für immerhin ein paar Prozent des Budgets eine Finanzierung durch Unternehmen nachweisen können. »Gut« ist die Forschung offenbar dann, wenn sie lukrative Geschäfte erwarten lässt. Darum werden Universitäten zu Unternehmen. Nicht nur um zu signalisieren, dass sich auch hier alles um Wettbewerbsfähigkeit dreht, sondern etwa auch, um Manager in die zu »Aufsichtsräten« umfunktionierten obersten Gremien zu holen, die, so die Hoffnung, schon darauf achten werden, dass es um die »richtigen« Lehr- und Forschungsinhalte geht. Nämlich um solche, die geeignet sind, Deutschland (oder welches Land auch immer) mitsamt seinen »Standortfaktoren«, das heißt seinen Bürgern, »nach vorne« zu bringen, mithin im Ganzen auf Wettbewerbsfähigkeit auszurichten – oder abzurichten?

Wenn Kultusministerin Annette Schavan (05.05.2006) davon spricht, dass »Wissenschaft und Forschung die zentralen strategischen Faktoren im internationalen Wettbewerb« sind, dann ist damit nicht die gleiche »Wissenschaft und Forschung« gemeint wie bislang, das heißt eine solche, die sich an der jeweiligen Sache des Fachgebiets um der Erkenntnis willen orientiert. Sondern eine solche, die eben dies ist: ein geeignetes Mittel für die Stärkung der internationalen Wettbewerbsfähigkeit. Da »Bildung und Ausbildung der Deutschen wichtige Standortfaktoren« sind, wie der Hamburger Appel festhält, sind sie auch als solche zu betreiben. Dies bedeutet etwa, dass eine »Umorientierung der höheren Berufsausbildung« stattzufinden hat, »weg von verwaltenden [damit sind wohl die Geisteswissenschaften und die Sozialwissenschaften gemeint, soweit es sich nicht um BWL handelt] und hin zu technischen, ingenieur- oder naturwissenschaftlichen Ausbildungsgängen«, was »für die wirtschaftlichen Zukunftsperspektiven Deutschlands sicherlich ratsam« wäre.

Wer jetzt meint, die Geisteswissenschaften seien damit ganz überflüssig, sieht sich getäuscht. Denn »wer in dieser Welt unterwegs ist und Geschäfte machen will«, der kann dies »nur erfolgreich machen, wenn er die jeweilige Kultur kennt, in der er sich gerade aufhält«, so Annette Schavan (16.10.2006). Immerhin, als Reiseführer sind auch Frauen und Männer des Geistes noch zu gebrauchen. Aber bitte nicht auf dumme Gedanken kommen und das hier vorausgesetzte Setting kritisch hinterfragen. Dann könnte es nämlich dazu kommen, dass »der Kapitalismus« doch nicht »vollständig« den Sieg davonträgt. Dieser träte dann ein, wenn »niemand mehr übrig ist, der diesen Text verstehen kann« (Kofner, 2008).

Wie Lemminge laufen die Bildungspolitiker, überhaupt alle Politiker, der Steigerung der Wettbewerbsfähigkeit hinterher, der offenbar alles zu opfern ist. Wir merken dabei nicht, dass wir uns vom Wettbewerb formen lassen. Dieser wirkt nämlich wie eine Erziehungsanstalt hin zum Unternehmertum.

*»Der Wettbewerb ist ein Prozess der Erziehung, der den Menschen antreibt, dem rationalen Menschen – und damit dem ›homo oeconomicus‹ – ähnlich zu werden.« (Arndt, 1975, S. 257)*

Im Wettbewerb merken wir nämlich beziehungsweise hier »entdecken« (Hayek) wir, was uns »nach vorne« (Gerhard Schröder) bringt oder was uns zu Verlierern macht. Zu Gewinnern werden wir etwa, wenn wir die Welt in »Chancen« und »Risiken« einteilen und den Verkehr mit den »Risiken« meiden. Zu Gewinnern werden wir also, wenn wir den kategorischen Imperativ in seiner Zweckformel verletzen. Auf die Verliererstraße könnten wir hingegen dann rasch geraten, wenn wir nicht jede »Chance«, die sich bieten könnte, aktiv suchen und ausnutzen.

Da wir nicht als Homines oeconomici beziehungsweise als Lebensunternehmer auf die Welt kommen und da der Prozess der Selbsterziehung ineffizient langsam sein könnte, kommen »findige« Eltern auf die Idee, den Prozess abzukürzen und ihren Kindern so früh wie möglich den möglicherweise entscheidenden Wettbewerbsvorsprung zu verschaffen, nämlich den, mit den richtigen, das heißt den wettbewerbskonformen Persönlichkeitsmerkmalen durchs Leben zu gehen. Schon früh sollen die Heranwachsenden lernen, in »Chancen« und »Risiken« des Gelderwerbs zu denken. So steht in sich elitär gebenden Kindergärten, die sich etwa »FasTracKids« nennen, auch »economics« auf dem Lehrplan.[7] Dort wird den Kleinen, die möglichst rasch auf den Weg des Erfolgs zu bringen sind – ganz stufengerecht, versteht sich – beigebracht, wie man Limonade verkauft und dafür ein möglichst zündendes Marketing betreibt. So lernen sie, ihre Mitmenschen als Kunden zu begreifen, an denen vor allem ihre Kaufkraft interessiert. Danach, so wirbt FasTracKids, seien die Kinder »bereit, Geld zu verdienen«. Natürlich wurden die Verkaufserlöse – ja, die »Produkte« wurden tatsächlich verkauft – gespendet. Die Kinder erlernen so auch gleich noch die billigste aller Rechtfertigungsstrategien für die Ökonomisierung der Welt.

Wie der instanzlose Wettbewerb die Orientierungen und die Persönlichkeit der Heranwachsenden prägt, zeigt etwa die Shell Jugendstudie 2006. Die Jugendlichen wissen, dass ihre Zukunftsperspektiven unsicher sind und sich das Leben »unter den Bedingungen« (Karl Homann) des globalen Wettbewerbs abspielt, der sich »weder umschmeicheln, noch einschüchtern lässt« (Böhm, 1960, S. 9) – heute noch viel weniger als zu Zeiten des Ordoliberalen Franz Böhm (1895–1977). Darum wird die eigene berufliche Qualifizierung zu ihrer Hauptsorge. Denn nur diese lasse sich ja beeinflussen. In Antizipation des steigenden Wettbewerbsdrucks stellen sie »hohe Anforderungen an sich selbst« (Hurrelmann u.a., 2006). An wen sonst sollte man auch Anforderungen stellen, bei wem sich darüber beklagen, dass das Leben insgesamt zu einer Investition ins eigene Humankapital wird?

*»Vieles wird auf Verwertbarkeit im Lebenslauf abgeklopft, gedacht wird in Termini der eigenen Marktgängigkeit. Die Jugendlichen setzen sich bescheidene, erreichbare Ziele, Träume erlauben sich nur wenige.« (Hurrelmann u.a., 2006)*

Ein Student fragt sich noch: »Ein Leben für den Lebenslauf – das kann's doch nicht gewesen sein.« (Sellmair, 2007). Er weiß aber, dass bereits der Zweifel an der Lebensführung permanenter kalkulatorischer Selbstkontrolle ihn gegenüber seinen KommilitonInnen – die seine (potentiellen) Konkurrenten sind – zurückwerfen wird und dass dies, mit Blick auf die zukünftige Einkommensposition (und den Status), gefährlich sein kann.

So wird der Wettbewerb zum »War for Talent« (McKinsey), zum »Krieg der Köpfe«. Denn der entscheidende Wettbewerbsvorsprung besteht letztlich darin, das zu *wollen* und möglichst vorausschauend zu antizipieren, was der Wettbewerb verlangt, womit der Wettbewerb natürlich ständig weitergetrieben wird.

*»Ziel muss sein, der Beste sein zu wollen.« (Pury, 1996)*

Auf diese paradoxe Formel hatte ein Schweizer Wirtschaftsdiplomat den Zwang zum Unternehmertum gebracht. Der Freiheitsverlust, der sich hierin ausspricht, ist offensichtlich – jedenfalls für den, der in der Freiheit mehr erblickt als die Abwesenheit der physischen Einwirkung des einen auf den anderen, wie es dem kruden Verständnis der Libertären entspricht. Es ist der Verlust der Freiheit, ein selbstbestimmtes Leben zu führen, welches nicht vollständig von ökonomischen Imperativen durchdrungen ist. Eines Lebens, in dem auch noch andere Relevanzen eine Rolle spielen als nur die »ökonomische Performance« – die eigene wie die der anderen. Eines Lebens, in dem unser Sinnen und Trachten nicht im Ganzen auf »die Suche nach und das Ausnützen von Gewinngelegenheiten« (Preuske, 1984, S. 32) ausgerichtet sein muss, was »unter den Bedingungen« (Karl Homann) eines unbegrenzten Wettbewerbs ganz unausweichlich ist, um nicht Gefahr zu laufen, aus dem Markt geworfen zu werden.

Was zur Zeit Max Webers (1920, S. 37, 56) galt, gilt heute in weitaus verstärktem Maße:

*»Wer sich in seiner Lebensführung den Bedingungen kapitalistischen Erfolgs nicht anpasst, geht unter oder kommt nicht hoch … Die heutige kapitalistische Wirtschaftsordnung … zwingt dem Einzelnen, soweit er in den Zusammenhang des Marktes verflochten ist, die Normen seines wirtschaftlichen Handelns auf. Der Fabrikant, welcher diesen Normen dauernd entgegenhandelt, wird ökonomisch ebenso unfehlbar eliminiert, wie der Arbeiter, der sich ihnen nicht anpassen kann oder will, als Arbeitsloser auf die Straße gesetzt wird.«*

Der Freiheitsverlust vollzieht sich nicht nur durch das Eindringen ökonomischer Imperative in alle möglichen Bereiche des Lebens – wie etwa in das Bildungswesen –, sondern ist auch im Markt, während der Berufsausübung also, spürbar. So sehen sich etwa Handwerker durch einen »verschärften Preiskampf«, der ein »nie da gewesenes Ausmaß« an »Hektik, Konkurrenzdenken und Individualismus«, mit sich bringe, in ihrer Freiheit bedrängt, ihren Beruf so auszuüben, wie sie es nach professionellen, an der jeweiligen Sache orientierten Standards für richtig halten.

»Der permanente Zeitdruck verunmögliche es ihnen, ihren Beruf entsprechend den Vorstellungen, die sie mit einer gelungenen Werktätigkeit verbinden, weiterhin sauber, korrekt und stimmig auszuüben. Sie sehen sich insofern in ihrem Berufsstolz gekränkt, als sie sich aufgrund des allgegenwärtigen Zeitdrucks gezwungen sehen, den Erfolg ihrer Arbeit bloß noch in Kategorien der effizienten Erledigung, nicht mehr aber in Kategorien der funktionalen und ästhetischen Stimmigkeit zu bewerten.« (Schallberger, 2005, S. 148f.)

Bislang bildeten rentabilitätsfremde Gesichtspunkte offenbar einen selbstverständlichen Teil des Berufs- und Erwerbslebens. Die Handwerker wollen ihre Sache vor allem »gut« machen. Damit lassen sich selbstverständlich Einkommen und auch (für den Arbeitgeber beziehungsweise das Kapital) Gewinne erzielen. Doch hat den Beschäftigten, so sie Professionals sind, nicht die Steigerung der Rentabilität die Hand geführt. Mit der Intensivierung des Wettbewerbs sehen sie sich aber nun genau dazu gezwungen. »Zeit- und Kostendruck bringen das professionelle Ethos ins Wanken« (Grefe, 2003). Auch dies ist ein Verlust an Freiheit. Man muss dabei also nicht bloß an einen (vermeintlichen oder tatsächlichen) »Freizeitverlust« denken, was nicht heißen soll, dass dies nicht auch ein legitimer Gesichtspunkt wäre.

## Wer zwingt zum Unternehmertum?

Der Markt ist kein natürliches Phänomen, er erscheint bloß so: als eine Tatsache. Allerdings ist er von uns Menschen gemacht, wenn auch nicht mit Bewusstsein. Darum stellt sich nicht bloß die teleologisch-ethische Frage beziehungsweise die Klugheitsfrage, ob sich der ganze Stress noch lohnt, ob wir den Wettbewerb nicht zu weit getrieben haben und ein weniger hektisches Leben nicht lebenswerter wäre, auch wenn wir dann vielleicht etwas weniger Konsumwohlstand hätten. Es stellt sich vielmehr auch die deontologisch-ethische Frage danach, wer denn da zum Unternehmertum zwingt. Etwa wir alle uns selbst, und in gleichem Maße?

In der üblichen, naturalisierenden Sicht ist es einfach »der Wettbewerb«, der über uns kommt wie das Wetter, an das es sich folglich anzupassen gilt. Und so empfinden dies ja auch die Betroffenen, denen im instanzlosen Wettbewerb der Adressat abhanden kommt. Man arbeitet »bis zum Umfallen«, aber »keiner ist verantwortlich« dafür, dass der Stress zunimmt (Fischer, 2008). Da die Individuen in der Regel keinen verantwortlichen Verursacher zu erkennen vermögen, der für den wachsenden Wettbewerbsdruck verantwortlich ist, schrumpft Verantwortung im Wettbewerb zur Eigenverantwortung.

Die von den Regierungen Bayerns und Sachsens eingesetzte »Kommission für Zukunftsfragen« (1997) hatte »das Individuum als Unternehmer seiner Arbeitskraft und Daseinsvorsorge« zum »Leitbild der Zukunft« erhoben. Warum? Weil es zurechnungslos »*sich* ändernde Produktionsverhältnisse« beziehungsweise Wettbewerbsverhältnisse gebe, mit denen wir uns eben abzufinden und deren Geschäfte wir zu besorgen hätten. »Eigeninitiative und Selbstverantwortung, also das Unternehmerische in der Gesellschaft«, müssen daher »stärker entfaltet werden«. Konsequenterweise sind Arbeitslosigkeit und sinkende Einkommen dann stets als Ergebnis »eigenen Versagens« zu deuten.

Tatsächlich jedoch ist die Verschärfung des Wettbewerbs kein natürliches Phänomen. Die Verursacher können sich vielmehr einfach hinter der »›verbergenden Hand‹ des Marktes« verstecken – so die originelle Übersetzung und damit die Offenbarung der tieferen Bedeutung der »unsichtbaren Hand« des Marktes durch den Freihandelsbefürworter Jagdish Bhagwati (1996, S. 33). Dadurch werde »verhindert, dass man weiß, wer und was genau den Verlust des eigenen Arbeitsplatzes verursacht hat«, was Bhagwati durchaus begrüßt, da diese Verdunklung den Widerstand gegenüber der reinen Marktlogik wirksam »zerstreut«.

Die Verursacher des Wettbewerbsdrucks, das sind diejenigen, die ein unternehmerisches Leben als dauernde Suche nach immer höheren Gewinnmöglichkeiten leben wollen. Warum auch immer – etwa weil sie im Markterfolg ein göttliches »Zeichen« ihrer Erwählung erblicken (dies war die Antwort von Max Weber, 1920) oder weil sie diese »Zeichen« als eine Art »objektiven« Orden empfinden, deren Ansammlung ihre Eitelkeit befriedigt. Wie dem auch sei, es sind »Pionierunternehmer«, die andere dazu »zwingen ...«, sich ebenfalls anzustrengen« (Homann/ Kirchner, 1995, S. 196) – als hätten sich die unter Druck Geratenen vorher nicht »angestrengt«; in ihrem Leben spielten Marktdinge vielmehr schlicht eine geringere Rolle als im Leben dieser »Pioniere«. Es sind die »wenigen Workaholics«, die »andere dazu zwingen, mitzuhalten« (Schor, 1991, S. 70). Der Marktmetaphysiker Hayek (1981, S. 109) nennt sie die »kleine Gruppe« der »relativ rationaleren Individuen«. Diese zwingt alle anderen dazu, »sie nachzuahmen, um bestehen zu können«, um also nicht aus dem Markt geworfen zu werden. Diese »kleine Gruppe« zwingt die »größere Gruppe« dazu, »etwas zu tun, was ihr nicht gefällt, sei es härter zu arbeiten, Gewohnheiten zu ändern oder ihrer Arbeit einen Grad an Aufmerksamkeit, fortwährender Zuwendung oder Regelmäßigkeit zu widmen, der ohne Wettbewerb nicht nötig wäre« (Hayek, 1981, S. 110).

Der »Zwang des Wettbewerbs« geht also von bestimmten Personen aus, nämlich »von einer Minderheit initiativer Unternehmer auf die Mehrheit konservativer Unternehmer« (Heuß, 1980, S. 684ff.). Diese »Mehrheit konservativer Unternehmer«, das sind wir alle, die wir uns »mit dem bereits Erreichten begnügen wollen«, da uns noch etwas anderes im Leben wichtig ist als allein der Markterfolg. Nun aber sehen wir uns »gezwungen, denen zu folgen, die inzwischen die Führung übernommen haben«, also denjenigen, die willens sind, alle marktfremden Gesichtspunkte zu eliminieren. Die Lebensunternehmer zwingen somit alle übrigen dazu, ebenfalls zu Lebensunternehmern zu werden. Dies ist eigentlich ein ungeheuerlicher Eingriff in die »Privatsphäre« anderer, ins Allerpersönlichste, nämlich in die Art und Weise, wie man sein Leben im Ganzen führen möchte. Doch bleibt der Zwang unbemerkt, weil der Wettbewerb instanzlos abläuft, weil sich, wie es Max Weber (1922, S. 709) formuliert hat, »zwischen die beteiligten Menschen unpersönliche Instanzen schieben«. Im Ergebnis können wir die Verursacher nicht mehr identifizieren.

Hinter den Kulissen ist der Wettbewerb weniger ein Kampf um Marktanteile, äußerliche Dinge also, sondern ein Kampf der Lebensformen. Es ist der Kampf um den Stellenwert, den das Unternehmertum in der individuellen Lebensführung einnehmen soll. Er spielt sich ab zwischen den Vollzeitunternehmern, also denjenigen, die ihre gesamte Lebensenergie der Selbstbehauptung im Wettbewerb widmen beziehungsweise »opfern« möchten, und den Gelegenheitsunternehmern, das heißt allen anderen, für die die unternehmerische Selbstbehauptung nur einen Gesichtspunkt neben anderen bilden soll.

Und natürlich ist es ein mehr oder minder unsichtbar ablaufender Kampf zwischen der Realwirtschaft und dem Kapital. Dieses gibt ja den Vollzeitunternehmern die Hebel in die Hand, um den Gelegenheitsunternehmern das Leben schwer zu machen, so dass diese irgendwann denken – und dabei meinen, aus freien Stücken zu handeln: Was die können, kann ich doch auch. Im Ergebnis wird das Leben vollständig ökonomisiert, alle marktfremden Gesichtspunkte verschwinden, die Gesellschaft wird zur Marktgesellschaft. Und die Frage ist: Wie kommen wir da raus?

Dazu sogleich. Zunächst gilt es allerdings zu erkennen, dass wir es hier mit einem veritablen Gerechtigkeitsproblem zu tun haben. Nicht bloß mit Fragen der Solidarität mit den » Schwachen«. Zu fragen ist also, ob der Druck noch als fair zu bezeichnen ist, den die Vollzeitunternehmer – etwa Abgänger von Business-Schools, die als Gewinnmaximierer ausgebildet wurden – und das Kapital (dem sie zudienen) in mehr oder minder durchsichtiger Weise auf die Gelegenheitsunternehmer ausüben. Könnte das faire Maß überschritten worden sein? Dies ist keine am Schreibtisch bestimmbare, sondern eine politische Frage. Und darum möchte ich sie hier nicht – über die Köpfe der Beteiligten und Betroffenen hinweg – beantworten. Um sie zu beantworten, muss man aber zunächst einmal verstehen, dass sie sich »unnachlasslich« (Kant) stellt. Das Kapital und die Kapitaldienstleister dürfen also in die Pflicht genommen werden. Sie können sich nicht damit herausreden, dies stelle einen übergebührlichen Eingriff in ihre »Freiheit« dar. Denn *diese* Freiheit ist nichts anderes als die Ausübung der eigenen Marktmacht.

Zu bedenken ist allerdings auch, dass wir alle immer auch sozusagen Täter und Opfer zugleich sind. Durch die verworrenen, unsichtbaren Kanäle des – heute globalen – Wettbewerbs wirken wir mit unseren Kauf- und Verkaufsentscheidungen auch selbst auf uns zurück. Wir sind Treiber und Getriebene zugleich – in mehr oder minder hohem Ausmaß allerdings. Insofern ist die marktliche Entwicklung Ausdruck eines undurchdringbaren Geflechts von Wollen und Müssen, von Freiheit und Zwang.

Die Brisanz der wirtschaftsethischen Kernfrage, welcher Status der Markt in unserem Leben spielen soll, wird dadurch vielleicht etwas entschärft. Denn es geht nicht allein um die Frage der Fairness des Kampfs der Wettbewerbswilligen (und des mächtigen Kapitals) gegen diejenigen, die sich dem Wettbewerb nicht sozusagen mit Haut und Haaren verschreiben wollen, sondern auch um Fragen der Klugheit.

# 8 Die Zukunft der Marktwirtschaft: Weniger ist mehr

Ein guter Markt ist ein begrenzter Markt. Darin lässt sich die Quintessenz der vorangegangen wirtschaftsethischen Erkenntnisreise zusammenfassen. Es geht nicht etwa darum, den Markt abzuschaffen, sondern ihm seinen relativen Platz zu geben. Wenn wir dies nicht tun, so werden wir zu Gefangenen seiner Logik – vermutlich, was wohl am schlimmsten wäre, ohne es zu merken, da das »einsichtige und einfache System der natürlichen Freiheit« (Smith) uns in einer Freiheitsillusion wiegt.

Aber warum eigentlich nicht abschaffen? Abgesehen davon, dass das Kaufen und Verkaufen ja nun auch Ausdruck von Freiheit ist – aber eben nicht von Freiheit schlechthin –, ist der wichtigste Grund wohl der, dass wir dann des Wohlstandes verlustig gingen, den wir ja nun doch auch sehr schätzen. Wir landeten in einer ziemlichen Katastrophe. Darum nutzen wir den »Marktmechanismus« im Wissen darum, dass wir uns damit wechselseitig unter einen Wettbewerbs- und Leistungsdruck setzen, bei dem die Rollen von »Tätern« und »Opfern« einigermaßen verschwimmen und häufig wechseln. Gerade dadurch wird ja der Wohlstand produziert (der allerdings von allein kaum ein »Wohlstand für alle« ist). Wenn wir uns vor metaphysischen Überhöhungen hüten, dann lässt sich hierin in der Tat eine Art »Wunder des Marktes« erblicken.

Doch müssen wir – heute zumal – auch die reichlich dunkle Rückseite dieser Entwicklung sehen. Die Ordoliberalen, die »Väter« der Sozialen Marktwirtschaft, wussten noch darum. Vor allem Wilhelm Röpke (1899–1966). Ein »alles durchdringender Wettbewerb«, schrieb Röpke in seinem Buch mit dem programmatischen Titel *Jenseits von Angebot und Nachfrage* (1966, S. 188), stellt »nervenfressende Ansprüche an Zeit, Kraft und Feingefühl«. Darum gelte es »Gegengewichte gegen Wettbewerb und Preismechanik« zu etablieren (S. 60). Wenn »unsere Gedanken« nicht »ständig um Geld und Geldeswert kreisen« sollen, müssen wir »den Rang des Wirtschaftlichen« bestimmen (S. 171). Auch gelte es die »Härten der Wirtschaftsfreiheit« zumindest zu »korrigieren« (S. 146), oder wohl besser: um unser aller Wohl und um der Fairness willen von vornherein abzumildern. Wir müssen mithin darauf achten, »dass wir den Wettbewerb nicht zum beherrschenden Prinzip machen« (S. 191). Dies nämlich würde von ganz allein, »automatisch« sozusagen, passieren, solange wir dem instanzlosen Wettbewerb nicht eine Instanz geben.

Wenn aber der Wettbewerb »nach allen Seiten an einen Rand stößt, dessen Überschreitung wir nicht wünschen können«, und er darum der »Dämpfungen« und der »Moderierungen« bedarf (Röpke, 1966, S. 189), bedeutet dies nicht, für »Protektionismus« zu plädieren? – Es verhält sich exakt so. *Entweder* sind die Märkte »offen«, *oder* es herrscht »Protektionismus«. *Entweder* herrscht der Markt unumschränkt, *oder* die Wettbewerbsdynamik wird beschränkt.

Es ist ja doch eigentlich erstaunlich, wie es kommen konnte, dass die Marktlibertären und Marktgläubigen diesen Begriff derart diskreditieren konnten, dass er zum Schimpfwort wurde: Man muss den Gegner nur schon des »Protektionismus« überführen, und schon ist er desavouiert – womit die eigene ökonomistische Position, die für die unumschränkte Herrschaft des Marktprinzip eintritt, sogleich zementiert und als ethisch unausweichlich hingestellt wird. Alle Kritiker des Marktprinzips sollen so ins eigene Boot der Huldigung der Marktlogik geholt werden.

Man kann das Kind anders nennen, etwa Wettbewerbsbeschränkung, denn um die Beschränkung des Einflusses der Marktlogik geht es ja. Doch ist der Begriff »Protektion« im Grunde präzise. Es geht eben um Schutz, um den Schutz der Lebenswelt vor den »kolonialisierenden« (Habermas) Übergriffen der Marktlogik. Überdies lässt sich ja der Respekt vor den Rechten anderer stets als ein Schutz beziehungsweise als »Protektion« fassen. Die Zurückweisung aller »Protektion« läuft also letztlich darauf hinaus, dass es den Akteuren – auch und gerade den Marktmächtigen – erlaubt sein soll, keinerlei Rücksichten mehr zu nehmen.

Auch gilt es sich von der absurden Vorstellung zu lösen, »Protektionismus« liefe auf eine Abschaffung des Marktes hinaus oder auf eine vollständige Abschottung, so dass »an die Stelle des Weltmarkts die Autarkie« träte (Lübberding, 2004) oder an die Stelle »der freien Marktwirtschaft« ein »zentral gelenktes Wirtschaftssystem« (Friedman, 1984, S. 177). Dies ist Blödsinn. Ein billiger Trick des Denkens in beschränkten Alternativen. Auch jetzt ist der Markt ja bereits durchdrungen von zahlreichen markt- und rentabilitätsfremden Gesichtspunkten – sonst gäbe es für die »Heuschrecken« ja gar nichts mehr zu »entdecken« und zu »zerstören«. Diese »Einbettung« der Marktdynamik in gesellschaftliche Werte und Normen, wie es der vom Mainstream abweichende Wirtschaftstheoretiker Karl Polanyi (1886–1964) nannte, macht ja gerade das Soziale an der sozialen Marktwirtschaft aus. Dies gilt es zu erhalten, und daran gilt es weiterzuarbeiten.

Im Grunde handelt es sich um eine Frage des rechten Maßes. Genauso, wie es nicht zwingend ist, dass derjenige, der nach Gewinnen strebt, *alles* daran setzen muss, dass seine Gewinne so hoch wie möglich sind, muss und soll der Markt nicht überall herrschen. Und wo er herrscht, muss und soll der Markterfolg nicht alles sein.

Wie aber ist der Markt zu begrenzen und in Normen der Fairness und der »Lebensdienlichkeit« (Peter Ulrich) einzubetten? Die einfachste und unmittelbarste Form der Markt- und Wettbewerbsbegrenzung besteht darin, dass die Akteure darauf verzichten, all das auszunutzen, was sich ausnutzen lässt. Eine gewichtige Voraussetzung dafür dürfte darin liegen, dass vor allem die wirtschaftlichen Entscheidungsträger in ihrer Ausbildung, in der sie immer auch gebildet (oder eben verbildet) werden, nicht mehr mit der ökonomistischen Botschaft in die Praxis entlassen werden, dass »vernünftig ist, was rentiert« (Max Frisch).

Doch besteht das Problem ja gerade darin, dass die Akteure, etwa Unternehmen, die marktfremde Gesichtspunkte berücksichtigen, dann durch den Wettbewerb in Schwierigkeiten geraten. Ja sogar Staaten geraten in Schwierigkeiten, weil sie vom global zirkulierenden Kapital gegeneinander ausgespielt werden und dann gezwungen werden, das jeweilige Land immer weitgehender auf Wettbewerbsfähigkeit auszurichten.

Dieser Zirkel muss durchbrochen werden. Und das geht nur global, das geht nur auf derjenigen Ebene, auf der die Wettbewerbszwänge entstehen. Das geht nur auf der Ebene einer globalen Weltordnungspolitik. Dort muss dem Markt letztlich die Instanz gegeben werden, ohne die wir zunehmend zu Gefangenen der Marktdynamik werden beziehungsweise zu Gefangenen derjenigen Kreise, die an der unumschränkten Marktherrschaft interessiert sind. Erst so fragen wir beziehungsweise fragt die Politik nicht mehr einigermaßen dümmlich bloß danach, *wie* die »Wettbewerbsfähigkeit« zu stärken ist, sondern *ob* und inwieweit dies denn überhaupt sinnvoll ist und dem guten und fairen Zusammenleben aller Menschen dient.

»Globalisierung gestalten« (Angela Merkel) lautet das Motto – statt sich von ihr »gestalten« beziehungsweise politisch entmündigen zu lassen. *Jedes* politische Programm, das den Namen verdient (statt bloß ein sozialtechnisches und interessenpartikularistisches Programm der »Standortpflege« zu sein), muss heute einen Bezug zur Herstellung einer globalen Rahmenordnung aufweisen und etwas dazu zu sagen haben, wie diese auszugestalten wäre.

Einige Parteien sehen die Hauptaufgabe der Politik allerdings nach wie vor darin, »für die Erfordernisse der globalisierten Welt besser aufgestellt zu sein« (CDU, Regierungsprogramm 2009–2013), oder für die »attraktivsten Rahmenbedingungen« im globalen Wettbewerb zu sorgen, wie es die FDP in ihrem aktuellen »Deutschlandprogramm« verkündet, was offenbar dem Land als Ganzem zu verordnen ist, damit es zum »Gewinner der Globalisierung« wird. (Natürlich handelt es sich dann gerade nicht um politische »Rahmenbedingungen«, die dem Wettbewerb zu geben sind; es handelt sich im genauen Gegenteil um eine Politik »unter den Bedingungen« (Karl Homann) des globalen Wettbewerbs.)

Andere Parteien scheinen die Entmündigungen, derer sie sich vorher hingegeben hatten, überwunden zu haben und erkennen nun – man ist geneigt zu sagen: in einer 180-Grad-Wende zu vorangegangenen Beschlüssen –, dass »die Globalisierung der Märkte nach politischer Globalisierung verlangt« (SPD, Regierungsprogramm 2009–2013). Entsprechend plädieren sie ausdrücklich dafür, »den Kräften des Marktes Regeln und Grenzen [zu] setzen.« Nur so, »auf internationaler Ebene«, lasse sich »das Primat demokratischer Politik gegenüber dem freien Spiel der Marktkräfte« wieder ins Recht setzen. In der Tat: Nur so lässt sich die politische Freiheit wieder erlangen. Nur so können wir »den Rang des Wirtschaftlichen« (Röpke) in unserem Leben wirksam bestimmen.

Wenn das Leben nicht immer schwerer werden soll, wenn wir, um irgendein Beispiel herauszugreifen, wollen, dass der Schulalltag »eine Erwachsenenwelt widerspiegelt, die weniger von Arbeitsdruck belastet wäre«, so dass »Lesen zum Vergnügen und nicht nur in Hinblick auf eine Prüfung« wieder möglich wird (White, 1998), dann müssen wir »das Tempo drosseln« und einen »mittleren Weg« gehen, so einer der Altmeister der Ökonomie, Paul Samuelson (2008), kürzlich in einem Interview.

Natürlich müssen wir dabei aufpassen, dass bestehende Wirtschaftsbeziehungen nicht einfach gekappt werden, was ja auf die unmittelbare »Zerstörung« der damit verknüpften Beschäftigungen hinausliefe. Wie die Wettbewerbsdynamik zu begrenzen wäre, das ist sicher ein äußerst komplexes Unterfangen, das auf die Mithilfe der Ökonomen angewiesen ist – wozu sich diese aber bitte von ihrer Voreingenommenheit für den Markt zu befreien hätten. Was wohl nur von außen möglich ist, etwa dadurch, dass endlich wieder Pluralität in die Wirtschaftswissenschaften einzieht, um die »Glaubensgemeinschaft der Ökonomen« (Hans Christoph Binswanger) wissenschaftlich-argumentativ herauszufordern und in ihren Glaubensgewissheiten zu erschüttern.

Festhalten lässt sich allerdings bereits jetzt, dass der Königsweg zur »Entschleunigung« des Wettbewerbs in der Beschränkung des Einflusses des Kapitals liegt. Es gilt, die Luft aus der Finanzblase abzulassen und seine verborgene »Peitschenwirkung« zu reduzieren (wohlgemerkt: diese nicht völlig abzuschaffen). Statt es wie bislang fiskalisch zu privilegieren, muss das Kapital endlich wieder anständig besteuert werden – womit es auch ein Stück weit vernichtet würde. Statt die »schöpferische Zerstörung« weiter anzuheizen würde es dem laufenden Konsum zugeführt. Dies kann natürlich nur dann gelingen, wenn es Steueroasen nicht mehr erlaubt ist, unautorisiert Steuerbefreiungen für Steuerausländer auszusprechen. Auch die Austrocknung der Steueroasen ist Teil einer globalen sozialen Marktwirtschaft.

Auch gilt es, die »Anreize« zu reduzieren, mit Hilfe derer das Kapital die Unternehmen vollständig für seine Interessen okkupieren und ein System fortwährender ökonomischer Radikalisierung etablieren konnte. Dann nämlich, wenn die variablen Vergütungen, die Boni also, begrenzt wären, hätte das Management die Freiheit, auch vom Shareholder-Value abweichende Relevanzen den ihnen gebührenden Platz zu geben. Auf die Integrität des Managements dürfen und sollen wir dabei ruhig setzen. Es kommt vor allem darauf an, die Verantwortung im Wirtschaftsalltag zumutbar und lebbar zu machen. Darin besteht die soziale Marktwirtschaft von unten. Und diese gilt es zu stärken.

Dies alles geht nur global. So kann beispielsweise kein Land im Alleingang die Anteile variabler Vergütungen (Boni für Manager, Investmentbanker und so weiter) wirksam beschränken (dies ist kein zu weitreichender Eingriff in die Privatautonomie), ohne Gefahr zu laufen, dass die Investoren ihr Kapital abziehen, um in anderen Ländern, die solche Beschränkungen nicht kennen, Systeme ökonomischer Maßlosigkeit zu etablieren. Diese Unternehmen würden ja dann nur wieder wettbewerblichen Druck auf die heimischen Unternehmen ausüben.

Dies gilt für jede Form der Zurückdrängung des Einflusses des Kapitals. Wenn wir als Gesellschaft zur Ansicht gelangen, dass in Unternehmen auch noch andere Relevanzen zählen sollen als allein der Gewinn und dieser entsprechend ein Glied zurückzutreten habe, dann würden wir ziemlich rasch merken, dass hierfür moralische Verbindlichkeit – sozusagen »freiwilliger« Gewinnverzicht aus ethischer Einsicht – nicht ausreicht. Eine Lösung könnte eine »Neutralisierung des Kapitals« bieten, eine bereits in den siebziger und achtziger Jahren diskutierte Idee (Ulrich, 1986, S. 402ff.), die in jüngerer Zeit wieder von dem wachstumskritischen Ökonomen Hans Christoph Binswanger (2008) aufgegriffen wurde. Binswanger schlägt vor, Aktiengesellschaften in Stiftungen umzuwandeln, um den Renditedruck von ihnen zu nehmen. Statt »möglichst viel Gewinn zu erwirtschaften«, hätten das Management und die Mitarbeiter dann die Freiheit, sich vor allem darauf zu konzentrieren, »Produkte bereitzustellen«.

Auch würde die Wirtschaft dadurch »ökologisch verträglicher und weniger krisenanfällig – und erst noch gerechter, weil es dann keine Grundlage für exorbitante Einkommen mehr gäbe.«

Was würde geschehen, wenn man dies in *einem* Land einführt, weil dessen Bürger sich in politischer Freiheit und nach einem Prozess deliberativer Meinungsbildung dazu entschlossen haben? Nun, es würde das Gleiche passieren wie dann, wenn man daran ginge, das Kapital anständig zu besteuern – sei es aus Gründen der Fairness oder der »Umverteilung« aus Solidarität. *Alles*, was man entgegen der Interessen des Kapitals unternimmt, würde »die Millionäre mitsamt ihrem Kapital nur verscheuchen«, wie der Sachzwang-Papst Hans-Werner Sinn (2009) bemerkt. Das Kapital würde dann eben in *anderen* Ländern investieren und so den globalen Wettbewerb »befeuern« (Clinton) beziehungsweise anheizen – und den heimischen Unternehmen, die nicht mehr ökonomisch radikal *allein* nach höchstmöglichen Gewinnen streben und das Unternehmen mit jeder Pore auf Wettbewerbsfähigkeit ausrichten, ordentlich einheizen.

Ohne die Regulierung – und dies heißt immer auch: die Begrenzung – des globalen Wettbewerbs ist eine »menschliche Marktwirtschaft« (Angela Merkel) nicht zu haben. Dies ist, wie zumeist noch geargwöhnt wird, nicht etwa eine Angelegenheit einer »protektionistischen deutschen [oder amerikanischen, chinesischen, französischen] Nationalmoral« (Pfabigan, 2005), sondern Ausdruck eines universalistischen Konzepts von Fairness und Klugheit.

Es handelte sich hierbei um eine Art globales Waffenstillstandsabkommen. Man einigte sich auf ein bestimmtes »Maß an Offenheit« der Märkte, »das genügend Raum für die Verfolgung inländischer Sozial- und Wirtschaftsziele lässt«, und man nimmt Abstand vom Prinzip der »maximalen Offenheit im Handel und auf den Finanzmärkten« (Rodrik, 2009). Es geht dabei darum, in politischer Freiheit eine Balance zu finden zwischen der

(Tausch-) Freiheit *im* Markt und der Freiheit *vom* Markt und seinen Wettbewerbszwängen.

Nun ist der Wunsch nach dem Ausleben der einen oder anderen Freiheit allerdings höchst unterschiedlich ausgeprägt. Darum stellen sich Fairnessfragen. Was die Seite der Wohlhabenden, des Kapitals und der Kapitaldienstleister anbelangt, so dürfte die Abwägung darüber, ob eine Begrenzung beziehungsweise Verlangsamung der globalen Wettbewerbsdynamik zumutbar ist, ziemlich eindeutig ausfallen. Aber da gibt es ja auch noch die Armen dieser Welt.

Paul Krugman (2007a) ist der Ansicht, dass es einen »moral case for open markets« gibt, dass wir also moralisch verpflichtet sind, den globalen Wettbewerb nicht zu beschränken. Denn Offenheit der Märkte berge »Hoffnungen für Milliarden von Menschen« (Krugman, 2007b) – nämlich für die Menschen in aufstrebenden Volkswirtschaften etwa in Asien oder (eher aus europäischer Sicht) in Osteuropa. Auch diese möchten am »Wohlstand für alle« teilhaben. Und wer möchte es ihnen verdenken oder ihnen die Chance nehmen, »der Armut aus eigener Kraft zu entrinnen« (Gundlach/u.a., 1996, S. 74). Da Krugman (2007a) andererseits sieht, dass heute »weite Teile« der Beschäftigten in den reifen Volkswirtschaften »durch den Freihandel bedroht werden«, macht sich Ratlosigkeit breit. Krugman selbst gesteht, keine Antwort auf dieses moralische Dilemma zu haben (und plädiert ansonsten für mehr Umverteilung im eigenen Lande).

Dazu ist zunächst zu sagen, dass das Herausarbeiten aus der Armut sich ja nicht vollumfänglich über den globalen Wettbewerb vollziehen muss. Das »Offshoring«, die Verlagerung der Produktion in wirtschaftlich weniger fortgeschrittene Länder mit typischerweise tieferem Preisniveau, ist, entgegen der Ansicht von McKinsey-Chef Ian Davis (2006), sicher nicht »der einzige Weg, um ganze Gesellschaften aus der Armut zu befreien«. (Es dürfte wohl vor allem der für ihn und seine Klienten profitabelste Weg sein.) Eine Stärkung der Binnenwirtschaft – und das heißt noch lange nicht »Autarkie« – täte wohl vielen Ländern gut. Dies wäre jedenfalls eine Abkehr von der ethisch vollständig absurden Vision Hans-Werner Sinns (vergleiche Kapitel 2), nach der das Kapital und die Kapitaldienstleister die Standorte gegeneinander ausspielen, um für sich das Maximum herauszuschlagen, das es dann in Wohlstandsenklaven zu verprassen gilt.

Auch bislang haben die Beschäftigten in den Niedriglohnländern ja nicht so ohne weiteres von der wirtschaftlichen Globalisierung profitiert, jedenfalls nicht in fairer Weise. Nicht umsonst gibt es beispielsweise in China seit 2008 ein neues Arbeitsrecht, um das vorher gegen den Widerstand vieler multinationaler Unternehmen, die in China produzieren oder produzieren lassen, hart gekämpft werden musste. Die chinesischen Arbeitnehmer waren es nämlich leid, unter unsäglichen Bedingungen zu Niedrigstlöhnen zu schuften, die dann vorn und hinten nicht reichen, da die Lebenshaltungskosten generell gestiegen sind, was durch sehr lange Arbeitszeiten ausgeglichen werden muss. Ihr Reallohn, also ihre tatsächliche Kaufkraft, ist seit Anfang der neunziger Jahre praktisch nicht gestiegen (Global Labor Strategies, 2006; China Labour Bulletin, 2006). »Arbeit ist das ganze Leben« (Bauer, 2007), dies ist die Realität für viele chinesische Beschäftigte.

Sie selbst plädierten also für eine Anhebung von Sozialstandards, sozusagen ein bisschen mehr in Richtung westliches Niveau. Sollte eine solche Forderung aus den Reihen der Wohlstandsstaaten kommen, würde sie von den Freihandels-Aposteln sogleich als »protektionistisch« gebrandmarkt und damit als »unmoralisch« zurückgewiesen. Das Gesetz wurde dann auch von den Vertretern des Kapitals, namentlich der Amerikanischen und der Europäischen Handelskammer, zurückgewiesen – mit der mehr oder minder verklausulierten Drohung, dass man sich dann aus China zurückziehen werde. Angesichts der Größe Chinas fragt sich natürlich: Wohin? Und so trat das Gesetz ja dann auch später in Kraft.

Was lehrt uns dies? Dass es sich hierbei nicht nur um einen Wettbewerb zwischen den Beschäftigten in reifen und aufstrebenden Volkswirtschaften handelt (der ethisch nicht leicht zu beurteilen ist), sondern auch um das Ausspielen der beiden Seiten durch das global zirkulierende Kapital. Würde dieses Ausspielen vermindert und die Macht des Kapitals zurückgedrängt, ein Aufatmen ginge durch die Welt. »Entschleunigung« nennt man das. In den Worten von Altmeister Samuelson (2008):

> *»Die Entwicklung wird ohnehin weiter voranschreiten [und dies ist wohl auch gut so], aber lasst sie uns ein wenig verlangsamen.«*

Dass ein universalistisch-humanistischer Geist nicht einfach identisch ist mit »offenen Märkten«, insbesondere nicht mit offenen Kapitalmärkten, wusste übrigens bereits der Kosmopolit John Maynard Keynes (1933):

> *»Ich sympathisiere mit denjenigen, die die wirtschaftlichen Verstrickungen zwischen den Nationen eher minimieren statt maximieren möchten. Ideen, Kunst, Wissen, Gastfreundschaft und Reisen, dies alles sollte international sein. Doch belassen wir es bei nationalen Gütern, wo immer dies angemessen ist. Und belassen wir es vor allem bei einem im Wesentlichen nationalen Finanzwesen.«*

Ob man soweit gehen muss wie Keynes in diesem Beitrag aus vergangener Zeit, steht auf einem anderen Blatt (wobei die Aussage ja auch vieles offenlässt). Doch ist damit eine Richtung angegeben, in die man ohne Denkverbote, die doch nur die alte Marktgläubigkeit zementierten, denken sollte.

# Anmerkungen

1   www.insm.de/insm/Wissen/Lexikon/f/Freiheit.html. Die INSM
    ist ein von den Arbeitgeberverbänden der Metall- und Elektro-
    Industrie mit jährlich 8,32 Millionen Euro ausgestatteter »kommu-
    nikativer Think Tank«, der »für marktwirtschaftliche Reformen«
    arbeitet, indem er durch »professionell aufbereitete Kommunika-
    tion Einfluss auf die Öffentlichkeit« nimmt. Vgl. www.insm.de,
    Leitbild und FAQs.
2   www.credit-suisse.com/responsibility/de/banking/overview.
    html
3   www.deutsche-bank.de/csr/de/downloads/DBF_CSR08_DE_
    72dpi.pdf
4   www.stakeholderview.ch
5   www.hrw.org/en/news/2007/11/11/burma-edelsteinhandel-st-
    tzt-milit-rregime
6   http://osha.europa.eu/de/topics/stress
7   http://locsystem.fastrackids.com/newsletter.asp?gymid=37

# Literatur

Ackermann, J. (2005): Rede anlässlich der Jahres-Pressekonferenz der Deutsche Bank AG, Frankfurt a. M., 3. Februar.

Ackermann, J. (2008): Interview in *Bild am Sonntag*, 19. Oktober, www.deutsche-bank.de/presse/de/content/interviews_4239.htm.

Ackermann, J. (2009): Rede auf der Hauptversammlung der Deutschen Bank AG, Frankfurt a. M., 26. Mai.

Akerlof, G.A./Shiller, R.J. (2009): *Animal Spirits. Wie Wirtschaft wirklich funktioniert*, Frankfurt a. M.

Albach, H. (2005): Betriebswirtschaftslehre ohne Unternehmensethik, in: *Zeitschrift für Betriebswirtschaft*, Jg. 75, Nr. 9, S. 809–831.

Albach, H. (2007): Betriebswirtschaftslehre ohne Unternehmensethik – Eine Erwiderung, in: *Zeitschrift für Betriebswirtschaft*, Jg. 77, Nr. 2, S. 195–206.

Arndt, H. (1975): Wettbewerb der Nachahmer und schöpferischer Wettbewerb, in: Herdzina, K. (Hrsg.): *Wettbewerbstheorie*, Köln, S. 246–274.

Arndt, H. (1996): *Arbeitslosigkeit und Wirtschaftsentwicklung. Fragen zur Erhaltung der sozialen Marktwirtschaft*, Opladen.

Bauer, W. (2007): Monsters Inc. Ihr Elend ist die Freude unserer Kinder. Den Arbeitern in Chinas Spielzeugfabriken wird nichts geschenkt, *Das Magazin*, 14. Dezember, http://dasmagazin.ch/index.php/monsters-inc/.

Bentham, J. (1789): Eine Einführung in die Prinzipien der Moral und der Gesetzgebung, in: Höffe, O. (Hrsg.): *Einführung in die utilitaristische Ethik*, 2. Aufl., Tübingen, S. 55–83.

Berg, W. (1997): *Kein Job? Selbst schuld!*, Bonn.

Bhagwati, J. (1996): Introduction; The Demands to Reduce Domestic Diversity among Trading Nations, in: Bhagwati, J./Hudec, R. (Hrsg.): *Fair Trade and Harmonization*, Cambridge, S. 1–6, 9–40.

Binswanger, Ch.: Die Krisenspirale, Interview, *WOZ – Die Wochenzeitung*, 23. Oktober 2008, www.woz.ch.

Blum, U./u.a. (2008): Gemeinsamer Aufruf der Präsidenten und Direktoren der Wirtschaftsforschungsinstitute vom 12. März, www.cesifo-group.de.

Blumberg, A./Davidson. A./Glass, I. (2008): The Giant Pool of Money, National Public Radio, 5.9., www.thislife.org/Radio_Episode.aspx?episode=355, deutsch: Der globale Geldtopf, *NZZ Folio*, Nr. 2, 2009, www.nzzfolio.ch.

Böhm, F. (1960): *Kartelle und Monopole im modernen Recht*, Frankfurt a. M.

Böll, S./Papendick, U. (2008): Gier trifft Dummheit, *Manager Magazin*, 28. März.

Boston Consulting Group (2008): Collateral Damage. What the Crisis in the Credit Markets Means for Everyone Else, Oktober.

Breyer, F. (2008): Die Chancen der Sozialen Marktwirtschaft und die Rolle der Ökonomen, in: *Perspektiven der Wirtschaftspolitik*, Nr. 2, S. 125–138.

Brodbeck, K.-H. (2002): Beiträge zu Ethik und Wirtschaft, 3. Aufl., Gröbenzell, www.fhwuerzburg.de/professoren/bwl/brodbeck/wiethik.pdf.

Buchanan, J. M. (1987): *Economics Between Predictive Science and Moral Philosophy*, College Station.

Buchanan, J. M./Tullock, G. (1965): *The Calculus of Consent*, Ann Arbor.

Bülow, V. von (2006): »Es geht nur noch ums Geld«, Interview, *Der Spiegel*, Nr. 52, S. 62–66.

Capital (2008): Handy-Weltmarktführer Nokia büßt Marktanteile ein, www.capital.de.

China Labour Bulletin (2006): Falling Through the Floor. Migrant Women Workers' Quest for Decent Work in Dongguan, China, September, www.clb.org.hk/en/fs/view/research-reports/Women_Workers_Report.pdf.

Choi, Y. B. (1999): On the Rich Getting Richer and the Poor Getting Poorer, in: *Kyklos*, Vol. 52, H. 2, S. 239–258.

Clinton, B. (1996): *Between Hope and History*, New York.

Conrad, O. (1934): *Die Todsünde der Nationalökonomie*, Leipzig/Wien.

Cornelius, R. (2007): »Mit der Erde dürfen wir nicht spielen«, Interview, *Kirchenbote der Evangelisch-reformierten Kirche des Kantons St. Gallen*, Nr. 3, S. 3f., www.kirchenbote-sg.ch.

Czajka, S./Kott, K. (2006): Konsumausgaben privater Haushalte für Nahrungsmittel, Getränke und Tabakwaren 2003, Statistisches Bundesamt, Wirtschaft und Statistik Nr. 6, www.destatis.de.

Dausend, P. (2009): Und morgen werd ich Genscher, *Die Zeit*, 22. Januar.

Davis, I. (2006): »Viele hassen Big Business«, Interview, *Manager Magazin*, 1. Juli, S. 102.

Dembinski, P.H. (2008): Finanzsystem im Dienste des Gemeinwohls, März 2008, www.verantwortliche-kreditvergabe.net.

Deutsche Bank (2005a): ToPPIX – German Strategy. Labour costs in the focus, London, 31. Oktober.

Deutsche Bank (2005b): Gesellschaftliche Verantwortung. Bericht 2005, www.deutsche-bank.de.

Doerig, H.-U. (1996): Mehr Risikokultur für Europas Wirtschaft. Acht klare Fragen – eine harte Antwort, *Schweizer Monatshefte*, Juni 1996, S. 3–4.

Erber, G./Petrick, M. (2008): Ursachen und Konsequenzen der steigenden Nahrungsmittelpreise, in: DIW Wochenbericht Nr. 26, 24. Juni.

Erhard, L. (1957): *Wohlstand für alle*, Düsseldorf.

Farrell, D./Fölster, Ch.S./Lund, S. (2008): Long-term trends in the global capital markets, in: The McKinsey Quarterly, Februar.

Fischer, A. (2008): Arbeiten bis zum Umfallen, und keiner ist verantwortlich, *Tages Anzeiger*, 22. September.

France, A. (1925): Die rote Lilie, München.

Friedman, M. (1970): The social responsibility of business is to increase its profits, *The New York Times Magazine*, 13. September.

Friedman, M. (1988): Using the Market for Social Development, Cato Policy Report, November/December, www.cato.org.

FSA – Financial Services Authority (2009), Pressemitteilung vom 18. März, www.fsa.gov.uk.

Funke, M./Lucke, B./Straubhaar, Th. (2005): Hamburger Appell, Hamburg, http://www1.uni-hamburg.de/IWK/appell.htm.

Galbraith, J. K. (1954): *Der Große Crash 1929*, 4. Aufl., München (1. Aufl., Boston).

Gauthier, D. (1986): *Morals by Agreement*, New York.

Gilligan, C. (1988): *Die andere Stimme. Lebenskonflikte und Moral der Frau*, München.

Global Labor Strategies (2006): Behind the Great Wall of China: U.S. Corporations Opposing New Rights for Chinese Worker, 13. Oktober, http://labor-strategies.blogs.com/global_labor_strategies/files/behind_the_great_wall_of_china.pdf.

Grabka, M. M./Frick, J.R. (2008): Schrumpfende Mittelschicht, DIW Wochenbericht, Nr. 10, S. 101–108.

Greenspan, A. (2007): »Ich bin im falschen Jahrhundert geboren«, Interview, *Tages Anzeiger*, 19. September.

Grefe, Ch. (2003): Leidende Angestellte, *Die Zeit*, 28. August.

Grübel, O. (2009): »Das sind Hirngespinste, weit weg von der Realität«, Interview, *Tages Anzeiger*, 27. Februar.

Gundlach, E./Klodt, H./Langhammer, R.J./Soltwedel, R. (1996): Fairness im Standortwettbewerb? Auf dem Weg zur internationalen Ordnungspolitik, in: Bertelsmann Stiftung/Heinz Nixdorf Stiftung/Ludwig-Erhard-Stiftung (Hrsg.): *Fairness im Standortwettbewerb. Leitlinien für eine internationale Wettbewerbsordnung*, Gütersloh, S. 17–86.

Habermas, J. (1980): Konventionelle oder kommunikative Sittlichkeit, in: Apel, K.-O./u.a. (Hrsg): *Praktische Philosophie/Ethik 1*, Frankfurt a. M., S. 32–42.

Habermas, J. (1981): *Theorie des kommunikativen Handelns*, 2 Bde., Frankfurt a. M.

Habermas, J. (2007): Die seriöse Presse als Rückgrat der politischen Öffentlichkeit, *Süddeutsche Zeitung*, 16. Mai.

Hage, D./Collins, S. (1993): Betting on Wall Street, U.S. News & World Report, 22. Februar.

Hagelüken, A. (2008): Die Zeit der Gier ist vorbei, in: *Süddeutsche Zeitung*, 18. Mai.

Hamilton, A. (2008): Monetäre Inflation, 28. Mai., www.goldseiten.de.

Hayek, F.A. von (1975): Die Anmaßung von Wissen, in: *ORDO*, Stuttgart, S. 12–21.

Hayek, F.A. von (1983): *Die Verfassung der Freiheit*, 2. Aufl., Tübingen.

Hayek, F.A. von (1996): *Die Anmaßung von Wissen*. Neue Freiburger Studien, Tübingen.

Hayek, F.A. von (1981): *Recht, Gesetzgebung und Freiheit*, Bd. 2, Landsberg a. L.

Hegel, G.W.F. (1807): *Phänomenologie des Geistes*, Frankfurt a. M. 1986.

Heraeus, J. (2005): »Die Gesetzespläne zur Managervergütung sind ein Irrweg«, Interview, *Frankfurter Allgemeiner Zeitung*, 14. März.

Heuß, F. (1980): Wettbewerb, in: *Handwörterbuch der Wirtschaftswissenschaft*, Bd. 8, Stuttgart u.a., S. 679–697.

Höffe, O. (2009): Verdienen die Manager, was sie verdienen? Ein philosophischer Blick auf Spitzenlöhne, *Neue Zürcher Zeitung*, 22. April, S. 27.

Homann, K./Blome-Drees, F. (1992): *Wirtschafts- und Unternehmensethik*, Göttingen.

Homann, K./Kirchner, Ch. (1995): Ordnungsethik, in: Herder-Dorneich, Ph./ Schenk, K.-E./ Schmidtchen, D. (Hrsg.): *Jahrbuch für Neue Politische Ökonomie*, Bd. 14, Tübingen, S. 189–211.

Homann, K./Pies, I. (1994): Wirtschaftsethik in der Moderne. Zur ökonomischen Theorie der Moral, in: *Ethik und Sozialwissenschaften*, H.1, S. 3-12.

Höppner, M. (2004): Was bewegt die Führungskräfte? Von der Agency-Theorie zur Soziologie des Managements, in: *Soziale Welt*, H.3, S. 263–282.

Hüffer, U. (2006): *§ 76 AktG, Aktiengesetz*, 7. Auflage, München.

Hurrelmann, K./Albert, M./Arbeitsgemeinschaft Infratest (2006): 15. Shell Jugendstudie. Jugend 2006, Zusammenfassung, www.shell.com.

Ihring, J./Kerschbaumer, G. (2001): Erfolgreich umstrukturieren mit Private Equity, in: *Akzente*, Nr. 22/2001, S. 2–7.

Jarass, L. (2006): Arbeitnehmer zwischen Finanzkrise und Umverteilungspolitik – welche Auswege gibt es?, 29. November 2008, www.jarass.com.

Jost, S./Szarek, D. (2009): Auf die schlechte Bank geschoben, *Welt am Sonntag*, 14. Juni.

Kaden, W. (2008): Warum die Finanzmärkte zivilisiert werden müssen, *Spiegel Online*, 23. September.

Kalff, D.: »Europa, du machst es besser!«, Interview, *Cicero*, Februar, S. 101ff.

Kant, I. (1781): *Kritik der reinen Vernunft*, Werkausgabe Bd. IV, Frankfurt a. M. 1981.

Kant, I. (1785): *Grundlegung der Metaphysik der Sitten. Kritik der praktischen Vernunft*, Werkausgabe Bd. VII, Frankfurt a.M. 1968.

Kapur, A./Macleod, N./Singh, N. (2005): Plutonomy. Buying Luxury, Explaining Global Imbalances, Citigroup Research, 16. Oktober.

Kerber, W. (1989): *Evolutionäre Marktprozesse und Nachfragemacht*, Baden-Baden.

Keynes, J.M. (1993): National Self-Sufficiency, in: *Yale Review*, www.panarchy. org.

Kinley, D./Chambers, R. (2006): The UN Human Rights Norms for Corporations: The Private Implications of Public International Law, in: *Human Rights Law Review*, Nr. 3, S. 447–497.

Kofner, St. (2008): Frank H. Knight und Herbert Marcuse, 18. April, www.hogareal.de.

Köhler, H. (2005): »Die Ordnung der Freiheit«. Rede beim Arbeitgeberforum »Wirtschaft und Gesellschaft« in Berlin, 15. März.

Köhler, H. (2008): »Die Idee der Freiheit bleibt entscheidend für Verbesserung in der Welt«, Interview, *Bild am Sonntag*, 28. Dezember.

Kommission für Zukunftsfragen der Freistaaten Bayern und Sachsen (1997): Erwerbstätigkeit und Arbeitslosigkeit in Deutschland. Entwicklung, Ursachen und Maßnahmen, Teil III: Maßnahmen zur Verbesserung der Beschäftigungslage, Bonn, www.bayern.de.

Kröger, M. (2008): BMW-Mitarbeiter bangen um Firmenkultur, Spiegel Online, 27. Februar.

Krugman, P. (2007a): Distribution and Trade Policy, 29. April, http://economistsview.typepa-d.com/economistsview/2007/04/krugman_distrib.html.

Krugman, P. (2007b): Trouble With Trade, *The New York Times*, 28. Dezember.

Lübberding, F. (2004): Die Kapitalismusfalle, *taz*, 17. Januar.

Luhmann, N. (1988): *Die Wirtschaft der Gesellschaft*, Frankfurt a.M.

Lüscher, Th. F. (2008): Ist die Medizin ein Business?, *Neue Zürcher Zeitung*, 20. August.

Lutz, Ch. (1995): *Leben und Arbeiten in der Zukunft*, München.

Malik, F. (2005): Muss der Kapitalismus vor den Kapitalisten gerettet werden?, *Manager Magazin*, 27. April, www.manager-magazin.de.

Mayer, R. (2005): Sündenbock ohne Gespür, *Tages Anzeiger*, 10. Februar.

Merkel, A. (2001): »Für eine neue Soziale Marktwirtschaft«. Rede am 21. September 2001 in der Börse in Frankfurt am Main.

Merkel, A. (2008): Rede auf dem CDU-Parteitag, 1. Dezember, www.angela-merkel.de.

Merz, F. (2005): »Steuerwetter und Steuerklima«. Referat von Bundesrat Hans-Rudolf Merz am Symposium zum internationalen Steuerwettbewerb, Zürich, 21. Oktober, www.efd.a-dmin.ch.

Mill, J. S. (1848): *Principles of Political Economy*, Collected Works, Bd. 2, Toronto 1965.

Mill, J. S. (1863): Utilitarismus, in: Höffe, O. (Hrsg.): *Einführung in die utilitaristische Ethik*, 2. Aufl., Tübingen 1992, S. 84–97.

Mingels, G. (2009): Goodbye, Dubai, *Die Zeit*, 25. Juni, www.zeit.de/2009/27/Dubai-27?page=all.

Mises, L. von (1922): Die Gemeinwirtschaft. Untersuchungen über den Sozialismus, Jena, www.mises.de.

Mises, L. von (1961): Markt, in: *Handwörterbuch der Sozialwissenschaften*, Bd. 7, Tübingen, S. 131–136.

Mises, L. von (1963): *Human Action. A Treatise on Economics*, 4. Aufl., San Francisco.

Morris, Ch. S. (2008): *The Trillion Dollar Meltdown*, New York.

Mueller, D. C. (2007): Wettbewerb und Leistung auf zwei ungewöhnlichen Märkten, in: *Perspektiven der Wirtschaftspolitik*, Bd. 8, Sonderheft, S. 133–140.

Müller, W. (2002): Ethik der Kapitalanlage, in: *Student Business Review. Wirtschaftsmagazin der studentischen Unternehmensberatung ESPRIT*, Nr. 1, S. 6–7.

Nef, R. (2005): »Ein liberaler Staat muss den Schutz der Freiheit des Einzelnen und der autonomen Gruppe gewährleisten«, Pro-Libertate-Mitteilungen, Nr. 8, www.prolibertate.ch.

Neumann, M. (2000): *Wettbewerbspolitik. Geschichte, Theorie und Praxis*, Wiesbaden.

Nölting, A. (2008): Eine neue Epoche des Kapitalismus, *Manager Magazin*, 28. Februar.

O.V. (1998): Das neue Bild der Arbeit, in: *VSAM Revue*, Nr. 3, S. 11.

Odehnal, B. (2007): Im Stechschritt gegen die Demokratie, *Tages Anzeiger*, 29. August.

OECD (2008): Growing Unequal? Income Distribution And Poverty in OECD Countries.

Perry, M. J. (2009): The Miracle of the Market, 4. März, http://mjperry. blogspot.com/2009/03/miracle-of-market.html.

Pinkerton, D./Joy, A. (2004): »Private equity ist effizienter als der öffentliche Aktienmarkt«, Interview, *Finanz und Wirtschaft*, 5. Mai, S. 23.

Piper, N. (1996): Angstfaktor Weltmarkt, *Die Zeit*, 5. April, S. 17f.

Poullain, L. (2004): Bank und Ethos. Ungehaltene Rede, FAZ.net, 16. Juli.

Prantl, H. (2008): Was die Not lehrt, *Süddeutsche Zeitung*, 11. Oktober.

Preuske, D. (1984): *Preismissbrauchskonzept und Marktsystem*, Baden-Baden.

Prost, E. (2009): Ethik und kluges Unternehmertum funktionieren im Einklang, April, www.liqui-moly.de/liquimoly.

Pury, D. de (1996): »David de Pury und wie der der die Welt sieht«, *Tages Anzeiger*, 2. Februar, S. 7.

Rawls, J. (1979): *Eine Theorie der Gerechtigkeit*, Frankfurt a. M.

Rodrik, D. (2009): Der Globalisierung Grenzen setzen, *Tages Anzeiger*, 15. Juni.

Röpke, W. (1966): *Jenseits von Angebot und Nachfrage*, 4. Aufl., Erlenbach-Zürich.

Sachverständigenrat zur Begutachtung der gesamtwirtschaftlichen Entwicklung (2004): Jahresgutachten: 2004/05. Erfolge im Ausland – Herausforderungen im Inland, 12. November, www.sachverstaendigenrat-wirtschaft.de.

Samuelson, P. A. (2008): »Heute sind alle ständig nervös«, Interview, *Die Zeit*, 10. Juli.

Sauga, M. (2009): »Geschlossene Gesellschaft«, *Der Spiegel*, 9. März, wissen. spiegel.de.

Say, J.-B. (1814): *Traité d'Économie Politique*, 2. Aufl., Paris.

Schallberger, P. (2005): Zwischen Panik und Euphorie. Fallrekonstruktive

Befunde zum subjektiven Erleben der »neoliberalen« Transformation, in: Imhof, K./Eberle, Th.S. (Hrsg): *Triumph und Elend des Neoliberalismus*, Zürich, S. 142–155.

Schaltegger, S. (2004): Wann ersetzen Stakeholder Marktprozesse durch Macht? In: Brink A.; Karitzki, O. (Hg.): *Unternehmensethik in turbulenten Zeiten*, Bern/Stuttgart/Wien, S. 169–184.

Schiltz, Ch. B. (2008): Deutsche arbeiten länger als die meisten Europäer, *Die Welt*, 15. September.

Schmidt, H. (2007): »Verantwortung und Gewissen des Politikers«, Rede anlässlich der Verleihung der Ehrenpromotion der Universität Marburg, 27. Februar, http://spdnet.sozi.info/nrw/bochum/dl/redeschmidt2702 2007.pdf.

Schmidtchen, D. (1988): Fehlurteile über das Konzept der Wettbewerbsfreiheit, in: *ORDO – Jahrbuch für die Ordnung von Wirtschaft und Gesellschaft*, Stuttgart, S. 111–135.

Schneider, D. (1990): Unternehmensethik und Gewinnprinzip in der Betriebswirtschaftslehre, in: *Zeitschrift für betriebswirtschaftliche Forschung*, S. 869–891.

Schor, J. B. (1991): *The Overworked American. The Unexpected Decline of Leisure*, New York.

Schröder, G. (2003): Regierungserklärung von Bundeskanzler Schröder am 14. März 2003 vor dem Deutschen Bundestag, http://archiv.bundesregierung.de.

Schubert, H. von (2009): Wann wird Geld zum Götzen?, *Welt am Sonntag*, 4. Januar.

Schuler, E. (2007): Habermas und die Heuschrecken, *Tages Anzeiger*, 6. Juni.

Schumpeter, J. A. (1950): *Kapitalismus, Sozialismus und Demokratie*, 7. Aufl., Tübingen 1993.

Schwab, K. (2008): Ein hippokratischer Eid für Manager, *Tages Anzeiger*, 22. Oktober.

Schwarz, G. (1997): Die Globalisierung auf der Anklagebank, *Neue Zürcher Zeitung*, 6. September, S. 21.

Schwarz, G. (2005): Vom liberalen und sozialen Staat, *Neue Zürcher Zeitung*, 22. Oktober.

Schwarz, G. (2007): Mehrerlei Mass gegenüber dem Markt, *Neue Zürcher Zeitung*, 10. Februar.

Seehofer, H. (2009): »Ich will, dass alle Bürger entlastet werden«, Interview, *Die Zeit*, 23. April.

Seibt, C. (2009): Schwindsüchtige in Davos, *Tages Anzeiger*, 28. Januar.

Sellmair, N. (2007): Die Glückskinder, *Stern*, Nr. 25, www.stern.de.

Semler, J. (2003): § 161 AktG. Erklärung zum Corporate Governance Kodex, in: Kropff, B./Semler, J. (Hrsg.): *Münchener Kommentar zum Aktiengesetz*, Bd. 5/1, 2. Auflage, München.

Siebert, H. (1997): *Weltwirtschaft*, Stuttgart.

Siebert, H. (1998): Disziplinierung der nationalen Wirtschaftspolitik durch die internationale Kapitalmobilität, in: Duwendag, D.: *Finanzmärkte im Spannungsfeld von Globalisierung, Regulierung und Geldpolitik*, Berlin, S. 41–67.

Simons, R./Mintzberg, H./Basu, K. (2002): Memo to: CEOs, www.fastcompany.com.

Singer, P. (1984): *Praktische Ethik*, Stuttgart.

Sinn, H.-W. (2004): Das Dilemma der Globalisierung. Walter Adolf Jöhr Vorlesung, St. Gallen, www.fgn.unisg.ch.

Sinn, H.-W. (2005a): Warum Mindestlöhne Deutschland schaden, ifo Standpunkt Nr. 64, München, 14. April, www.cesifo-group.de.

Sinn, H.-W. (2005b): WSM Nachrichten, 30.10.2005, S. 11, www.cesifo-group.de.

Sinn, H.-W. (2005c): Basar Ökonomie Deutschland. Exportweltmeister oder Schlusslicht?, ifo Schnelldienst, Nr. 6, 2005, www.cesifo-group.de.

Sinn, H.-W. (2006): Arbeit für alle, in: *Die Welt*, 1. März, S. 9.

Sinn, H.-W. (2007a): Sonntagsreden, *WirtschaftsWoche*, 22. Januar, Nr. 4, S. 138.

Sinn, H.-W. (2007b): Der dümmste Spruch des Jahres, in: *Süddeutsche Zeitung*, 28. Dezember, S. 2.

Sinn, H.-W. (2007c): Zu stolz zum Dienen, *WirtschaftsWoche*, 17. Februar, Nr. 8, S. 178.

Sinn, H.-W. (2009): »Das System war faul!«, Streitgespräch zwischen Sahra Wagenknecht und Hans-Werner Sinn, *Die Zeit*, 25. Juni.

Smith, A. (1776).: *Der Wohlstand der Nationen. Eine Untersuchung seiner Natur und seiner Ursachen*, München 1978.

Sornette, D. (2009): Zurück zu den grundlegenden Prinzipien einer soliden Wirtschaft, *Neue Zürcher Zeitung*, 21. Januar.

Späth, L. (2003): Die Wahrheit ist nicht populär, *Handelsblatt*, 15. Oktober.

Statistisches Bundesamt (2008): Einkommensentwicklung in Deutschland, März, www.destatis.de.

Steingart, G. (2006): *Weltkrieg um Wohlstand*, München.

Straubhaar, Th. (2006): Solidarität neu denken, *Rheinischer Merkur*, 13. Juli, S. 12.

Sutherland, P. (2004): »Welthandel ist kein Nullsummenspiel«, *NZZ am Sonntag*, 20. Juni, S. 51.

Thielemann, U. (1996): *Das Prinzip Markt. Kritik der ökonomischen Tauschlogik*, Bern/Stuttgart/Wien.

Thielemann, U./Ulrich, P. (2009): *Standards guter Unternehmensführung. Zwölf internationale Initiativen und ihr normativer Orientierungsgehalt*, Bern/Stuttgart/Wien.

Thomas, H./Hattler, J. (Hrsg.) (2008): *Ethik im Dienst der Unternehmensführung*, Marburg.

UBS (2000): *Kunden, Mitarbeiter, Aktionäre und die Gesellschaft. Unser Engagement 1999/2000*, Zürich.

UBS (2001): Grundsätze des Finanzmanagements, www.ubs.com.

Ulrich, P. (1986): *Transformation der ökonomischen Vernunft*, 3. Aufl., Bern/Stuttgart Wien 1993.

Ulrich, P. (2008): *Integrative Wirtschaftsethik. Grundlagen einer lebensdienlichen Ökonomie*, 4. Aufl., Bern/Stuttgart/Wien (1. Aufl. 1997).

Walter, R. (2009): Wenn Hürlimann jodelt, *Freitag*, 18. April, www.freitag.de.

Weber, M. (1904): *Die »Objektivität« sozialwissenschaftlicher und sozialpolitischer Erkenntnis, Gesammelte Aufsätze zur Wissenschaftslehre*, 5. Aufl., Tübingen 1982, S. 146–214.

Weber, M. (1919): Politik als Beruf, in: *Gesammelte Politische Schriften*, 5. Aufl., Tübingen 1988, S. 505–560.

Weber, M. (1920): Die protestantische Ethik und der »Geist« des Kapitalismus, in: *Gesammelte Aufsätze zur Religionsphilosophie*, Bd.1, Tübingen 1988, S. 1–236.

Weber, M. (1922): *Wirtschaft und Gesellschaft*, 5. rev. Aufl., Tübingen 1972.

Weizsäcker, C.C. von (2005): Marktzutrittsschranken, in: Oberender, P. (Hrsg.): *Effizienz und Wettbewerb*, Berlin, S. 43–61.

White, J. (1998): Gibt es ein Leben neben der Arbeit?, *NZZ*, 17. September, S. 77.

Wiedeking, W. (2006): »Auf welchem Stern leben wir?«, Interview, *Der Spiegel*, 25. September.

Wood, A. (1994): *North-South Trade, Employment and Inequality. Changing Fortunes in a Skill-Driven World*, Oxford.

Yunus, M. (2008): »Der Kapitalismus ist zum Spielcasino verkommen«, Interview, Spiegel Online, 9. Oktober.

Zarev, V. (2007): *Verfall*, Köln.

Zeyer, R. (2009): Der größte Bankraub aller Zeiten, *Manager Magazin*, 9. Februar.

Zollinger, M. (2004): Der Faden ist für immer gerissen, *Tages Anzeiger*, 17. April.

Zumwinkel, K. (2007): Interview der Woche, Deutschlandfunk, 30. Dezember, www.dradio.de.

Zypris, B. (2009): »Chefetagen dürfen keine Kuschelecken sein«, Interview, *Süddeutsche Zeitung*, 29. Januar.

**Heiner Flassbeck**

## *Gescheitert*

Warum die Politik vor der Wirtschaft kapituliert. 272 Seiten.
Gebunden

Die große Krise bringt an den Tag, was der globale Boom für
ein paar Jahre verdeckt hatte: Die deutsche Wirtschaftspolitik hat kein Konzept, weder für den Boom noch für die Krise.
Das ist leider nicht neu. In deutschen Ministerien wurstelt
man seit drei Jahrzehnten ohne jede klare Idee vor sich hin.
Jetzt aber wird es wirklich gefährlich. Nachdem das neoliberale Modell endgültig gegen die Wand gefahren ist, steht die
deutsche Wirtschaftspolitik vor einer fundmentalen
Wende. Reagiert sie nicht aus eigenen Stücken, werden die
Verhältnisse sie zwingen. Deutschland muss endlich wirt-
schaftspolitisch erwachsen werden. Heiner Flassbecks neues-
tes Buch ist ein Muss für alle, die die gesamtwirtschaftlichen Zusammenhänge verstehen und bei den aktuellen wirtschaftspolitischen Diskussionen mitreden wollen.

11/1007/01/R

BEREIT ZUR VERÄN-DERUNG.

**DIE NEUE TAZ MIT SONNTAZ.**

**Lernen Sie die taz neu kennen mit dem 5 Wochen Abo für nur 10 Euro.**
T (030) 25 90 25 90 | abo@taz.de | www.taz.de/neuetaz ❖ **die tageszeitung**